认同视角下的
当代公民教育内容构建研究

窦 武 著

知识产权出版社
—北京—

图书在版编目（CIP）数据

认同视角下的当代公民教育内容构建研究/窦武著.—北京：知识产权出版社，2024.5.—ISBN 978-7-5130-9416-0

Ⅰ．D648.3

中国国家版本馆 CIP 数据核字第 2024QL3493 号

内容提要

本书从认同视角，分析我国公民教育理论、内容和存在的问题，提出我国公民教育内容构建的思路，为我国公民教育内容体系构建提供新的视角和框架，期待为完善我国公民教育体系研究提供一定理论基础。

责任编辑：龚 卫	责任印制：孙婷婷
执行编辑：王萬萱	封面设计：杨杨工作室·张 冀

认同视角下的当代公民教育内容构建研究
RENTONG SHIJIAO XIA DE DANGDAI GONGMIN JIAOYU NEIRONG GOUJIAN YANJIU

窦武 著

出版发行：知识产权出版社有限责任公司	网　址：http://www.ipph.cn
电　话：010-82004826	http://www.laichushu.com
社　址：北京市海淀区气象路 50 号院	邮　编：100081
责编电话：010-82000860 转 8120	责编邮箱：gongwei@cnipr.com
发行电话：010-82000860 转 8101	发行传真：010-82000893
印　刷：北京中献拓方科技发展有限公司	经　销：新华书店、各大网上书店及相关专业书店
开　本：880mm×1230mm　1/32	印　张：8.5
版　次：2024 年 5 月第 1 版	印　次：2024 年 5 月第 1 次印刷
字　数：204 千字	定　价：68.00 元
ISBN 978-7-5130-9416-0	

出版权专有　侵权必究
如有印装质量问题，本社负责调换。

前 言

　　进入 21 世纪以来，认同问题和公民教育问题在教育领域产生了广泛的讨论，有不同的声音，甚至有些问题没有形成共识，本书将二者结合起来进行研究，寻求二者的统一和契合，需要付出较多的精力，更需要魄力。

　　关于认同问题，学界进行了很多讨论，也取得了丰富的成果，习近平总书记对认同问题非常重视，并多次发表重要讲话。2014 年 5 月，习近平总书记在第二次中央新疆工作座谈会上明确了"四个认同"，指出"要在各族群众中牢固树立正确的祖国观、民族观，弘扬社会主义核心价值体系和社会主义核心价值观，增强各族群众对伟大祖国的认同、对中华民族的认同、对中华文化的认同、对中国特色社会主义道路的认同"。在同年 9 月召开的中央民族工作会议上，习近平总书记再次明确了"四个认同"。2015 年 8 月，习近平总书记在中央第六次西藏工作座谈会上指出："必须全面正确贯彻党的民族政策和宗教政策，加强民族团结，不断增进各族群众对伟大祖国、中华民族、中华文化、中国共产党、中国特色社会主义的认同。"❶ 将"四个认同"增加一个认同，即对中国共产党的认同，变为"五个认同"，也可以归类为"国家认同、民族认同、文化认同、政党认同、道路认同"。2022年7月，习近平总书记在新疆考察时的讲话也指出："要以增强认同为目标，深入开展文化润疆。文化认同是最深层次的认同。""教育引导各族群众树立正确的国家观、历史观、民族观、文化观、宗教观，增进对伟大祖国、中华民族、中华文化、中国共产党、中国特色社会主义的认同。"❷ 在重申"五个认同"的同时，对文化认同赋予了更高的地位。

因此，认同是一个非常重要的问题。认同是凝聚力量的前提，是根基，没有认同就没有团结一致，就没有心往一处想、劲往一处使的向心力，就难以形成为实现中华民族伟大复兴的中国梦而共同撸起袖子加油干的磅礴力量。

教育是一个复杂的系统工程，也是一个长期的育人过程，需要先进的教育理念、系统而科学的教育方法、与时俱进的教育内容共同协调促成，不可能一蹴而就。培养什么人，怎样培养人，为谁培养人，历来是党和国家教育的根本问题。伴随着社会主义政治文明和社会主义和谐社会建设步伐的加快，社会民众主体意识不断觉醒，传统德育或思想政治教育无法解决现实中遇到的一些问题，公民教育理念由此得到重视和倡导。通过公民教育，提升公众参与民主过程的能力和意愿，使公民能

---

❶ 中共中央文献研究室. 习近平关于全面建成小康社会论述摘编［M］. 北京：中央文献出版社，2016：109.

❷ 任炜. 在深入开展文化润疆中增强文化认同［J］. 红旗文稿，2022（15）：41-44.

够成为有社会责任感的参与者，并愿意以理性、沟通、协商等方式形成共识、解决问题，以促进社会的改革和健全发展已成为一种共识。而如何开展公民教育成为近年来我国教育界和理论界面临的重要课题。党的十八大以来，以习近平同志为核心的党中央，始终把立德树人作为学校教育的根本任务。党的十九大报告要求"落实立德树人根本任务"❶，并将"立德树人"的定位置于"全面发展"之上。党的二十大指出，"全面贯彻党的教育方针，落实立德树人根本任务，培养德智体美劳全面发展的社会主义建设者和接班人"❷。把立德树人作为学校教育的根本任务，是党的教育方针要求，也是遵循教育规律的体现，具有鲜明的时代特征。为贯彻落实这一根本任务，《新时代公民道德建设实施纲要》《新时代爱国主义教育实施纲要》先后颁布印发。两个纲要突出体现了新时代的时代特征，即鲜明体现习近平总书记关于公民道德建设、加强爱国主义教育的新思想、新观点、新要求。

因此，从公民主体出发，研究思想道德教育，是新时代的要求，也与马克思主义一脉相承。马克思很重视公民主体性的问题，肯定了人的需要是人的本性的彰显。马克思在《德意志意识形态》中指出："在任何情况下，个人总是'从自己出发的'，但由于从他们彼此的需要即他们的本性，以及他们求得满足的方式，把他们联系起来（两性关系、交换、分工），所

---

❶ 中共中央党史和文献研究院. 十九大以来重要文献选编（上）[M]. 北京：中央文献出版社，2019：661.

❷ 党的二十大报告辅导读本编写组. 党的二十大报告辅导读本[M]. 北京：人民出版社，2022：424.

以他们必然要发生相互联系。"❶ 本书立足公民认同的视角，从教育的主体出发，探索主体教育的实际需要，重点研究公民教育内容构建，从一个全新的视角，提出了教育系统中的一小方面的系统论述。从公民认同视角开展公民教育内容的研究，使公民教育内容更具目的性和针对性，而基于公民认同构建的公民教育内容，更具有操作性和实效性，更符合公民主体需求。

首先，研究公民教育内容构建的相关概念及实践。公民是最基础的概念，本书从论述公民的马克思主义理论基础，再到公民的六大西方思想理论借鉴与摒弃，阐述了现代公民的含义和特征；分别从马克思主义公民教育内涵、近代西方公民教育思潮和现代中国公民教育分别研究，重新总结了公民教育的特征，从公民认同的角度提出了一个全新的公民教育的概念；公民认同是在现代社会下形成的新概念，马克思主义在其经典著作中并没有"公民认同"的表述，也很少有人对公民认同提出定义，而本书尝试从马克思主义中寻找灵感，梳理出公民认同的定义。本书还从横向的国内外比较和纵向的历史实践及启示进行了公民教育内容现代性解读，从中探寻可以借鉴的宝贵经验和实践案例。

其次，公民认同维度的公民教育目标与内容。从总体上，结合时代化进程，可以得出现代化国家要求公民教育内容实施以公民认同为目标的结论，但并不能困顿于此，相反，公民认

---

❶ 卡尔·马克思，弗里德里希·恩格斯. 马克思恩格斯全集（第三卷）[M]. 北京：人民出版社，1960：514-515.

同的目标与内容同样对公民教育进行了呼唤，公民认同形成过程体现公民教育内容的实施效果，公民认同的制约因素影响公民教育内容的实施。那么，公民教育必须对公民认同给予高度的呼应，二者互相联系、互为因果、相互制约。因此，公民教育如何实现公民认同，需要进一步探讨公民教育实现公民认同的可能性，进一步探讨公民教育的更优方案，进一步探讨公民教育实现的途径。显然，公民教育内容体系的构建尤为重要。

再次，中国公民教育内容的现实问题与原因。《新时代公民道德建设实施纲要》指出，从总体上看，当前我国"人民思想觉悟、道德水准、文明素养不断提高，道德领域呈现积极健康向上的良好态势"[1]；同时也要看到，"一些地方、一些领域不同程度存在道德失范现象，拜金主义、享乐主义、极端个人主义仍然比较突出；一些社会成员道德观念模糊甚至缺失，是非、善恶、美丑不分，见利忘义、唯利是图，损人利己、损公肥私；造假欺诈、不讲信用的现象久治不绝，突破公序良俗底线、妨害人民幸福生活、伤害国家尊严和民族感情的事件时有发生"[2]。通过调查，进行数据解读，认真剖析，分别得出当代中国公民认同现实的问题。对现状与问题进行剖析，中国公民教育未能形成的主要原因主要体现在中国公民的公民意识不强，实施的途径被主干课程挤占。

最后，本书提出了新时代中国公民教育内容构建的新思

---

[1] 中共中央宣传部宣传教育局．《新时代公民道德建设实施纲要》学习读本［M］．北京：人民出版社，2020：23.

[2] 中华人民共和国中央人民政府．中共中央　国务院印发《新时代公民道德建设实施纲要》［EB/OL］．（2019-10-27）［2023-08-08］．https://www.gov.cn/zhengce/2019-10-27/content_5445556.htm.

路、新框架。这部分是本书的核心内容，讨论了公民认同内在张力与中国公民教育内容构建理论依据的内在逻辑、新时代中国公民教育的基本内容构建原则、新时代中国公民教育内容的基本特征及新时代中国公民教育内容构建目标向度，从而提出新时代中国公民教育的主要内容构建。虽然公民教育涉及的教育内容众多，但在构建中又需要考虑两方面因素：考虑中国公民教育发展的现状与不足，以新的公民教育目标为规则和准则，进行合理的组织和取舍；结合公民认同和公民教育的理论对英国、美国等发达国家近现代公民教育实践进行考察。在此基础上建构的中国公民教育内容应主要包括国家、身份、文化、价值、社会等层面的认同内容。实质上，包括政治经济教育升级、民主与法治教育同行、传统创新与公民道德教育创新、社会主义核心价值观教育融入、生存与发展教育相伴五大方面，这样的构建明显更"接地气"，也能让道德的土壤更加厚实起来。然而，思路并未止于此，本书还进一步阐述了新时代公民教育内容5个领域之间的关系，实际上它们是一个有机系统，联系密切，不是彼此孤立存在，在某些场合还可能重叠交叉。

  显然，本书对新时代中国公民教育内容框架进行了理论构筑，也是适应新时代改革发展要求，积极推动创造性转化、创新性发展，不断增强道德建设的时代性实效性的一种尝试。同时，本书是笔者在2014年博士论文的基础上根据最新的中央精神进行拓展和修订的成果。基于历史的原因，里面的调研数据和案例略显陈旧，但也反映了当时的研究现状。书中的一些观点和建议已经在《普通高中思想政治课程标准（2017年版）》《中等职业学校思想政治课程标准（2020）》《高等学校思想政治理论课建设标准》（2021年本）》等教育部印发的文件中体现。本书力图在十年前的研究成果基础上，对研究内容进一步提升和改正，但也恐难以做到完美。习近平总书记在2019年学校思想政治理论课教师座谈会上指出，"要坚持显性教育和隐性教育相统一，挖掘其他课程和教学方式中蕴含的思想政治教育资源，实现全员全程全方位育人"。这一重要论述揭示了思想政治理论课教育教学的客观规律，是办好新时代思政课的基本遵循。基于公民认同的视角，正是在显性教育中结合了隐性教育，实现二者的相互统一，但效果如何，公民是否接纳认同，尚需时间和实践的检验，也还需在理论研究与实践中不断完善升华。

交织与交融本身就非常复杂，但在教育中的这种相互渗透、多向互动却是常态，不能单一而论。融通是趋势，而要克服聚合过程的不良反应，需要找到统一体和共同体。公民教育在浩瀚的教育系统中任重而道远，我们也相信，路虽远，行将至，事虽难，做则必成。

目录 CONTENTS

导 论   001
    一、问题提出及研究意义 // 001
       （一）问题提出 // 001
       （二）研究意义 // 004
    二、国内外相关研究 // 006
       （一）国外研究现状 // 006
       （二）国内研究现状 // 010
       （三）已有研究总结 // 017
    三、研究方法与研究思路 // 018
       （一）研究方法 // 018
       （二）研究思路 // 019
    四、本书的特点、难点 // 020
       （一）本书的特点 // 020
       （二）本书的难点 // 022

第一章 公民教育内容构建的相关概念及实践   023
    一、相关概念及内涵 // 023

（一）公民的概念和内涵 // 023
　　（二）公民教育的概念和内涵 // 032
　　（三）公民认同的概念和内涵 // 043
二、中国公民教育内容现代性解读 // 057
　　（一）中国对公民教育内容的现代多维度解读 // 057
　　（二）中国公民教育内容发展历程对公民认同的
　　　　回应 // 061
　　（三）中国公民教育内容构建对西方公民社会的
　　　　回应 // 067
三、国外公民教育内容历史实践及启示 // 073
　　（一）追求公民认同的国外公民教育历史考察 // 073
　　（二）国外公民教育实践 // 074
　　（三）国外公民教育经验借鉴 // 085

第二章　当代公民认同维度的公民教育目标与内容　089

一、现代化国家要求公民教育内容实施以公民认同
　　为目标 // 089
二、公民认同的目标与内容对公民教育的呼唤 // 092
　　（一）公民认同的根本目标在于成为合格公民 // 092
　　（二）公民认同的最终目标在于实现社会和谐发展 // 097
三、公民认同形成过程体现公民教育内容的实施效果 // 100
　　（一）公民认同形成过程 // 100
　　（二）公民认同过程的特点 // 103
四、公民认同的制约因素影响公民教育内容的实施 // 107

（一）公民认同的主体是公民认同实现的决定性
　　　因素 // 107
（二）公民认同的客体是实现公民主体认同的基础 // 108
（三）认同中介是公民认同实现的桥梁和途径 // 110

五、公民教育何以实现公民认同 // 110
（一）公民教育何以可能？ // 110
（二）公民教育何以更优？ // 113
（三）公民教育何以实现？ // 116

第三章　中国公民教育内容的现实问题与原因解读　　118
一、实证调查基本情况 // 118
（一）调查统计内容介绍 // 118
（二）问卷调查概况 // 121

二、中国公民认同存在的问题 // 124
（一）主导政治消解下的国家认同存在的问题 // 124
（二）公民权益实现下的社会认同存在的问题 // 125
（三）身份模糊情况下身份认同存在的问题 // 128
（四）价值冲击下的价值认同存在的问题 // 130
（五）传统滞后和道德建设下的文化认同存在的
　　　问题 // 131

三、中国公民教育内容现状 // 133
（一）公民教育内容、数量不够多 // 136
（二）课程内容结构不够合理 // 138
（三）课程内容主题不够突出 // 143
（四）课程内容更新不够及时 // 145

（五）公民教育思想开发不够深入 // 146
四、中国公民教育认同内容体系未能形成的主要原因 // 151
 （一）社会环境对公民教育理解的偏差导致客观
   情况认同不够 // 151
 （二）中国公民的公民意识不强导致主观意识认同
   不深 // 153

第四章 新时代中国公民教育内容的构建 156
一、公民认同内在张力与中国公民教育内容构建
  理论依据的内在逻辑 // 157
 （一）基于公民认同的中国公民教育内容构建
   理论依据 // 157
 （二）公民认同与公民教育目标与内容的相互契合 // 166
二、新时代中国公民教育的基本内容构建原则 // 168
 （一）具有明确的马克思主义立场 // 168
 （二）突出公民主体地位 // 169
 （三）以激发公民认同为基础 // 171
 （四）注重发展性 // 171
 （五）民族性与世界性相交融 // 173
三、新时代公民教育内容的基本特征 // 174
 （一）公民教育的内容由多学科成果构成 // 174
 （二）公民教育内容是知识和实践的有机结合 // 174
 （三）公民教育内容是现代化的表征 // 175
四、新时代中国公民教育内容构建目标向度 // 176
 （一）构建目标向度 // 176

（二）目标要素之间的结构关系 // 184
　五、新时代中国公民教育的主要内容构建 // 185
　　（一）新时代中国公民教育的主要内容 // 185
　　（二）公民教育内容领域之间的关系 // 210

结　语   214

参考文献   216

**附录一　关于公民教育、认同的国家社科基金项目
　　　　课题立项和指南情况**   239

附录二　调查问卷   251

后　记   255

导 论

一、问题提出及研究意义

(一) 问题提出

公民作为现代国家的主体,是国家和社会改革发展稳定的基础。任何一个国家的繁荣昌盛,都离不开其公民主体的认同并承担应有的义务。公民认同是国家政治稳定的前提,也是国家现代化的基石,只有实现了公民的认同,公民才愿意服从,并对它承担义务,才能和谐共处并为社会的发展而努力,从而实现国家现代化。相反,如果"认同危机"出现,就会导致很多不团结安定的因素。因此,塑造公民自我身份,并对身份所蕴含的权利、义务、价值认同,是关系社会和谐稳定的重要问题。

思想、价值和认识的多元与差异都会造成公民认同的差异,在现代性和全球化的冲击下,会出现一定程度的认同困境,并成为不容忽视的重要问题。不认真解决普遍的公民认同困境，必然会导致思想上的混乱，甚至行为上的失范。对公民认同的匡正和重构，是当前公民教育要解决的一个问题。但是，在解决这个问题的过程中，要警惕西方价值观的不良影响。不能总是把每一个重大事件的发生都与西方国家的理论和个别现象进行事态发展的比较评价，而是要坚定"四个自信"，立足中国特色社会主义发展实际，展示中国的智慧，提出解决问题的中国方案。

我们应充分肯定，当今中国公民民主权利得到了较充分的保障，公民的主体性也得到了相应的体现，即公民开始真正拥有独立的人格和独特个性，并以积极参与者和推动者的身份在社会发展中起到重要作用。但我们也应该注意，公民本身的能力和素质还有待提高。前几年，我国一些地方曾经出现过一些有影响的群体性事件，随着现代化进程加深和网络的日益发达，更多的是集中在环境和网络方面。这些事件的发生原因有很多，有外因，也有内因。首先是外因，新媒体的日益发达，当地政府有时对舆情管控还不到位；其次是内因，公民的权利意识进一步增强，但法治教育不足导致公民的法治、责任、国家等意识跟不上，从而使部分公民权利行使无序或滥用。这些原因都和公民意识、权利义务观念等公民教育内容密切相关。在我国，一直都在开展"德育"或"思想政治教育"工作，学科和理论体系都已经形成，成效也是显著的，但是公民教育内容体系未能有效的形成，如何通过公民教育内容的构建形成公民的认同，是一个重大的理论和现实问题。

公民认同不仅关注公民应然的心理状态，同时也关注公民实然的行为结果，即公民认同具体的内容和效果。当代中国公民认同理论的逻辑体系是以毛泽东在新民主主义革命时期创建的马克思主义大众化认同模式为思想来源。❶ 到20世纪80年代，"公民认同"的研究开始兴起，讨论热烈。之后，研究者发现"怎样培养公民认同"却是异常艰难。公民认同什么内容？公民认同的过程如何？如何有效地培养公民认同？公民教育是使人形成一定社会、阶级需要的思想意识技能的社会实践活动。虽然公民教育是公民认同实现的一个重要途径和手段，但由于公民教育在中国开展深入研究的时间还不是很长，公民教育的很多理论和实践还需进一步研究和考证，特别是构建适合现代中国的公民教育内容体系研究不足，也使公民教育的实践找不到合适的形式来呈现。毕竟，内容决定形式，内容清晰形式才可以更灵活，效果才能更明显。从公民认同视角下研究公民教育内容，通过对公民教育和公民认同的内涵分析比较，找到其共通的核心要素研究构建符合公民认同规律的公民教育内容，使公民教育内容在公民教育中更好地教育和影响公民，在更加广阔的意义上使公民教育有了明确的指向和导向，拓展了公民教育的路径，这种探究使公民教育理论体系更加丰富完善，教育目标更加合适、明确，教育手段更加灵活、广泛。只有获得公民的广泛认同，才能实现社会的良性运行和协调发展。毫无疑问，这样的研究，使公民认同与公民教育有了必然的联系，但是，公民认同研究又不同于公民教育的研究，且这种差异是无法消弭的。正是基于这样的理念，本书拟从理论框架方面研

---

❶ 张若云，苏志宏. 论邓小平社会主义优越性与公民认同理论［J］. 新疆社会科学，2017（2）：15-20.

究和讨论公民教育内容，期望对我国公民教育的理论研究和教育实践能有所帮助。之所以把这个模式定名为"理论构架"，是因为这个模式是建立在概念基础上的理论性框架，是通过调查统计的实证方式进行推导的构思，是关于公民教育内容研究和实践的总体范畴的模式。这个理论框架的优势体现在它将公民认同的理论引入了分析构架，从公民认同、公民教育、公民教育内容用递进回环的方式结合起来，用公民认同的理论立体得出公民教育所涉及的主要内容范畴，宏观地表述了公民教育内容所涉及的研究实践现状、理论与实践借鉴等知识领域和相关的理论依据、构建原则、相互关系等构建要素领域。

（二）研究意义

1. 有利于公民教育体系的完善

如何塑造一个好公民，是公民教育探讨和研究的重大问题，更是公民教育内容需要探讨的重大问题。在我国，一方面，当前更多地研究关注了公民教育的理论来源和历史过程，对公民教育具体内容和系统研究的不足，使公民教育有效性无法体现；另一方面，出于我国公民教育自身科学发展的需要，也要求公民教育内容系统研究更加完善。具体而言：首先，是实现公民教育目标的必然要求。对公民的培养，我国曾有各种各样的教育目标。我们常说："教育首先要教育学生学会做人。"做什么样的人？这就需要国家对公民有一个目标要求，并且与符合条件的公民教育内容相适应，是我们公民教育内容体系必须解决的问题。其次，公民教育内容是公民教育体系的基础。公民教育是一个结构多元复杂的体系，包含内容、目标、方法等要素，公民教育内容更是这个体系的基石。没有了公民教育内容，再宏伟的教育目标都只能是无源之水、无本之木。我国虽然已开始重视并提倡公民教育，但由于各种原因，我国目前专门的公民教育内容有待完善，有效性仍然不明显，教育目标需进一步努力方可实现。但是教育内容出现的杂乱和模糊的负面影响是不容忽视的，建设高质量的教育体系，必须着力构建适应我国建设发展要求的公民教育内容体系，增强教育的有效性，努力培养德智体美劳全面发展的社会主义建设者和接班人。

2. 有利于实现公民认同，促进社会和谐发展

公民认同不单是一个关系自身形象的问题，同样需要思考的是公民在社会现代化进程中持何种态度的问题。亚里士多德认为："一种政体如果要达到长治久安的目的，必须使全邦各部分（各阶级）的人们都能参加而且怀抱着让它存在和延续的意愿。"[1] 通过将国体政体、主流意识形态、社会主义核心价值观等主要内容内化为公民主体的认同，也就是把国家和社会希冀转化为主体的行为需求，是国家统治的必然要求。现代化国家发展要求更少的无独立人格的"臣民"，尽可能减少不承担义务、不受约束的所谓"公民"。一个合格公民应该是权利的拥有者，也是义务的履行者，积极参与国家治理，共同推动社会的民主稳定和改革发展。

公民认同是建设社会主义和谐社会的基础。在现代多元化社会中，如何构建大多数人认同的公民教育内容体系，通过这一共同体系，培养一种共同的认同心理，实现政治稳定和社会

---

[1] 亚里士多德. 政治学 [M]. 吴寿彭，译. 北京：商务印书馆，1996：188.

发展是本书研究的根本动因。习近平总书记在党的十八届三中全会中指出：当前，国内外环境都在发生极为广泛而深刻的变化，我国发展面临一系列突出矛盾和挑战，前进道路上还有不少困难和问题。比如，发展中不平衡、不协调、不可持续问题依然突出……反腐败斗争形势依然严峻。❶ 这一切因素都影响了公民认同的形成，但是，我们必须要看到公民教育在其中的不懈努力和不可替代的作用，这是实现公民认同的基础和可能。

因此，从公民认同视角开展公民教育内容的研究，使其更具目的性和针对性，基于公民认同构建的公民教育内容体系，使公民教育更具有操作性和实效性，从而有效地达到使公民形成公民认同的目的，进而加快和推动国家平稳快速发展。本书的研究，就是面对时代的特点，以实现国家和谐稳定为目的，在公民认同的视域下，构建公民教育内容体系，促进公民教育的开展，使公民形成正确的公民认同。

二、国内外相关研究

（一）国外研究现状

1. 对公民认同问题的研究

国外对公民认同问题研究领域广泛，在现代心理学、社会学、人类学、教育学、政治学等众多学科均有涉及。心理学家弗洛伊德把认同作为一个人试图与他人相一致的心理要求，是

---

❶ 习近平. 关于《中共中央关于全面深化改革若干重大问题的决定》的说明 [J]. 求是，2013：22.

主体与客体的趋同,以实现个体的归属感和满足感;❶ 索里认为,认同是主体对客体的接纳。社会学者把公民认同分为自我认同和社会认同。特纳认为,社会认同论背后均有共同的基本假设:个体以他们的社会群体资格来定义自身,依群体而界定的自我感知会对社会行为产生独特的心理影响;❷ 吉登斯认为,自我认同是个人在自我经验的基础上,对自我的反思性理解。❸ 还有学者结合所阐述的问题,提出了自己不同的观点。泰勒认为,现代认同的形成依赖于有关"自我根源"的一系列因素,认同给予人确定的方向感,只有稳定的认同的确立,人们才会有明确的行动目标;❹ 戴维·莫利则有所不同,认为是"差异构成了认同",是不同种族集团之间进行界定的重要因素,❺ 即为什么要认同,是因为差异的存在。

在国外公民认同研究中,更多的是从公民身份的角度研究。德里克·希特在《公民身份——世界史、政治学与教育学中的公民理想》一书中,认为"公民身份""世界公民身份"和"公民教育"等词汇的背后有着一段漫长的历史和丰富的含义;❻

---

❶ 西格蒙德·弗洛伊德. 自我与本我 [M]. 张焕民, 译. 西安: 陕西师范大学出版总社有限公司, 2021: 56-58.

❷ 迈克尔·A.豪格, 多米尼克·阿布拉姆斯. 社会认同过程 [M]. 高明华, 译. 北京: 中国人民大学出版社, 2011: 3.

❸ 安东尼·吉登斯. 社会学 [M]. 4 版. 赵旭东, 齐心, 王兵, 马戎, 阎书昌, 等译. 北京: 北京大学出版社, 2003: 38-39.

❹ 查尔斯·泰勒. 自我的根源——现代认同的形成 [M]. 韩震, 等译. 南京: 译林出版社, 2001: 29.

❺ 戴维·莫利. 认同的空间——全球媒介、电子世界景观和文化边界 [M]. 司艳, 译. 南京: 南京大学出版社, 2001: 61.

❻ 德里克·希特. 公民身份——世界史、政治学与教育学中的公民理想 [M]. 郭台辉, 余慧元, 译. 长春: 吉林出版集团, 2010: 30.

尼克·史蒂文森在《文化与公民身份》一书中强调了多元文化的发展对公民身份有重大影响，他的观点对公民认同有深刻意义；❶ 阿尔弗雷德·格罗塞的《身份认同的困境》强调，公民身份的优先性与国家的人民的定义会产生冲突；马歇尔将公民看作由公民、政治和社会的要素所组成，对应公民身份所包含的公民、政治与社会权利三种权利；❷ 巴特·范·斯廷博根强调需要利用公民角色重构再造全球公民角色和资格。❸

他们对认同的理解也是从各自的学科特点，从各自的研究角度出发，赋予了认同不同的内涵，但所做的研究主要是针对某一方面的问题提出的认同，如道德认同、政治认同、价值认同、国家认同、民族认同等，一个为大家基本接受和认可的认同定义还没见之报端。

2. 对西方公民教育内容问题的研究

国家公民教育和世界公民教育的内容在 21 世纪前后一度是西方学者重点关注的公民教育内容范围，目前这一现象还在一定程度上存在。国外学者在公民教育内容上，采用西方价值理念建构教育内容体系。❹ 在国家公民教育方面，强调了权利和义务的内容。在权利方面，曼弗雷德·诺瓦克主要认为公民教育

---

❶ 史蒂文森. 文化与公民身份 [M]. 陈志杰，译. 长春：吉林出版集团有限责任公司，2007：18.

❷ MARSHALL T H. Sociology at the crossroads and other essays [M]. London：Heinemann，1963：74.

❸ 巴特·范·斯廷博根. 公民身份的条件 [M]. 郭台辉，译. 长春：吉林出版集团有限责任公司，2007：102.

❹ 芦蕾. 我国中小学公民教育目标与内容重构研究 [D]. 沈阳：辽宁师范大学，2012.

应教育公民享有自决权、性别平等、避免歧视等权利,而仅公民的主体权利就包括生命权、禁止酷刑等30多项;在义务方面,萨缪尔·普芬道夫认为,公民对国家的义务是尊敬、忠诚与服从等,对同胞的义务是和平友好相处、谦恭和有礼貌等。大卫·科尔把公民教育划分为"关于公民资格的教育""通过公民资格的教育""为了公民资格的教育"三种类型,这一分析框架是根据公民教育的目标而进行。❶ 约翰·考根与雷·德瑞科特把公民身份划分为个人、社会、空间、时间四个相互关联的维度。❷

在世界公民教育的内容探究上,研究者根据全球化与世界一体化发展建构世界教育内容体系。查尔斯·奎格雷等人按照公民知识、公民技能、公民道德三个密切相关的成分来形成公民教育的概念,并在教学中把内容和过程紧密结合。❸ 世界国际科学委员会概括出世界公民教育包括尊重人权、捍卫人的尊严等八个基本特征,具有综合性。梅利菲尔德认为应包括知识教育、能力教育、态度和价值教育、行动教育四项。❹ 马萨·纳斯鲍姆认为有两方面,即培养公民的全人类意识和批判推理

---

❶ DAVID KERR. Citizenship Education:an International Comparison [EB/OL]. (1999-04-01) [2024-03-18]. http://www.docin.com/p-304482774.html.

❷ JOHN C, RAY D. Citizenship for the 21st Century:An International Perspective onEducation [M]. London:Routledge, 1998.

❸ CHARLES N QUIGLEY. Global Trends in Civic Education [EB/OL]. (2000-03-29) [2014-10-16]. http://www5.zzu.edu.cn/gmjy/info/1015/1241.htm

❹ MERRYFIELD M, JARCHOW E, PICKERT S. Prepare teachers to teach global perspectives:A handbook forteacher education [M]. Thousand Oaks, Calif:Corwin Press, 1997:138-176.

能力。❶

国际教育成就评价协会曾经由陶尼等人对德国、芬兰、伊朗、爱尔兰、以色列、意大利、芬兰、新西兰、瑞典和美国十个国家的教育状况进行了评鉴,归纳出这十个国家共同的公民教育内容。❷

(二) 国内研究现状

近几年❸,对认同和公民教育等问题的研究,已经成为国内学者研究的热点,申请了大量国家级科研项目,出版了大量相关专著,发表了一系列的论文。

在科研项目上,本书在 2013 年底统计了从 2011 年到 2013 年的国家社会基金的立项(见附表一和附表二)和课题指南情况(课题指南到 2014 年,见附表三和附表四),包含"公民教育"为题的立项课题有六项,2011 年、2012 年、2013 年分别为 3 项、2 项、1 项;包含"认同"为题的立项课题有 137 项,其中 2013 年,南京审计学院获得一项重点项目——社会主义核心价值观的公民认同培育研究,其重点研究公民认同内容,充分体现国家和理论界对公民认同的重视;包含"公民教育"为题的课题指南有 2 项,每年各有 1 项(2013 年度教育专项只设重点招标课题指南,其他类别课题不设指南,由申请人自拟课题名称;2014 年未公布),包含"认同"为题的课题指南有 20 项

---

❶ NUSSBAUM M. Education for Citizenship in an Era of Global Connection [J]. Studdies in Philosophy and Education, 2002 (21): 289-303.

❷ 顾成敏. 公民社会与公民教育 [M]. 北京:知识产权出版社, 2008: 317-318.

❸ 本书所有表述的"近几年""近十年""近年来"等类似时间表述如无特别提示,所选取的时点均为 2014 年之前,特作说明。

(含一项"公民认同"),主要分布在国家认同、民族认同、政治认同、价值认同、文化认同、社会认同、身份认同等方面。2014年和2015年也分别有1项"公民教育"和"公民认同"的国家社科基金项目;2015年到2023年,涉及"认同"的国家社科基金项目有近300项。由此可见,国家或学术界都对"认同"和"公民教育"问题都相当重视并感兴趣,对"公民教育"问题也每年都有立项,对"认同"问题的研究甚至几乎所有学科都进行了立项研究,这些都为科研工作者指明了研究方向。

在研究成果上,笔者在读秀学术搜索上以标题名或书名搜索了近十年[1]的研究成果(见表0-1)。

表0-1 在不同媒介上发表的各类研究情况检索
(1994—2013)

内容	图书/本	期刊/篇	报纸/份	学位论文/篇	会议论文/篇	合计
认同	391	13 630	8 795	2 818	637	26 271
公民认同	2	17	4	2	0	25
公民教育	77	2 364	678	320	179	3 618
公民教育内容	0	11	3	5	2	21

来源:读秀学术搜索。

共搜索到包含"认同"的书名图书有391本,期刊13 630篇,报纸8 795份,学位论文2 818篇,会议论文637篇,合计

---

[1] 本书所表述的"近几年""近十年""近年来"等类似时间表述如无特别提示,所选取的时点均为2014年之前,特作说明。

26 271篇（本）。但是关于公民认同的研究还比较少，在独秀学术搜索上以"公民认同"为标题，搜索的相关图书2本，论文17篇❶，报纸4份，学位论文2篇，会议论文0篇，合计25篇（本）；共搜索到包含"公民教育"的书名的图书77本，期刊2 364篇，报纸678份，学位论文320篇，会议论文179篇，合计3 618篇（本）❷。共搜索到包含"公民教育内容"为书名的图书0本，期刊11篇，报纸3份，学位论文5篇（均为硕士论文），分别是张玉敏的《中国公民教育内容探析》、刘晓艳的《我国公民教育内容构建研究》、张雪娇的《当代大学生公民教育内容体系建构研究》、张颖的《我国学校公民教育内容体系建构研究》、黄华瑜的《学校公民教育内容对公民教育实施成效之影响》，会议论文2篇❸。以"公民教育内容"和"公民认同"两个词为共同搜索词，还没有相关的论文，更没有在公民认同视野下来研究公民教育内容问题的学位论文。

综述以上情况，关于"认同"和"公民教育"问题的研究成果比较丰富，但关于"公民认同"和"公民教育内容"的研究还显薄弱。研究成果主要涉及以下几个方面的内容。

1. 关于认同概念问题

不同领域学者也给予了不同的理解。

（1）国内心理学主要观点。费穗宇认为认同是对外在情感、

---

❶ 据初步统计，党的十八大以来，标题含有"公民认同"并发表在核心期刊以上的文章有十多篇。

❷ 据初步统计，2015年以来，标题含有"公民教育"并发表在期刊的文章有1 250多篇，出版图书有70多本。

❸ 据初步统计，2015年以来，标题含有"公民教育内容"并发表在期刊的文章有十多篇，出版图书有0本。

态度和认识的接纳;[1] 朱智贤认为认同是在社会化过程中的模仿学习,是有选择性地模仿别人某种特质的行为;[2] 顾明远认为认同就是自居作用,是对行为榜样进行模仿或内投自身的过程。[3]

(2) 社会学的主要观点。张春兴认为是一种学习的历程,是形成个体人格的过程,是从社会认同转变为自我统合;[4] 郑杭生认为认同简单来说是一种社会互构。[5]

(3) 在哲学上,主要从道德的角度去理解。万增奎把认同分为自我认同和社会认同;[6] 王建敏把社会认同看作是个体内外转化问题,是人的内外经验之间的沟通和整合的结果,是自我经验的统合。[7]

(4) 文化传播学方面,孙英春认为认同是人们在社会互动过程中对自身角色及他人关系的一种动态评估和判定。[8]

(5) 人学方面,王成兵认为认同是人在社会中形成,通过对自我多方面的审视来确认自我身份,并通过对自我各个方面与他者的差异进行身份识别。[9]

2. 关于认同形成机制问题

关于认同形成机制的研究,不同的学者提出不同的观点。

---

[1] 费穗宇,张潘仕. 社会心理学词典 [M]. 石家庄:河北人民出版社,1988:45.

[2] 朱智贤. 心理学大词典 [M]. 北京:北京师范大学出版社,1989:535.

[3] 顾明远. 教育大词典 [M]. 上海:上海教育出版社,1990:390.

[4] 张春兴. 青年的认同与过失 [M]. 台北:台湾东华书局,1993:27-28.

[5] 郑杭生. 中国人民大学中国社会发展研究报告2009——走向更有共识的社会:社会认同的挑战及其应对 [M]. 北京:中国人民大学出版社,2009:5.

[6] 万增奎. 道德同一性的心理学研究 [M]. 上海:上海教育出版社,2009:2-3.

[7] 王建敏. 道德学习论 [M]. 杭州:浙江教育出版社,2002:339-340.

[8] 孙英春. 大众文化:全球传播的范式 [M]. 北京:中国传媒大学出版社,2005:101.

[9] 王成兵. 当代认同危机的人学解读 [M]. 北京:社会科学出版社,2004:9.

有人认为个体因为存在被动，在现代性的冲击下，公民认同就成为一个充满自我的高度反思性的过程。❶ 有人从当代中国政治出发，比较完整和系统地论述政治认同心理机制。❷ 有人认为，要实现社会认同机制，必须强化意识形态建设机制，坚持马克思主义指导思想的一元化，建立健全多种机制联动等；❸ 还有人认为，要通过理性认同机制、情感认同机制、信念引导机制和践行强化机制的结合。❹

3. 关于公民认同理论问题

靳志高在《全球化背景下的认同危机与公民认同教育》❺ 中对认同危机阐述得较多，但并没有对公民认同的相关概念和理论作过多的论述，只是认为"在现代民主的民族国家里，公民认同表现在各个方面，主要有民族认同、国家认同、社会认同、自我认同，集中表现为文化认同"，并对构建这几个认同的重要作用作了说明。

徐贲的《通往尊严的公共生活：全球正义和公民认同》❻ 中把"公民认同"与"群体认同"同义，认为"群体认同"要具备认同资源、群体凝聚力、公共生活的"公开性"。

---

❶ 李慧敏. 社会转型时期的自我认同与教育——以吉登斯自我认同理论为视角 [M]. 北京：高等教育出版社，2005：129.

❷ 薛中国. 当代中国政治认同的心理机制研究 [D]. 长春：吉林大学，2007：110.

❸ 赵金山，张书站. 构建社会主义和谐社会的社会认同机制 [J]. 河北学刊，2006（5）：72-74.

❹ 陆树程，李瑾. 论当代大学生社会主义核心价值体系心理认同机制 [J]. 思想理论教育导刊，2009（1）：92.

❺ 靳志高. 全球化背景下的认同危机与公民认同教育 [J]. 教育探索，2005（6）：39-41.

❻ 徐贲. 通往尊严的公共生活：全球正义和公民认同 [M]. 北京：新星出版社，2009.

李冰的《当代中国政治社会化中的公民认同研究》[1]则是较为系统地研究公民认同的著作,对公民认同的概念、形成过程、思想根源、形成机制等进行了较全面系统的论述,从政治社会化的角度提出了公民认同的概念。

韩志英的《欧洲公民认同与欧洲一体化浅析》[2]把公民身份认同作为公民认同的重要部分,分析了欧洲公民认同的建构及其困境,提出加快公民认同的建设以推动欧洲政治一体化。

根据检索结果发现,"公民认同"的研究在党的十八大之前,研究得不多,党的十八大之后研究多了起来,包括国家社科基金、核心期刊、图书都有涉及;以"公民认同"作为标题的,在期刊和国家社科基金项目上均不少,但在图书上主要以"身份认同"或"公民教育"等作为书名的关键词,对书中内容进行适当涉及。可见,现有研究文章对公民认同的阐述还是比较粗浅简略的,也都肯定了公民认同的重要作用,但基本上没有从正面回答"公民认同"的含义,对其内涵也没有深入挖掘,系统性研究的理论还不多见,呈现散而不全,有而不精的局面。

4. 关于公民教育内容问题

国内学者对公民教育内容的研究普遍散见在各类著述中。

(1)"四方面内容"的观点。

王智认为公民教育的内容主要包括爱国教育、道德教育、法治教育和品德教育,涉及知识、态度、行为和技能。"[3]黄甫全认为公民分为公民意识、公民智慧、公民道德和公民法治等

---

[1] 李冰. 当代中国政治社会化中的公民认同研究[M]. 北京:中国社会科学出版社,2013.
[2] 韩志英. 欧洲公民认同与欧洲一体化浅析[J]. 法制与社会,2008(30):299.
[3] 王智. 公民教育与政治教育[J]. 广东教育学院学报,1999(1):3-6.

方面。[1] 朱晓宏则认为包括公民的道德教育、公民的政治与法律教育、公民的思想教育以及环境教育、性教育等。[2]

（2）"五个方面内容"的观点。

黄平认为公民教育解决的是公民个体的全面素质和全体公民的整体素质问题，其核心包括思想政治教育……社会能力教育等五个方面;[3] 杨福禄的"科学发展观教育、公民意识教育……社会主义荣辱观教育";[4] 侯建雄的"爱国主义教育……社会公德教育"[5] 和张雪骄的"公民思想素质教育……公民心理素质教育"[6] 等。

（3）"六方面内容"观点。

靳志高认为包括道德、政治、法律、环境、中华民族精神、国际视野六方面。[7] 赵晖提出包括政治、法律、道德、经济、环境、国际教育六方面；檀传宝在《公民教育引论》中，提出当代中国公民教育的重点内容为身份与认同、人道与人权、德性与责任、民主与法治、和平与理解、环境与生态共六个方面。都强调这六方面内容不是彼此孤立的，而是有着密切联系的，构成统一的有机整体

---

[1] 黄甫全. 学校公民教育: 问题及其对策 [J]. 学术研究, 1997（4）: 75-79.

[2] 朱晓宏. 公民教育 [M]. 北京: 教育科学出版社, 2003: 53.

[3] 黄平. 对新时期大学生公民教育内容的探讨 [J]. 教育与职业, 2011（8）: 51-53.

[4] 杨福禄. 和谐社会构建中的公民教育问题研究 [M]. 济南: 山东人民出版社, 2010: 121-135.

[5] 侯建雄. 公民教育: 新时期大学生思想政治教育的新视角 [J]. 黑龙江高教研究, 2005（10）: 82-84.

[6] 张雪骄. 当代大学生公民教育内容体系建构研究 [D]. 长春: 东北师范大学, 2007.

[7] 靳志高. 当代中国的公民教育研究 [D]. 北京: 北京大学, 2006.

(4)"十个方面内容"的观点。

站在"大而全"的角度提出了涵盖面较广的:"爱国主义教育、集体观教育、政治教育……全球意识教育十方面的内容。"❶

从我国公民教育内容的研究来看,着力培养符合统治阶级意志的公民是公民教育的主要目标,这一点已经达成共识,而着力培养符合统治阶级意志的公民则是培养国家合格的公民。作为一个国家合格公民应该具备哪些资质,或者说对于当代中国民主进程来说,哪些公民资质的具备是公民教育应该凸显和首先培养的,哪些内容是公民教育有别于其他已有教育形态的等,这方面的研究还显得在数量和深度上不足。

(三) 已有研究总结

本书主要通过网络检索工具和科研管理机构官网对学术著作、学位论文、学术论文、项目立项及网络资料进行了数量统计和内容分析,对国内外的研究状况进行了较为详细的研究。总体来看,国内外公民教育的研究主要是针对理论方面的探讨较多,如公民教育相关概念、历史渊源、实施方法及发展趋势等的研究,基本全方位覆盖公民教育体系,对公民认同的概念、机制、分类等也进行相当多数量的研究。

首先,在国内研究中,公民教育从历史本源和理论体系上的研究较为完整,包括对公民教育的国内外历史的溯源、西方公民教育基本理论剖析等,从历史追问到概念辨析再到具体实施探讨,学者研究数量丰富。但大多数研究者基本上还是从西方公民教育的概念与理论出发,注重从理论到理论的思辨研究过程建构目标与内容,参与调查统计分析研究的不多;对公民

---

❶ 傅劲,陈华. 加强大学生公民教育 [J]. 电子科技大学学报(社科版), 2006 (3): 90-92, 107.

教育西方理论探讨比较多，对公民教育在中国特色社会主义现代化下的单一体系建构研究不够重视和系统深入；对学校公民教育理论研究偏多，而学校公民教育实践研究偏少；从公民认同的视角认识和结构的研究较少。对公民教育内容的研究存在目标不明确的问题，提出大而全的内容构想。

其次，在国外研究和实践中，西方发达国家的起步较早，无论是公民教育，还是公民认同，在研究上已经非常注重理论研究，并进行了较多的实证研究，取得了较丰富的成果，也成为我国研究者借鉴的主要来源。尤其在 21 世纪前后，在公民教育的研究中，西方国家从世界公民出发，注重全球化理念及多元文化观念的传播，注重全球意识与多元意识的世界公民培养。在理论研究和实证研究上取得了一定成果。

总之，目前国内外都对公民教育研究给予了足够的重视，都从不同的角度对公民教育进行揭示，对认同的研究也很重视和感兴趣。但，理论上进行探讨的比较多，实证性研究和论证却比较少；以资料进行归纳总结式研究比较多，批判吸收创建性研究的比较少；多学科描述性研究比较多，交叉重构性研究比较少；对认同的类别研究比较多，对公民认同整体研究比较少；对公民教育和公民认同的相关问题分别研究比较多，对他们之间的相关性并进行结合研究的比较少。

三、研究方法与研究思路

（一）研究方法

1. 文献研究法

关于公民、公民认同以及公民教育内容的思想，研究者们有大量的论述，对大量文献的阅读和资料收集分析、总结、归纳，从而成为本书立论的重要理论支撑和创作的基础。

2. 心理学研究法

公民教育也要通过对人进行心理上把握才能实现教育目标。掌握人的心理认知规律是实现认同的重要手段，需要使用心理学的一些研究方法。

3. 系统研究法

认同问题是一个多学科关注的问题，同时公民教育内容属于公民教育的一部分，不能割裂问题的整体性，这样就必须采用系统分析的方法，把问题放在一个相互联系、相互影响的系统。

4. 实证研究法

为掌握第一手资料，给予论文论证更加有效的支持，通过定向和不定向调查、网络和实地调研、统计数据进行实证分析。

(二) 研究思路

当代中国公民认同实现的主要途径之一是通过公民教育的实施。但是，公民教育的公民认同和其他问题中的公民认同是不同的，之所以把公民教育内容与公民认同两个问题结合在一起来进行研究，主要是因为公民认同的实现过程必然包括对公民的塑造和培养，也就必然涉及需要塑造什么样的品质、懂得什么知识、掌握什么技能等，什么样的公民教育内容就显得尤为重要。

本书从核心概念着手，以公民教育的概念、形成、发展、基本内容与当代价值为主线，以公民认同的概念、范畴、目标和体系为载体，以分析我国公民教育内容问题为中心，借鉴国外先进的公民教育内容及实施途径，通过对公民教育内容问题主客观情况的调查分析，结合公民认同目标与内容对公民教育内容的要求，提出中国公民教育内容构建的思路。首先是公民教育内容的基础内涵分析，其次是从公民认同角度对公民教育内容构建目标分析,再次是以通过主客观调查得出的"数据"来分析公民教育内容当前的困境与原因,最后是基于公民认同视角的公民教育内容构建,即依次研究公民教育内容的理论基础、目标、困境原因和解决方法等。反过来说,公民教育内容构建是消除公民教育内容困境的基础,公民教育内容困境清除后,有利于公民认同目标的实现,也必然促进符合公民认同目标的公民教育的实现,公民认同的途径也顺畅了,公民认同可以实现,从而促进现代化国家的形成。四者关系是循序渐进,环环相扣,形成递进回环的结构。具体结构如图0-1所示。

```
┌──────────────────────────┐
│  公民教育内容构建的相关    │
│  概念及实践              │
└──────────────────────────┘
       ↓           ↑
┌──────────────────────────┐
│  公民认同纬度的公民教育    │
│  目标与内容              │
└──────────────────────────┘
       ↓           ↑
┌──────────────────────────┐
│  中国公民教育内容的困境    │
│  与原因数据分析          │
└──────────────────────────┘
       ↓           ↑
┌──────────────────────────┐
│  中国公民教育内容构建      │
└──────────────────────────┘
```

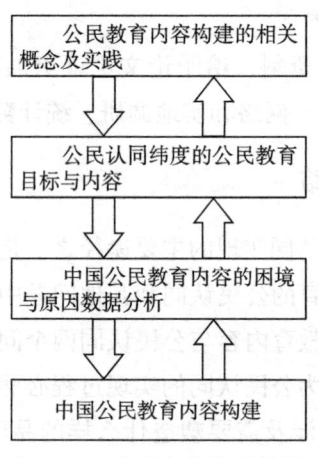

图0-1 本书内容体系结构

四、本书的特点、难点

(一) 本书的特点

1. 内容系统

本书是基于较长一段时间我国现代化建设的现实情况,深入考察国外公民教育内容的先进理论和实践经验，根据现代社会的发展对合格公民的要求及我国思想政治教育现状出发，系统地探讨了公民教育内容的理论依据、构建目标、原则、主要内容等情况，使之更加系统化和实用化，是比较早和系统全面研究我国公民教育内容的著作。类似的研究，根据2013年12月前的检索，目前仅有两篇，一篇是芦蕾博士的《我国中小学公民教育目标与内容重构研究》，但其主要以中小学为研究目标，并结合公民教育目标进行重构，比较侧重于微观，与本书范围不一致。另一篇是赵晖博士的《社会转型与公民教育——中国公民教育目标与内容体系建构》，从社会转型的角度探讨了公民教育，同时重点研究了目标与内容的体系建构问题，资料较翔实，但实证研究不足。其余有5篇左右的硕士论文，研究得还不够深入和系统。

2. 视角独特

结合公民认同的理论进行具有针对性的公民教育内容研究。本书所谈到的公民教育内容与以往所提的公民教育内容的不同之处在于，始终是在根据个体特征需求和时代发展需求条件之下的公民培养，结合公民认同的主客体和目标要求进行针对性研讨，提出的构建内容也是根据公民认同的基本内容进行符合其特征的设计，而不是一般意义上泛泛而谈的。经通过篇名用独秀学术搜索检索，当时从公民认同的视角来开展研究公民教育和公民教育内容的论文还暂未发现，而且公民认同的研究也不多，在国内还处在起步阶段。本书的研究从当代中国公民认同的视角研究公民教育内容的形成，为公民教育研究拓展了领域和视野，为公民认同实现提供了新的思路。本书不拘泥于已有的公民教育的理论和思想，不但关注公民教育内容的现实根源，而且更加重视公民主体的心理状态、现实特征和内化过程，分析了实现这种认同应具有的品性，探寻了培养这些品性应有什么样的内容，并且从公民教育内容的价值追求中寻找到了公民认同的根基。

3. 论据来源丰富

一般而言，大部分作者论文的论据收集方式局限于两种或三种，甚少到四种，而本书为使论点更具说服力，采取了网络调查、实地调查、开座谈会、文献统计、案例引用等五种以上方式得到论据材料，使论据更科学，论证更充分，论点更明确。

(二) 本书的难点

在研究过程中，构建的公民教育内容之间是什么样的关系？与现行思想政治教育内容的区别在哪？公民认同需要什么样的公民教育内容？这些问题都需要得到厘清，也是本书的难点。而更要思考的是：公民教育内容构建使公民认同的实现有了坚实的基础，但如何使这些公民教育内容得以实施，才能更好地实现公民认同？是在现有教育体制下的融入、更新，抑或打破现有格局，另辟捷径呢？公民教育内容如何更新？公民教育内容如何变成教学的课程？公民教育内容如何布局等，这些都待下一步进行研究。

第一章

公民教育内容构建的相关概念及实践

一、相关概念及内涵

长期以来，关于公民教育与马克思主义之间的关系问题，没有引起足够的重视，致使我们在加强公民教育的同时，公民教育的社会主义性质的合法性、阶级性受到了一定的质疑。公民是涉及多学科的概念，对公民、公民教育和公民认同概念的深入剖析是本书理论建构的重要基础。

（一）公民的概念和内涵

1. 公民的马克思主义理论基础

公民概念虽然发源于西方，但在马克思主义中亦有深厚的理论基础。马克思主义经典著作中关于"公民"两字的论述，出现不下千余次，在书信来往、观点批驳、论点论述、阶级称呼等中常有出现。这表明马克思、恩格斯不但非常注重公民观的研究，还对"公民"怀有深厚的感情。

首先，从马克思主义的视角来看，公民是社会现实的产物，也是阶级意志的体现。公民身份的认同和归属只有站在社会现实和阶级的立场，认清社会和政治解放的本质，并在合理界定国家与社会各自边界的基础上才具有现实意义，否则只会沦为统治阶级用来蒙蔽民众始终保持政治忠诚的思想工具。同时，他还认为公民也是社会中普通的一员，是社会的基本细胞。他指出，国家公民是家庭的成员和市民社会的成员。❶ 其实，公民就是家庭或社会的一个普通成员，不特指精英人物、达官贵人，是人的普遍的基本身份，也是社会的基础。而在经济上，"国家公民身份就表现在农民是一个城市的居民这样一个简单的形式上"❷。没有太多复杂的表现形式，都是在社会这个舞台中扮演自己应有的身份角色。公民的身份是不存在等级的身份，农民的身份就是国家公民的身份，他不是作为农民的国家公民，而是作为国家公民的农民；❸ 同样，工人的身份就是国家公民的身份，他不是作为工人的国家公民，而是作为国家公民的工人，国家公民是基本身份，工人则是职业身份。国家公民的身份都是平等的、一样的，而其他身份因等级或阶级的不同而有所不同。

其次，公民经历"国家—市民社会"的过程。市民社会和国家是彼此分离的，国家公民也与同是市民社会成员的市民相分离（市民社会理论作为马克思主义的公民观的重要内容，稍后再作论述）。即国家公民与市民社会的市民也不属同一概念，均有各自不同的范围，市民强调的是私人身份，而公民是一种政治身份，即公私分明。市民社会和政治国家的分离必然表现

---

❶ 中共中央马克思恩格斯列宁斯大林著作编译局. 马克思恩格斯全集（第三卷）[M]. 北京：人民出版社，2002：11.
❷ 卡尔·马克思，弗里德里希·恩格斯. 马克思恩格斯全集（第八卷）[M]. 北京：人民出版社，2009：133.
❸ 卡尔·马克思，弗里德里希·恩格斯. 马克思恩格斯全集（第三卷）[M]. 北京：人民出版社，2002：119.

第一章　公民教育内容构建的相关概念及实践

为政治市民,即国家公民脱离市民社会,❶ 政治的市民才是国家公民,没有政治和阶级属性的市民只以私人身份存在,市民社会一旦与具有政治属性的国家脱离,国家公民也随之脱离,公民只属于政治的国度。在这里,表明了市民社会是公民身份认可的现实根基,存在于市民社会,也使公民身份认同与归属有了落脚点,消除了公民身份的虚无性。同时,国家是公民政治属性存在的基础,公民个人只有在国家生活中才会获得普遍性意识,确认自身的公民身份,实现意志自由。这样,就使对公民身份认同与归属的理解既有了马克思主义意义上的统治阶级意志特征,又有了现实社会解释功能的分析基础。

最后,公民具有国家法律和制度属性。公民是国家和社会的主体,国家的权力属于全体公民所有,公民是国家政治生活的决定性环节,即"人民当家作主"。"不是人为法律而存在,而是法律为人而存在"❷,即公民创造了法律,公民通过法律保护了自己,法律是因为公民的需要而存在。同时,马克思也指出:"在民主制中,每一个环节实际上都只是整体人民的环节。"❸ 也就是说,国家本身并不是法律制度的目的,组成国家的公民才是其实现的目的。因此,公民在马克思主义中便有法律的属性,即通过法律来确定公民的身份,设定公民的权利和义务。

可见,马克思主义对公民的论述,给我们指明了现代公民的一些基本特征,如阶级属性、身份象征、平等、法治等,为

---

❶ 卡尔·马克思,弗里德里希·恩格斯. 马克思恩格斯全集(第三卷)[M]. 北京:人民出版社,2002:97.

❷ 卡尔·马克思,弗里德里希·恩格斯. 马克思恩格斯全集(第三卷)[M]. 北京:人民出版社,2002:40.

❸ 卡尔·马克思,弗里德里希·恩格斯. 马克思恩格斯全集(第三卷)[M]. 北京:人民出版社,2002:39.

我们开展现代公民教育提供了坚实的理论基础。

2. 公民的西方思想理论借鉴与摒弃

（1）关于柏拉图的"理想公民"。

柏拉图设计了理想国蓝图，构造了理想政治社会模式。柏拉图在公民思想中，把正义放在首位，城邦必须建立在正义之上。实质上，理想国是柏拉图心中的完美城邦，是"正义"的城邦，追求国家的统一强盛、国家的团结和谐与公民优良精神的完美结合。因此，"柏拉图有深厚的唯成分论的思想。"❶ 柏拉图理想国的公民构想，是人类理性化的结果，虽然偏理想化过多，但也为以后公民的应然行为，提供了良好的参考。

（2）关于亚里士多德的"德性"公民。

被认为是古希腊公民理论奠基者的亚里士多德，在公民构建上强调"德性"，认为公民的德性与他们所属的政体有关。亚里士多德认为，"凡有资格参与城邦议事和审判事务的人都可以称为城邦的公民。"❷ 但是，亚里士多德所说的公民并不是所有的城邦成员，具有公民身份（citizenship）（citizenship 一词，国内一般有四种译法，即公民身份、公民资格、公民权利、公民，本书采用"公民身份"之义。）应具备一定条件，而且这种身份也可以因为某些特定原因而丧失，如政治变革、经济恶化等。❸ 他还强调，公民参与政治是公民的美德，认为"真正的公民必定在于参与行政统治"❹。但这种假设是以公民完全忠实于国家为前提的，而强调忠实于国家和政治的积极参与，为我们提供

---

❶ 章士嵘. 西方思想史 [M]. 上海：东方出版中心，2002：26.

❷ 亚里士多德. 政治学 [M]. 颜一，秦典华，译. 北京：中国人民大学出版社，2003：73.

❸ 秦树理. 公民道德导论 [M]. 郑州：郑州大学出版社，2008：3.

❹ 苗力田. 亚里士多德全集（第九卷）[M]. 北京：中国人民大学出版社，1994：86.

第一章 公民教育内容构建的相关概念及实践

了一定的借鉴意义。

(3) 关于西塞罗的"平等"公民。

在他看来,"既然所有人类都由自然法而联结为一个整体,所有的人生而平等,都是整个世界国家的成员"❶。所以,他认为人与人之间的平等是自然造就的,所有人都平等,区别不大。西塞罗的这一思想奠定了西方人权观念的基础,然而,这也仅仅是建立在理想之上的,只要存在贵族和平民之间的阶级差异,在现实生活中就很难实现真正的平等。

(4) 关于奥古斯丁的"神学"公民。

奥古斯丁认为上帝之城是最高的善,是完美和平的;而地上之城是短暂和黑暗的,地上之城要在教会的统治之下按照神的意志来进行运行和改造。实质上,国家披上"神"的外衣,就失去了正当的政治组织形式,公民也就不复存在。这种神学的外衣明显已经与现代社会的思想进步格格不入,在现代公民教育中难以找到生存的土壤。

(5) 关于洛克的"权利"公民。

洛克强调人的自然权利,他认为一个国家首先要尊重人的自然权利,认为人民抵抗一个不合法的政治权威是合法的,当一个政府不能够使公民认同其"合法性"时,抵抗和革命就是正当的。❷ 在国家和公民之间,国家和政府的权力不能过大,以免影响公民自由发展,即权力最小的政府,公民最大的自由。同时,也认为一个好的政府是用制度来加以制衡,而不是依靠公民优良的德行来维持。洛克强调制度对权力的制约来反对国家公权力的扩大有一定借鉴意义,但如何达到国家与公民之间

---

❶ 宝成关. 政治学思想史 [M]. 长沙:湖南教育出版社,2004:70.
❷ 徐向东. 自由主义、社会契约与政治辩护 [M]. 北京:北京大学出版社,2005:34.

的平衡，其并没有给出太好的办法。

(6) 关于黑格尔的"国家"公民。

黑格尔认为国家是绝对神圣的，公民个人只有在国家中才能实现真正的客观自由。他认为，国家的权力应该是最高权威，公民要绝对服从。"只有这样，国家才能使整个社会免于陷入赤裸裸的兽性竞争状态，才能成为一个统一的有机整体。"❶ 所以，黑格尔认为国家是公民的前提条件，国家是公共利益实现的基石，国家是目的而不是工具，没有国家，公民就不存在，公民的自由和权利需通过国家来实现。他还强调了公民的国家的属性，也为马克思所认同，成为马克思主义公民学说的借鉴。

西方资产阶级思想家对公民的思想是站在资产阶级的立场，并与当时的社会现实相适应提出的理论，虽然具有一定的阶级和时代局限，甚至有些违反客观真实，披上"神"的外衣更是陷入唯心主义，与马克思主义的公民思想有较大出入，但他们所反映的诸如国家、平等、权利、德性等思想，仍然为现代国家所借鉴，我国的治国理念批判性地借鉴这些思想，而对他们脱离现实、过于理想化，甚至陷入唯心主义等一些不符合中国特色社会主义建设甚至错误的思想应给予否定和摒弃。

3. 公民的含义及其特征

从词源学上来考察，"公民"的英文为 citizen，与城市有密切联系。《辞海》中对"公民"的定义阐述为："具有或取得某国国籍，并根据该国法律规定享有权利和承担义务的人。"❷ 即宪法或法律赋予了公民身份，也对权利和义务进行了相应匹配，公民不仅表现为公民的身份，关键是要体现公民的本质特质。

---

❶ 王彩波. 西方政治思想史——从柏拉图到约翰·密尔［M］. 北京：中国社会科学出版社，2004：421.

❷ 陈至立. 辞海［M］. 7版. 上海：上海辞书出版社，2020：8.

第一章 公民教育内容构建的相关概念及实践

公民的西方思想发展是适应了当时政治发展的需要，具有很强的阶级性和时代性。任何社会正义都必须明白"谁之正义"和"何种合理性"的问题。现代公民身份的获得，不是从来就有，它是历史发展的结果，是人类社会进步的产物，它同时也是阶级意志的体现。因此，现代国家中，公民仍是社会现实的产物，具有阶级属性。正确认识公民的具体内涵，探求公民角色应有的内涵具有重要的意义。综上所述，并结合马克思主义对公民的论述，本书认为，现代公民是具有一国国籍，并根据该国宪法或法律规定，依法独立享有规定的权利和承担相应的义务并在社会生活中具有平等地位的人。从定义中，可以看出现代公民有以下五个特征。

（1）公民是社会发展的历史产物。

公民不是人类产生就有的，而是政治国家发展到一定历史阶段的产物，也会随着社会的发展而扩展其含义、特征和边界，它与特定的统治思想和现实的政治统治相联系，同时也是社会生活现实中的人。不同政治国家中的国家与国民之间的关系，影响了公民的产生。现代公民的产生有其特定的思想条件和实践基础，中国现代公民与中国社会现实和政治需要相统一。公民概念的发展历史本质上就是人类社会文明进步史。

（2）现代公民彰显主体性特征。

现代公民概念是建立在社会个体的主体性和独立人格观念上的。康德曾经说："在这一立法中享有投票权力的人，就叫作公民。……为此所需要的唯一资格就是：他必须是其自身的主人。"[1] 他把个人赋予了突出的优先地位，即主体地位，使人有了独立的人格，公民的权利不需要依附他人来获得，而是既定

---

[1] 伊曼努尔·康德. 历史理性批判文集 [M]. 何兆武, 译. 北京：商务印书馆，1997：187-188.

的，有在既定范围自由处置的权利。主体地位的确立，使公民有了被认可和尊重的可能，也使现代公民独立人格形成有了良好的基础。在中国封建社会，个体独立人格没有形成，现代人所拥有的公民精神也就无法体现。现代社会公民活动中，公民不是机械被动地接受道德和法律法规约束的客体（无民事行为能力除外），而是作为公民活动的积极主体。从本质上来说，公民活动就是积极创造，是公民认同和公民教育依托的一种特殊表现形式。这种主体性的存在，在"共生共存"基础上，形成各种各样的"朋友圈"，互相关联关注，不可避免有着相互影响。这是人类生活在现代化、全球化、信息化、数字化趋势中对主体人际关系的重大影响，致使人与人之间相互依赖性增强。实质上，每个公民都是主体性公民，但又处在"共生"理念和公共精神培育中，从而形成现代新型公民。

（3）现代公民强调权责统一。

权利与责任的统一是现代公民的重要特点。现代国家赋予公民特定权利，并且通过法律的规范保障国家权力行使范围和这些范围内如何行使权力的适度限制。而在政府不受限制或政府可以随便行事，国民因无权而对制度没有支持义务的地方，有的只能是臣民，而不是公民。[1] 但是公民不应该只是权利的拥有者，还应该体现为责任的承担者，即公民要承担应有的责任。责任的存在，使国家法律得到遵守，秩序得到维持，社会更加公平。马克思也强调了权利和责任的对等性。权利与责任是一对双胞胎，从一出生开始便是同等的，相互影响。没有绝对的权利，也没有绝对的责任，不能只享有权利，不履行责任，没有权利，责任也难以实现。在现代国家和社会治理中，理论上

---

[1] 肖雪慧. 公民社会的诞生 [M]. 上海：上海三联书店，2004：171.

每个公民都可以参与国家和社会治理，但是不可能让每个公民都直接参与，更多的是间接参与。过分强调公民的权利，或过分渲染公民的责任，过分突出国家利益，都是偏颇的。国家是公民权利的保护者，而作为公民，也应主动积极承担规定的责任。

（4）公民是平等主体。

《中华人民共和国宪法》（以下简称《宪法》）第三十三条规定："中华人民共和国公民在法律面前一律平等。"我国以根本大法的形式确定了公民身份的广泛性和平等性。在现代社会中，公民体现了平等原则，而在奴隶社会和封建社会体现的是阶级不平等的"臣民"文化。"臣民是君主专制制度下的无主体性、不自由、不平等的社会存在状态。"[1] 没有平等的价值认同，就没有公民的尊严，公民的权利就得不到保护。公民的平等是在尊重他人的前提下才能实现。实质上，这种平等是起点、机会、规则等的平等，对所有人开放，对每个人来说都是公正、公平的，特别是在法律面前人人平等，不允许有超越法律的人存在。感受不到平等对待的公民是不会积极参与国家和社会治理，并成为积极支持者的。

（5）公民是自由张力与限制相统一。

自由是一个内涵十分丰富的概念，有哲学上的自由、政治上的自由、经济上的自由、伦理上的自由等。自由是公民的先决条件，个人的自由是自我价值的体现。但"自由并不是被迫服从别人为他制定的法律，而是服从由他制定的法律"[2]。这就说明，自由应由法律来赋予，而不是按主观意志行事，但这个

---

[1] 曾盛聪. 伦理变迁与道德教育——市场化、全球化、网络化际遇中的现代性追寻 [M]. 广州：广东人民出版社，2006：122.

[2] 以赛亚·柏林. 自由论 [M]. 胡传胜，译. 南京：译林出版社，2003：321.

赋予来源于自身的给予，然后按照契约的事先约定，对契约的合理遵循。霍布斯认为，国家是人们相互契约的产物。孟德斯鸠则发展到"政治自由是人们相互契约的产物"。这实质是公民行为对"私权利"的让渡，共同获得这种自由，公民服从法律，就是服从共同意志，而服从共同意志，实即服从自己的意志，等于自由。卢梭认为："政治体的本质就在于服从与自由二者的一致。"❶ 所以，契约强调的是对共同体的"共识合议"行为的践履，而不是随意的"自由"。人们通过让渡自己的私人权利，获得自由的扩张和保护的同时，也要受到别人"自由"的限制，从而形成共同遵循的合法性依据。个人自由的实现是建立在尊重他人的自由的基础上的。

自由作为主体间的自由，最根本的是个人自由与社会（一切人）自由的关系。它们之间是对立的，但又统一于主体自由。对立是相互限制、相互作用，统一是指其形成主体自由的合力或张力。❷ 强调公民自由时，必须考虑到自身行为的自由边界，要考虑自己有什么行为，别人也同样想有这样的行为。"天高任鸟飞，海阔凭鱼跃"，鸟儿只有在空中才能自由翱翔，鱼儿只能在水中才能来去自由，鸟在水中、鱼在空中都不能实现自由。但是，任何自由都是有限制的，都不能妨碍他人的自由。公民作为个人与社会的统一，必须保持自由的张力与限制的统一，克服行为的随意性和无序性。

（二）公民教育的概念和内涵

1. 马克思主义公民教育内涵

马克思主义能成为无产阶级斗争并取得最终胜利的强大思

---

❶ 卢梭. 社会契约论 [M]. 何兆武, 译. 北京: 商务印书馆, 1980: 121.
❷ 谭培文. 社会主义自由的张力与限制 [J]. 中国社会科学, 2014 (6): 36.

第一章 公民教育内容构建的相关概念及实践

想武器，其除了具备先进性、科学性、真理性等特点外，对如何运用教育这一思想武器的理论也是功不可没。马克思主义认为："批判的武器当然不能代替武器的批判，物质力量只能用物质力量来摧毁；但是理论一经掌握群众，也会变成物质力量。理论只要说服人，便能掌握群众；而理论只要彻底，便能说服人。"❶ 这一论断不仅说明了意识形态与物质基础的关系，还强调了在群众中开展理论说服工作的重要性。通过分析马克思主义的公民思想根源，马克思和恩格斯并不反对公民教育。虽然没有直接的"公民教育"词句的表达，但他们对公民特征的表述和思想认识及教育理论，充分体现了现代公民教育的核心要素和基本内涵，为我们在社会主义国家实施公民教育提供了理论借鉴。只不过，他们的前提条件便是工人阶级首先要建立起无产阶级专政的社会主义国家，获得政治上的解放，在国家中当家作主，成为真正的公民。这个前提条件实现了，实施公民教育也就顺理成章。那么，马克思主义的公民教育思想主要有哪些？

（1）明确提出了政治文明的核心是民主政治。

马克思主义中最基本的分析方法之一便是站在阶级立场进行的，其从不否认国家和公民的政治性，认为国家属于政治的国家，任何一个国家都要建立自身的政治文明。1844 年 11 月，马克思在《关于现代国家的著作的计划草案》中明确提出了"政治文明"的概念，并且将"集权制和政治文明"的问题列在"执行权力"的框架内作专题研究。❷ 在这里，马克思主义把

---

❶ 卡尔·马克思，弗里德里希·恩格斯. 马克思恩格斯文集（第一卷）[M]. 北京：人民出版社，2009：11.

❷ 卡尔·马克思，弗里德里希·恩格斯. 马克思恩格斯全集（第四十二卷）[M]. 北京：人民出版社，1979：238.

集权制和政治文明看作是执行权力的内容，既不否认集权，也不否认政治文明，两者均为现代国家权力执行的重要手段。而民主政治是政治文明的核心。可见，马克思的想法在于建立现代的民主集中制，既有民主的集中，又有集中的民主。在保障公民享有充分民主的基础上，也要有适当的集中。而在我国，人民代表大会制度就充分体现了民主集中制原则，是公民教育民主思想的坚实基础和保证。

（2）明确提出了人权问题。

人权问题是公民教育的核心理念之一。对于这一来源于西方资本主义国家并长期被视为禁区的论题，在写入宪法后，最终成为我国较为自由谈论的话题。其实，马克思主义早就有过论述：在建立的社会主义社会，仍"不可避免"地要按照"资产阶级的权利"原则来规范社会。他告诉我们，在社会主义社会阶段，我们无法避免借鉴和学习甚至采用西方资本主义的一些思想或规范来巩固无产阶级政权。因此，对来源于西方的人权观念，马克思主义不仅不否定，而且把它放在了非常重要的地位。1844年11月，马克思在《关于现代国家的著作的计划草案》中第三点也明确提出了"人权的宣布"设想，把人权与国家宪法列在同等地位，包括个人自由与公共权利，自由、平等和统一，人民主权四类。[1]

（3）要求争取公民的平等地位。

马克思主义在很多教育思想中都阐述了公民的平等地位问题，并作为重要问题。恩格斯曾指出："一切公民都应当有平等

---

[1] 卡尔·马克思，弗里德里希·恩格斯. 马克思恩格斯全集（第四十二卷）[M]. 北京：人民出版社，1979：238.

的政治地位和社会地位。"❶ 从中不难看出，对于公民教育平等理念，马克思主义经典作家是给予充分肯定的，用了"一切"来表示，排除了例外；"平等"作为每一个公民享有的地位进行对待，而且这种平等是建立在无差异基础之上的，都是共同的，你有我有他也有。正如马克思所说："作为人来说，都有某些共同点，在这些共同点所及的范围内，他们是平等的。"❷ 这种权利和地位不仅是平等拥有，而且拥有的内容和条件都是一样的，相同的权利也没有多少宽窄之分。

（4）强调公民权利与义务对等观教育。

公民的权利和义务是历史发展的产物，并不是从来就有的，而是社会发展到文明时代的产物。恩格斯曾指出："在野蛮时代，是不能区分权利和义务的，文明时代却使两者清晰明确。"❸即只有在文明时代，在社会分化为阶级的基础上，随着国家和法的产生而出现。权利和义务是国家通过法律实现其建立社会秩序功能，维护统治阶级的根本利益的手段，"个别公民服从国家的法律也就是服从他自己的理性即人类理性的自然规律"。❹公民也只有从他"居住的地方"，即国家，依靠法律来实现他们的公共权利和义务。但是权利和义务也不是公民天生就有或者资产阶级好心送给的，而是要靠阶级斗争"争取"而来的。马克思曾经指出："工人阶级的解放斗争不是要争取阶级特权和垄

---

❶ 卡尔·马克思，弗里德里希·恩格斯. 马克思恩格斯文集（第九卷）[M]. 北京：人民出版社，2009：109.
❷ 卡尔·马克思，弗里德里希·恩格斯. 马克思恩格斯文集（第九卷）[M]. 北京：人民出版社，2009：109.
❸ 马克思恩格斯选集（第四卷）[M]. 北京：人民出版社，1995：178.
❹ 卡尔·马克思，弗里德里希·恩格斯. 马克思恩格斯全集（第一卷）[M]. 北京：人民出版社，1995：228.

断权，而是要争取平等的权利和义务。"❶ 这里，马克思也并不单纯地强调权利，而是"争取平等的权利和义务"，两者都要"争取"，而且是平等对待。所谓"平等的权利和义务"，就是"没有无权利的义务，也没有无义务的权利"。❷ 实质上，权利和义务是对立与统一的有机体，相互依存，一定条件下还可以转化，而权利和义务的主体只能是现代公民，通过公民来实现。在这里马克思精辟论述了公民权利与义务对等的关系。

（5）强调公民道德观与价值观教育。

马克思主义的唯物观强调观念是对物质生活的反映，公民道德观与价值观是公民对社会形成的道德和价值观念，是对特定社会现实生活的反映，与当时的社会历史条件密切联系。同时，马克思主义利益观认为，利益才是公民行为思想的本元，是公民行为的动力源泉，公民道德和价值的形成以利益为基础。恩格斯也指出："每一个社会的经济关系首先是作为利益表现出来。"❸ 不仅"经济关系"与利益有关，思想活动也离不开利益。因为"'思想'一旦离开'利益'，就一定会使自己出丑"。❹ 在马克思主义看来："既然正确理解的利益是整个道德的基础，那就必须使个别人的私人利益符合于全人类的利益。"❺ 这就是说，个人或集体利益与全人类利益相统一、相一致是道

---

❶ 卡尔·马克思，弗里德里希·恩格斯. 马克思恩格斯文集（第三卷）[M]. 北京：人民出版社，2009：226.

❷ 卡尔·马克思，弗里德里希·恩格斯. 马克思恩格斯文集（第三卷）[M]. 北京：人民出版社，2009：227.

❸ 卡尔·马克思，弗里德里希·恩格斯. 马克思恩格斯文集（第三卷）[M]. 北京：人民出版社，2009：320.

❹ 卡尔·马克思，弗里德里希·恩格斯. 马克思恩格斯文集（第一卷）[M]. 北京：人民出版社，2009：286.

❺ 卡尔·马克思，弗里德里希·恩格斯. 马克思恩格斯文集（第一卷）[M]. 北京：人民出版社，2009：335.

德的物质利益的基础。公民道德因有其人类相统一和一致的利益关系,在本质上是作为一个国家的综合道德规范,所有公民都必须遵守和履行。马克思和恩格斯还注意到,思想道德并非全都是阶级性,不同阶级在思想道德上也有共同之处,存在着非阶级性道德和共同的利益,也就是世界公民的公共道德,全人类均应遵守的行为准则。但是,这些公共道德也是符合阶级意志,代表阶级立场的。

当然,马克思和恩格斯虽然非常强调正确的"马克思主义"教育,但也没有忽视从内部清除错误的思想的重要性,强调要清除错误的思想和各种幻想,从而实现吸收转换和清除净化的双向整合,使公民的思想和行为更加符合无产阶级专政的需要。马克思和恩格斯要求巴黎的共产主义者紧密地团结起来,在支部中努力肃清错误思想。❶马克思主义要求清除错误思想,从反面向我们指出了公民教育的内容要提供科学正确的知识和内容。

2. 近代西方公民教育思潮辨析

自近代以来,西方资本主义思潮纷纷涌现,彰显了公民认同的思想内涵,其中有代表性的主要有以下六种。

(1) 注重主体个性认同的传统自由主义公民教育思潮。

传统自由主义的公民教育观是以其公民身份观为基础的。在传统自由主义者看来,公民教育的目标在于使每一个特质各异的人更有能力适应共同生存与生活,人们可以通过公民教育学习社会规则和掌握必要技能,是为了使自己能够在社会中更好地发展个性,更好地享有权利与自由。因此,传统自由主义的公民教育内容主要强调对公民自由、平等、民主意识的培养,

---

❶ 卡尔·马克思,弗里德里希·恩格斯. 马克思恩格斯全集(第四十二卷)[M]. 北京:人民出版社,1979:450.

注重公民的个性发展。由此可见，传统自由主义者在公民教育上过于强调公民权利，而相对忽略了公民义务，这种公民教育观随着社会的不断发展，必然受到责难。

（2）强调公民对国家政治认同的共和主义公民教育思潮。

在共和主义思想中，首要强调是公共利益优先于个人的权利，公共利益必须高于个人利益，个人要以公共利益的实现为最高目标。当两者发生冲突时，个人利益必须让步，是应当为公共利益牺牲的。因此，共和主义中对权利的认同，也产生过"无支配自由观""消极自由观""无干涉自由观"，实质是宪政共和国体制下的有限的自由。基于上述基本理念，共和主义的公民身份观具有强调公民政治参与、强调公共善与公民德行两个特点。❶ 共和主义的公民教育内容主要包括公民知识的教育和公民参与意识和能力的培养。公民教育应使公民在互相尊重与理解中增强公民参与意识，增强公民参与能力。共和主义者将公民的国家认同（特别是政治认同）视为是公民德行的首要内容，是实现公共善的必要条件，强调的认同是一种单一的民族国家认同。

（3）基于社会正义原则认同的新自由主义公民教育思潮。

新自由主义以道德理论为基础，修正传统自由主义偏重权利的观点，极力主张个人自由与公共利益、社会发展相一致。而罗尔斯以正义原则为基础，发展了传统的契约论，开创了自由主义的新纪元。他们认为，公民认同可分为"公共认同"与"非公共认同"两类，是公民对所谓"社会正义"原则的认同，

---

❶ 张秀雄. 公民教育的理论与实施［M］. 台北：台北师大书苑有限公司，1998：109.

是一种对公民之间多元价值观的认同。[1] 新自由主义也强调，公民教育在向学生强调自由、平等的权利的同时，要十分重视在公民教育过程中将自由与公民德行进行整合，使公民的自由成为"理性的自由"。[2] 实质就是一种平衡，透露了追求社会正义的痕迹。新自由主义强调公民之间、公民与非公民之间差异认同。

(4) 基于"社群认同"的社群主义公民教育思潮。

社群主义思想中的"认同"主要指一个人与其家庭、文化传统或社群的关系，非常强调公民身份的重要性，公民身份的获得是社群成员共享利益的重要基础，另一个重要特点就是强调群我关系的公民认同。公民的生活处在众多社群中，对社群的认同也是多重的，公民对其所属国家的认同感和归属感被认为是非常重要的。[3] 只有通过所有成员履行公民的责任与义务，社群的价值才得以提升；社群中的个人只有通过这种方式才能在社群中发现自我的价值，并使个人的利益有所保障。因此，社群主义者认为社群成员对社群的忠诚、归属与认同非常重要。同时，要通过公民主动参与和实践来培养公民德行，促成公民对政治社群的认同，实现社群主义的倡导。社群主义强调是一种多元认同，并指向不同社群的认同。

(5) 跨越国界认同的全球公民教育思潮。

全球化成为现代社会新趋势后，许多全球公民论者提出，以全球的视角去检视公民身份时，根本无须任何法律上或政治

---

[1] 赵明玉，范微微. 现代民族国家建构视阈中的公民认同教育 [J]. 比较教育研究，2013，35（7）：16.

[2] 张秀雄. 公民教育的理论与实施 [M]. 台北：台北师大书苑有限公司，1998：95.

[3] 赵明玉，范微微. 现代民族国家建构视阈中的公民认同教育 [J]. 比较教育研究，2013，35（7）：16.

上的承认，强调的是践行的公民身份观。对全球公民来讲，其认同具有对自身民族和国家的身份认同和世界公民身份认同的双重性。在全球化时代，任何民族和国家都难以独善其身，气候影响、恐怖犯罪等全球问题已经超越国界、空间、民族以及社会制度等，即使再强大的国家或民族，都无力单独解决这些问题，包容的和平共处五项基本原则也成为很多国家对外交往中主要原则。因此，人们开始思考全球思维、意识问题。一种培养人们跨文化理解的能力和全球发展意识，以增进跨国界的沟通与对话，使全世界的整体和作为全球公民身份的个体都能够得到最大限度的发展教育理念便产生。教育全球视野的提出，对传统的民族国家教育既提出了新的挑战，又作为其有益补充，在全球化时代发挥着重要作用。但其仍处于萌芽阶段，因而还没有针对公民教育建构起一个完整而系统的理论。

（6）认同少数权利的多元文化主义公民教育思潮。

多元文化论者另辟蹊径，针对自由主义与社群主义两股"认同"的主要思想，提出反对意见。认为自由主义与社群主义的"认同"就是要建立一种强调"同质"的公共社会，但这种"同质"会使少数族群的意见被忽视，实质不公平。他们认为不仅要为弱势族群提供公平参与和竞争的平台，更要尊重多元文化，建立一个相互宽容与尊重的社会。❶因此，多元文化主义的"公民认同"更加关注少数人的权利。为克服单一认同的弊端，多元文化论者提出"承认差异"的认同主张，以矫正并缓和个人与族群间的冲突。他们提出，教育环境必须保护少数族群独特的文化价值观和族群的文化、历史等，在教育中要获得正式承认以及被学习的机会；在异质多元的公众社会中，教育应提

---

❶ 赵明玉，范微微. 现代民族国家建构视阈中的公民认同教育［J］. 比较教育研究，2013，35（7）：17.

供族群文化延续的机会,并且使族群的差异文化在教育中获得承认,从而最终形成一个和平、互助的多元社会。❶

3. 现代中国公民教育思潮:教育转型

现代意义的公民教育概念,还没有一致的观点。研究者的研究主题各异、分布广泛,理论分析和比较借鉴居多;看法各异,思路不同,见仁见智,有许多不同的解释。总体上,我国公民教育研究更多的是理论分析和比较借鉴,同时也在走向实践,集中在现代思想政治教育向公民教育的转型研究。❷

根据杨福禄的归纳,近几年我国学者对公民教育的含义的理解主要有:①公民责任的技能说;②公民身份教育说;③培养公民参与说;④四个主要方面说;⑤以独立人格为前提的平民教育之三个基本条件说;⑥以平等为特征的、权利和义务相统一的如何做主人的教育说;⑦公民教育"四以"说,即从首要任务、教育过程、培养核心、培养宗旨出发。❸

《简明中小学教育词典》解释公民教育是指使人们成为健全公民的教育。最广义上,指个人成为一个健全公民的所有教育。次广义上,即旨在形成符合社会所需的品行教育,主要包括公民意识教育、思想教育、政治教育、道德教育、法治教育、性格教育等。狭义上,仅指公民意识(包括公民权利和义务)教育,一般取广义。❹ 1998 年的上海教育出版社的《教育大辞典》

---

❶ 章玉琴. 多元文化论公民观及其公民教育观之探究 [J]. 公民训育学报(台湾),1999(8).

❷ 檀传宝. 论公民教育是全部教育的转型 [J]. 安徽师范大学学报(人文社会科学版),2010(1):91-92.

❸ 杨福禄. 和谐社会构建中的公民教育问题研究 [M]. 济南:山东人民出版社,2010:42.

❹ 袁运开. 简明中小学教育词典 [M]. 上海:华东师范大学出版社,2000.131.

中的定义是指现代国家把基础教育称作公民教育，表明接受这种教育为正确行使公民义务和权利所必需。1987年江西教育出版社出版的《教育辞典》中则是指凯兴斯泰纳提出的以培养良好公民为目标，而良好公民则必须为国家利益服务的一种教育理论。段晓鸥主编的《国际教育百科全书》中指出，公民教育是指为使个人社会化成为一名合格成员，教育机构公开讲授的一门课程，其主要内容包括一定的国家、政治等方面的知识，符合社会规范的社会基本价值，积极参与政治活动的技能。

基于以上的考察，虽然笔者还不能提出一个可以让大家广泛认同的公民教育概念，但至少可以认为公民教育有以下几点特征。

第一，公民教育是由国家组织的，是为了国家而进行的一种教育，具有鲜明的阶级性和时代性，贯穿于学校教育的全过程，区别于学校课程中的某些学科或某些活动。第二，公民是公民教育的主体。公民教育培养活动的组织者、实施者、受教者都是公民这一主体，或者说教育者和被教育者都是公民，公民教育具有普遍性、全民性。第三，公民教育内容极为广泛。涉及政治、道德、经济、文化、法律、生态环境等。第四，公民教育以培养合格的主体为目标，即培养合格公民。

综上所述，结合马克思主义和西方公民教育理论内涵，本书也尝试对公民教育的定义作粗浅的阐释，供专家学者批评讨论。本书认为，公民教育是对现行德育、思想政治教育的补充，并逐步走向转型的一种教育活动，是国家对全体公民进行的，以实现公民认同、培养合格公民为目的，以公民作为独立人格主体相关的政治、经济、法治、道德、文化、价值等为主要内容开展的系列实践活动。毫无疑问，公民教育贯穿终身教育全过程。

(三) 公民认同的概念和内涵

1. 认同的概念

认同一词的英文是起源于 idem，是"同一"的意思，其英文解释为：同一性、一致；等同于、认为……一致；身份、正身、本体、个性、特性。在现代汉语中，"认"具有同意、承认之义；"同"则是相同、一样的含义。《辞海》中也叫"认定"，在心理学上是指认识与情感的一致性。[1] 《现代汉语词典》对"认同"有两种解释：一是认为跟自己有共同之处而感到亲切；二是承认，认可。前者解释为一种情感、感觉，可为名词；后者解释为一种行为，是名词。最初对认同问题研究的是心理学家，是一个心理归属的问题。弗洛伊德（Sigmund Freud）在其1915年《悲哀和抑郁症》一文中首次提出"认同"术语，指出每个人都有对自己身份的自觉意识，其认同的原意是个体潜意识地模仿别人，并通过模仿获得一种心理上的同一感觉。[2] 而早期使用"认同"最为著名的是美国精神分析学家埃里克森（Eri H. Erikeosn），他被现代学界较普遍认定的认同理论的创立者。他认为："认同是一种自我同一性和历史连续性感觉。"[3] 美国心理学家米德（George H. Mead）把认同和归属于某类客体的自我概念相联系，认为"自我是它自己的一个对象，并且这一特征把它与其他对象区别开来"[4]。认同是一种内于心外于行的过程，

---

[1] 夏征农. 辞海（1989年缩印本）[M]. 上海：上海辞书出版社, 1989: 433.
[2] 西格蒙德·弗洛伊德. 弗洛依德后期著作选 [M]. 林尘, 等译. 上海：上海译文出版社, 2005.
[3] NIKESON E H. Identity: Youth and Crisis [M]. New York: Norton, 1968: 17.
[4] GEORGE H. Mead, Mind, Self and Society [M]. Chicago: University of Chicago Press, 1934: 136.

哈贝马斯说："认同就是集体同一性和自我同一性的一致性。"❶认同是自我获得意义感的基础，每个人都有被承认的渴望。

因此，"认同"是一定历史社会条件下人的内心和情感上的一种归属意识，是对客体的一种接受或认可。在社会生活中它可以分为不同的类型，从认同的主体来划分，可以划分为个体认同、群体认同和社会认同等；从认同客体来划分，可以分为国家认同、民族认同、文化认同、政治认同等，个体认同还可以包括身份认同、归属认同、职业认同、自我价值认同等。但它们不是孤独存在或相互排斥的，不同类的认同有时是同时存在的，甚至相互交叉联系、影响叠合。公民个体在同一历史社会条件下，既有群体认同，又有社会认同；既有国家认同，又有文化认同；既有身份认同，又有价值认同等。

2. 公民认同的内涵

（1）马克思主义公民认同内涵。

公民认同是在现代社会下形成的新概念，马克思主义在其经典著作中并没有"公民认同"的表述，但其很多思想的论述都表明了公民认同的重要性并阐述了其重要内涵。

首先，强调了公民身份认同的重要性。马克思、恩格斯非常清楚每一公民对自我认识的重要性，认为教育工人群众的首要任务便是启发工人阶级的自我意识。"让工人阶级知道我是我自身的，是我本质的自我意识。"❷ 只有从本质上认识公民的自我身份，才能明白自身所从事的事业是伟大的事业，是无上光荣和光明的事业。共产党什么时候都不能忽略教育工人，让他

---

❶ 尤根·哈贝马斯. 重建历史唯物主义 [M]. 郭官义，译. 北京：社会科学文献出版社，2000：12.

❷ 卡尔·马克思，弗里德里希·恩格斯. 马克思恩格斯文集（第一卷）[M]. 北京：人民出版社，2009：214.

第一章　公民教育内容构建的相关概念及实践

们尽可能明确地意识到资产阶级和无产阶级的敌对和对立。❶ 他们还认为，只有通过经济变革的手段，促使广大工人群众获得对地位的自我意识，从而为他们取得政治统治开辟了道路的时候，才有可能真正导致解放。❷ 因为，个人的出发点总是他们处于特殊历史条件和范围内的自己，如果不能从身份上解放出来，清楚自身的身份立场，就不能清楚区分资产阶级与无产阶级的对立关系，容易陷入资产阶级构建的陷阱与误区中。

其次，强调了公民认同本质上是一种意识形态的认同，实质上也是阶级意识形态的认同。任何想要上升到统治地位的阶级或已经取得统治地位的阶级，客观上，也必须通过其建立的阶级意识形态理论体系实施来获得公民的认同，从而取得广泛的支持，取得革命的成功或维护政权的稳定发展。"因为每一个企图取代旧统治阶级的新阶级，为了达到自己的目的不得不把自己的利益说成是社会全体成员的共同利益，……把它们描绘成唯一合乎理性的、有普遍意义的思想。"❸ 在这里，马克思主义的"认同"就从意识形态本质上，强调其阶级代表一种普遍性、真理性，代表全体社会成员的利益，从而获得人们的认同，以获得或者稳固本阶级的统治地位。

作为以马克思主义为指导思想的中国共产党，继承和发展了马克思主义经典作家"认同"理论，成立之后就一直坚持并自觉开展理论和实践探索。例如，用"宣传工作""政治教育"等概念对人民群众进行革命动员和政治教育，开展思想政治工

---

❶ 卡尔·马克思，弗里德里希·恩格斯. 马克思恩格斯文集（第二卷）[M]. 北京：人民出版社，2009：66.
❷ 卡尔·马克思，弗里德里希·恩格斯. 马克思恩格斯文集（第十卷）[M]. 北京：人民出版社，2009：607.
❸ 卡尔·马克思，弗里德里希·恩格斯. 马克思恩格斯文集（第一卷）[M]. 北京：人民出版社，2009：552.

作，大力传播马克思主义。❶ 因此，当代中国公民认同理论体系以马克思主义为根本，结合了中国实际，以毛泽东等老一辈革命同志创建的马克思主义大众化理论为思想来源。他们虽然很少用到"认同"字眼，但总强调坚持不断地与中国革命和建设实践相结合，为中国的广大群众所理解、掌握，实质上是认同的一种表达。例如，1963年，毛泽东指出："各级党委应当大大提倡学习马克思主义的认识论，使之群众化，为广大干部和人民群众所掌握，让哲学从哲学家的课堂上和书本里解放出来，变为群众手里的尖锐武器。"❷ 这里所说的"群众化"和"掌握"就是获得广泛的认同，从而变成统一的行动。1980年8月，邓小平也曾指出："我们一定要把思想政治工作放在非常重要的地位，切实认真做好，不能放松。这项工作，各级党委要做，各级领导干部要做，每个党员都要做。要做得有针对性、细致深入和为群众所乐于接受。"❸ 这里的"思想政治工作"和"为群众乐于接受"等提法，也是进一步阐明了"认同"的重要作用。中共中央2001年印发的《公民道德建设实施纲要》中，也已经强调了公民认同的重要作用，提出在公民道德建设中，应当把这些主要内容具体化、规范化，使之成为全体公民普遍认同和自觉遵守的行为准则。❹ 党的十六大以来，国家领导人也非常重视认同问题，已经频繁强调"认同"。2009年的国家领导

---

❶ 王姗萍. 延安时期党的思想政治工作与马克思主义大众化研究［M］. 北京：人民出版社，2022：4.
❷ 中共中央文献研究室. 毛泽东文集（第8卷）［M］. 北京：人民出版社，1999：323.
❸ 邓小平. 邓小平文选第二卷［M］. 北京：人民出版社，1994：342.
❹ 中共中央文献研究室. 十五大以来重要文献选编（下）［M］. 北京：人民出版社，2003：1984.

人胡锦涛❶和2014年习近平总书记在新疆视察时都明确提出了"四个认同"问题。其中习近平总书记要求:"增强各族群众对伟大祖国的认同、对中华民族的认同、对中华文化的认同、对中国特色社会主义道路的认同。"❷ 这"四个认同"简单来说就是"国家认同、民族认同、文化认同、道路认同"。在2015年,在中央第六次西藏工作座谈会上还增加了对中国共产党的认同,亦可归纳为"政治认同"❸。习近平总书记还关注其他认同,强调了认同的重要作用以及认同与行动转化的关系。习近平总书记指出:发挥社会主义核心价值观对国民教育、精神文明创建、精神文化产品创作生产传播的引领作用,把社会主义核心价值观融入社会发展各方面,转化为人们的情感认同和行为习惯。❹ 其还提出:探索建立更多合作对接机制,推动把政治共识转化为具体行动、把理念认同转化为务实成果。❺ 这里,分别提到情感认同和理念认同,同时,前一论述强调了社会主义核心价值观转化为情感认同和行为习惯,后一论述强调了理论认同转化为务实成果,清晰表明认同与行动之间的转化关系。这些内容实质为公民认同的核心内容,是马克思主义中国化、大众化的理论成果。

(2) 西方公民认同形成的思想:公民教育的雏形。

同公民概念的起源一样,关于实现公民认同的思想最早起

---

❶ 胡锦涛. 胡锦涛文选(第三卷)[M]. 北京:人民出版社, 2016:383.

❷ 习近平在第二次中央新疆工作座谈会上强调:坚持依法治疆团结稳疆长期建疆,团结各族人民建设社会主义新疆[N]. 人民日报, 2014-05-30 (1).

❸ 中共中央文献研究室. 习近平关于全面建成小康社会论述摘编[M]. 北京:中央文献出版社, 2016:99.

❹ 习近平. 决胜全面建成小康社会夺取新时代中国特色社会主义伟大胜利——在中国共产党第十九次全国代表大会上的报告[M]. 北京:人民出版社, 42.

❺ 中央宣传部, 中央党史和文献研究院, 中国外文局. 习近平谈治国理政(第四卷)[M]. 北京:外文出版社, 2022:496.

源于古希腊。古希腊两个重要的城邦，斯巴达和雅典，在公民认同的塑造方面是通过全方位、全过程和国家化的公民教育进行的。斯巴达人的孩子出生以后就要经过一系列的从身体到心理的学习和训练，达到一定的能力，并通过一定仪式获得公民身份，成为合格公民。这种培养目标和方式，就是起初公民教育对公民认同的塑造。

柏拉图在其著名的《理想国》中阐述了关于通过公民教育实现公民认同的思想。他认为国家与个人之间具有精神上的相同性，只有通过对公民的特性研究才能了解这个国家。"国家不来自一棵树或一块岩石，而源于生活在其中的人们的特性。"[1]只有公民都认同自己的身份，认同国家和民族的利益，才能尽职尽责地建立一个安定、团结、和谐的社会和国家。他还认为，教育的真正意义在于"这种训练使人们产生一种强烈的、对成为一个完善的公民的渴望"[2]。这种观点实质上是希望通过教育形成对公民身份和地位的认同。

西塞罗突破了城邦的国家观念，开始思考"世界公民"的意义，认为国家是人民的联合体，人民是基于法的一致利益的共同需求结合起来的集合体。[3] 卢梭认为，人天生认同"善良"，在自然状态中的人类，是平等而自由的。[4] 实质上，他的培养目标是生活在社会中的"自然人"。因此，关注人本身的需要，而且根据其自然需要进行教育，就显得非常重要。西塞罗的观点对培养公民全球意识有借鉴意义；卢梭的教育思想则启示我们

---

[1] 柏拉图. 理想国 [M]. 郭斌和, 张竹明, 译. 北京: 商务印书馆, 1986: 314.
[2] 柏拉图. 法律篇 [M]. 张智仁, 等译. 上海: 上海人民出版社, 2001: 27.
[3] 西塞罗. 论共和国. 论法律 [M]. 王焕生, 译. 北京: 中国政法大学出版社, 1997: 39.
[4] 徐向东. 自由主义、社会契约与政治辩护 [M]. 北京: 北京大学出版社, 2005: 56.

第一章 公民教育内容构建的相关概念及实践

要在实现公民认同的过程中,通过尊重人的自然本性,发展规律,实现合理恰当的教育。

根据公民共和主义或社群主义的解释,公民认同是个人基于身为一个特殊政治社群成员的地位,而自觉认识到自己和其他成员的关系是建立在公共善的基础上,因而产生的公民认同。❶ 在苏格拉底之死这一个著名案例中,苏格拉底以"判决的合法"体现对法律的充分认同,不愿意被营救而接受判处,这就充分反映了其这种公民认同观念。

发展到 20 世纪,实现公民认同比较典型的当数美国。没有哪个国家比美国承担了更为复杂的民族同化任务。甚至到 1920 年,美国 17 个州的公民已超过 15% 是在国外出生的,有 4 个州占比超过 25%。许多移民在寻求安全和社会认同过程中,面临相反的民族吸引力:是撤回到他自己的舒适的种族亚群体,还是作为"百分百的美国人"的完全同化?❷ 美国一方面通过依靠当时的社会压力,另一方面通过学校教育体制反复灌输百分之百属于美国制造的知识、立场、文化等,实现公民认同。

如何使公民成为一名合格的现代公民,如何通过公民教育等手段实现对公民的培养,是现代公民教育所要解决的问题和宗旨。通过公民教育促进公民认同的思想从政治国家产生起便客观存在于教育思想中,并实质上作为目标追求。但是,西方早期这些"专家们"并没有明确提出公民教育和公民认同这一概念,他们对公民教育、公民认同观点也是零散和杂乱的,没有形成系统的公民教育、公民认同的理论,也没有更深入的理论阐述,但仍为以后的公民教育的研究提供了大量的理论思想素材。

---

❶ 焦国成. 公民道德论 [M]. 北京:人民出版社,2004:51.
❷ 德里克·希特. 公民身份——世界史、政治学与教育学中的公民理想 [M]. 郭台辉,余慧元,译. 长春:吉林出版集团,2010:59.

(3) 中国传统"公民"认同的"实现"❶：中国公民教育的借鉴与摒弃。

中国奴隶社会、封建社会中，也曾有"公民"的表述，在中国基本古籍库以"公民"为关键词进行检索发现，有460部书812条词目（含部分相连成词）涉及"公民"。但中国传统的奴隶社会和封建社会统治使其社会成员不具有现代社会公民的特点，他们没有民主权利，也没有政治参与意识，而是顺服于统治阶级的臣民。而这种"臣服"能延续数千年，也有其历史条件下的特点。习近平总书记指出："中国传统文化博大精深，学习和掌握其中的各种思想精华，对树立正确的世界观、人生观、价值观很有益处。"❷ 对中国传统文化给予相当的肯定，认为可以借鉴之。

第一，以"孝忠"之义，成"普遍控制"之实。中国传统的封建社会统治者在民众中以儒家"忠孝"学说开展教育，并首先在家庭和家族中开始和实施。中国自古以来，家族习惯以聚集而居，使血缘关系紧密，得以互相照应，组织性很强。在家庭内部，家长是绝对权威，其他家庭成员只能服从家长。他们以家训的形式，树立了家长的权威，形成良好的家风，稳定社会秩序。例如，著名的《颜氏家训》《曾国藩家训》《朱子治家格言》等。其中，关于"孝"的观念在家庭和社会中排在非常重要地位，常以"孝"来评价各种行为，如"不孝有三，无后为大"❸、"百善孝为先，万恶淫为源"❹。这种孝的教育虽然

---

❶ 中国封建社会没有真正意义上的公民，没有公民认同的实现，但他们的教化方式和手段仍有值得借鉴的地方。

❷ 中央文献研究室，中国外文局. 习近平谈治国理政［M］. 北京：外文出版社，2014：405.

❸ 《孟子·离娄上》。

❹ （清）王永彬《围炉夜话》。

第一章　公民教育内容构建的相关概念及实践

在家庭中普及，但被统治阶级推行的最直接目的就是服务于政治统治的。甚至，在法律面前，"父为子隐，子为父隐，直在其中矣"，❶ 或以亲情代替法律，汉代起刑罚更适用"亲亲得相首匿"原则，也一直为后世多个朝代沿用。这些宗法制度，增加了宗法家长的权威，从家庭的教育中实现了封建阶级统治文化的教化，使社会成员从小就认同了"臣民"意识。传统中国人把自己当作家庭的和国家的，在家服从家长，在社会中服从统治者，家庭家长为小家长，统治者为大家长。例如，荀子曰："君子者，天地之参也，万物之总也，民之父母也。无君子，则天地不理，礼义无统。"❷ 荀子所称"君子"实质指君主，天下所有万物均属于和服从君主。这种"孝"一旦放到国家的层面，就演变为"忠"，而一旦两者冲突，"忠"就抢在"孝"的前头。历史上不乏这些事例，岳飞的母亲在他的背上刺了四个字"尽忠报国"，督促儿子奔赴战场为国抗金；木兰父老弟幼，没办法上战场，所以木兰决定替父从军，从此开始了她长达多年的军队生活。通过类似的教化，封建统治阶级使臣民对其统治忠心耿耿。

第二，以"科考"之名，为"入仕为官"之政。中国封建统治阶级开办教育的重要原因是出于实现天下大治的考虑，在于通过加强教化实现政治目标，使所选任的官员符合其设定的标准。而平民百姓要想加入政治体制，必须符合这种标准，衡量这种标准的主要方法便是科举考试。科举考试从隋朝开始到清末结束，历时一千三百多年。从历史角度考察，科举考试打破了官员世袭、权贵举荐的垄断，无疑是一种较为公平、公正的人才选拔机制。可以说，它使科举入仕成为风尚，广受欢迎，

---

❶ 《论语·子路》。
❷ 《荀子·王制》。

为统治阶级发掘、培养了大量人才，是一种聚拢人才、控制思想的有效方法，维护了社会整体稳定和巩固政权。而且同时学习"四书五经""儒学经典"，传统政治文化的价值观念被大部分人所接受，对思想文化的认同极其相似。这种"仕官"制度，消除了社会不同阶层之间的阻隔，打通了走往上层的渠道，吸引大量普通民众为了功名利禄苦其终身，充当着维持封建政治社会稳定的精神奴仆。所以，"中国古代的官、私学校中，受学者大都会成为官僚队伍中的忠实一员和君主政治的卫道士"❶。即使一些没能走进官场的人，在社会中也以"知识分子"的身份进行说教，也更有说服力。这样统治者的意志和利益就会通过这样的过程得到社会的认同。

第三，以"礼俗"之规，行"人伦治国"之范。以礼作为治国模式，始于西周。礼与刑是西周法的两个基本组成部分。礼"禁于将然"，而刑则是惩治"已然"犯罪的必要手段。二者目的是一致的，凡是礼所不容的，就是刑所禁止的；凡是合乎礼的，也必然是刑所不禁的。二者关系就是破坏"礼"的，由"刑"来惩治。正所谓"失礼则入刑"。汉武帝时期，"罢黜百家、独尊儒术"使"为国以礼"成为中国历代王朝统治国家的正式模式。礼是人伦关系的规范标准，中国古代伦理政治把君为臣纲、父为子纲、夫为妻纲的不平等关系进行"礼"教化。所谓"有男女然后有夫妇，有夫妇然后有父子，有父子然后有君臣，有君臣然后有上下，有上下然后礼义有所措"。❷ 每个人在不同人生阶段的权利义务各不同，均源于身份关系，也即"上下有义，贵贱有分，长幼有等，贫富有度"❸。这样，中国封

---

❶ 葛荃. 中国政治文化教程 [M]. 北京：高等教育出版社，2006：261.
❷ 《周易·序卦》.
❸ 《管子》卷三，《五辅》.

建社会通过把人伦关系的礼俗化，因关乎血缘和感情，更易使人接受，更易实现共同化，并共同努力维系同一社会群体的正常交往。这样，"礼"就实现了人与人之间的和谐关系和国家的治理，"礼"就成为治国之本。

(4) 公民认同的定义。

我国对公民的定义主要在政治学、法学、社会学的角度产生并最为广泛应用，都属于大法学学科范畴。我国《宪法》对公民范围规定："凡具有中华人民共和国国籍的人都是中华人民共和国公民。"具有法律的规定性，而且马克思主义也认为公民具有法律属性。因此，公民认同的含义在法学学科的范畴中最为准确，也更能体现马克思主义思想。本书试从法学学科角度给公民认同一个定义，即在一定历史社会条件下，国家宪法和法律规定的公民对自我身份、国家制度、社会文化、价值观念等的接纳和认可并产生积极参与国家和社会治理的一种内在心理建构过程或现实状态。虽然公民对物或者行为也可能产生认同，但不在本书的研究范围。这种认同就是在现代化的历史条件下，国家通过这种意识教育对公民自身的要求，推动着公民现代人格的形成，最终实现公民认同。

3. 公民认同的分类及相互关系

如前所述，认同有多种分类，公民认同也是主体认同的一种。根据对公民认同概念的分析，本书认为公民认同是一个内涵丰富、涉及面广的认同，它包含了国家认同、身份认同、文化认同、价值认同、社会认同等主要方面的认同，这些认同可统归为公民认同。这些认同也存在紧密的联系，有相互交叉重合的情况。厘清它们的关系，是使我们研究更加丰富、全面、深入的一个前提条件。

(1) 国家认同。

"国家"本身是一个政治的概念，同时具有法律的属性。"公民"对国家的认同主要是基于平等自由的身份而自愿结合于其中，具有主动的认同性。国家认同通常指国家公民对自己所属国家的政治体制、历史文化传统、国际地位影响、国家主权、理想信念等与国家相关客体的热爱与认同，是公民确认自己属于某个国家共同体的心理活动。主要经历三个过程：首先是认定自身属于这个政治共同体；其次是个体自我成长和国家共同体构建双向互动，可表现为民族与国家的冲突和协调；最后才是因国家认同而生成实际行为。❶ 对国家事务、公共事业的自觉参与和积极维护是公民国家认同的最根本表现。国家是公民存在的前提，没有国家，公民不复存在，同样，公民也只有确认了自己的公民身份，才会以一个主动参与者的"主人翁"姿态关心国家利益，并主动承担国家的发展的责任，如果没有国家认同，公民对国家关心表现得很冷漠甚至不愿意为国家承担义务。因此，国家认同对维系国家的凝聚力至关重要，国家认同是公民认同的前提。

(2) 身份认同。

公民身份是具体历史环境中个人的社会身份地位和价值尊严的体现，在不同的社会历史时期和不同的社会条件下，具有不同的内涵。身份认同有广义和狭义范围，广义上直接等同于公民认同（公民认同狭义上也即公民的"身份认同"），因为"公民认同"和"公民身份认同"均可翻译为"citizen identity"，

---

❶ 王卓君，何华玲. 全球化时代的国家认同：危机与重构［J］. 中国社会科学，2013（9）：18.

"identity"既有"身份"之意，又有"同一"之义❶，狭义主要是指公民对于自身的公民权利与公民义务的认知与承认，并主动享受之、履行之、承担之。本书取狭义之义。正如凯思·福克斯（Keith Faulks）所言，"公民身份是一种成员地位，它包含了一系列的权利、义务和责任。❷ 我是谁？我是什么？或者他是谁，他是什么？又或者经常地问：他们说我们是什么？我们说他们是什么？我们说我们自己是什么？其实对每个人而言，"我们都是多重性的，"他们"更是多样化的。对"什么""谁"的回答，属于身份认同的范围。也就是说，公民身份的认同主要解决公民个体在国家中所享有的权利和应该承担的义务的问题。因此，公民身份认同可以使公民个人在国家和法律承认的范围内各尽其职、各得其所、相处融洽、和谐共处、共同发展。因此，身份认同是公民认同的本质和目的，公民认同通过身份认同来实现。

（3）文化认同。

文化认同是一定历史社会条件下公民将某一文化系统内化为自身的思维准则与价值取向的自我归属过程，并自觉地以此为标准进行实践。在实践过程中，主体也能获得、保持与创新自身文化。对异质文化有效成分的吸收或在改造中逐步同化异质文化的因素都可视为文化认同。❸ 在当今经济全球化加速发展的时代，文化交流、交锋和交融成为新常态，作为国家软实力的文化认同已经成为国家综合国力和公民认同的重要部分。现

---

❶ 李冰. 当代中国政治社会化中的公民认同研究［D］石家庄：河北师范大学，2012.
❷ FAULKS K. Citizenship［M］. London：Routledge，2000：13.
❸ 靳志高. 全球化背景下的认同危机和公民认同教育［J］. 教育探索，2005（6）：39-41.

代社会中，一些国家通过输出本国文化，使他国公民对本国文化的认同，在国内，通过对本国公民进行历史文化的灌输和教化，强化本国公民的文化认同，从而实现公民认同。对于公民本身而言，文化认同可以使其形成共同的信仰和价值观，形成凝聚力和向心力。因此，文化认同是公民认同的重要手段。

（4）价值认同。

我国学界对价值认同的研究主要始于20世纪末21世纪初，指的是价值主体在社会实践中通过价值认知、交往、评价、选择等活动，把价值观念和价值规范内化为自身的价值标准，并外化为价值行为的过程，表现为社会成员对社会共同价值观的自觉认知、理解、接受并自觉遵守。公民价值观念和价值标准是公民行为的指引，取得价值认同是国家政府对公民行为规范的一个重要方式。谭培文教授把一切认同都统一为价值认同，认为人的认同不过思想认同和利益认同，归根结底还是价值认同。[1] 在这个意义上，价值认同成为这个时代日益重要的命题。只有充分的价值认同，方能让公民在价值立场之间达成认同，并有效限制现代社会中利益冲突的强度、形成统一的社会行动，保持社会的稳定与和谐。在这层意义上，价值认同是公民认同的核心。

（5）社会认同。

社会认同是社会稳定和发展的重要因素。马克思主义认为，社会存在决定社会意识，一定的社会意识总表现为社会存在。认同是在社会活动中产生和发展的，认同作为一种思想意识，根植在深厚的社会基础上。马克思指出："个人是社会存在物，因此，他的生命表现，即使不采取共同的、同其他人一起完成

---

[1] 谭培文. 和谐社会核心价值认同的辩证分析 [J]. 道德与文明, 2012 (1).

的生命表现这种直接形式，也是社会生活的表现和确证。"❶ 因此，社会认同就是公民对社会制度、规则、现象等或社会对公民个人思想行为的承认和接纳。这里面存在两个层面，一是公民个人本身对社会的承认和接纳，二是社会本身对公民个人的承认和接纳。在当代中国，现代化的快速推进加剧了社会变动，贫富差距拉大、权力悬殊，在新旧的社会规范、观念交替过程中，会对社会存在的一些事和人进行强烈质疑和反思。例如，社会上出现的"仇官""仇富"心理，实质就是贫与富，官与民之间一种简单对立的表现。在这样的社会现实中，我们怎么样才能让公民达成共识，让社会少点怨恨，少些纷争，形成一致的社会认同，从而更关注社会的共同发展，共同投身到社会主义现代化建设大潮中去，这确实值得思考。因此，社会认同是公民认同的基础。

上述划分认同类型还存在着相互交叉和联系的内容，相互或彼此无法包含，也不是公民认同的全部。但无论是国家认同、价值认同、文化认同、社会认同，还是身份认同，终归离不开公民这一主体，都需要公民进行认同，也属于公民的认同。只有从公民这一主体出发，才能找到各类认同的归宿和终点，也是现代公民教育的意义所在。

二、中国公民教育内容现代性解读

（一）中国对公民教育内容的现代多维度解读

1. 哲学角度的公民教育内容观

哲学领域主要是根植西方古典哲学思潮研究现代公民教育

---

❶ 卡尔·马克思，弗里德里希·恩格斯. 马克思恩格斯文集（第一卷）[M]. 北京：人民出版社，2009：188.

思想。王文岚从哲学思想的角度，论述了自由主义、共和主义、社群主义和多元主义四种西方公民教育理论的主要观点。❶ 焦国成认为，共和主义和自由主义公民教育的理论在哲学和政治学领域虽然受到新的思想观点冲击，但仍起主导作用。❷ 赵晖认为，自由主义和共和主义的公民教育观在公民教育实践中，体现了既重视道德教育，也重视政治、法制教育的学科综合。❸

2. 法学角度的公民教育内容观

法学视野的公民教育内容主要从权利和义务出发，培养法律意识和独立人格。李萍、钟明华认为，公民教育以公民的独立人格为前提，以权利与义务的统一为基础，以合法性为底线。❹ 李图强等认为，要实施权利与义务并重的公民教育，缺少任何一方面都不正确。论及公民教育的内容，主要是公民的权利与义务。公民不仅要遵守道德、服从法律，而且要知晓其缘由。❺ 江国华认为，宪法因公民而存在，有公民故有宪法。对于立宪政治而言，某种形式的公民教育是不可或缺的。❻ 叶飞认为，法律意识是现代公民意识的核心，是公民教育最重要的内容，公民教育的重要任务是培养公民的法治意识使其形成遵守法律和运用法律参与国家生活的良好习惯。❼ 持类似观点的曾盛

---

❶ 王文岚. 当代西方公民教育理论探微 [J]. 兰州大学学报，2005（6）：104-109.

❷ 焦国成. 公民道德论 [M]. 北京：人民出版社，2004：185.

❸ 赵晖. 当代世界公民教育的理念考察 [J]. 外国教育研究，2003（9）：25-30.

❹ 李萍，钟明华. 公民教育——传统德育的历史性转型 [J]. 教育研究，2002（10）：66-69.

❺ 李图强，李家福. 公民教育的理论与结构分析 [J]. 教学与研究，2011（5）：56-62.

❻ 江国华. 宪法与公民教育 [M]. 武汉：武汉大学出版社，2010：189.

❼ 叶飞. 公民教育与公民意识的培养——兼论公民教育在学校德育中的实施 [J]. 思想理论教育，2008（5）：14-17.

聪认为，学校公民教育还要培养学生的法治精神和律法性人格，在公民品格中树立起规范意识。❶

3. 伦理学角度的公民教育内容观

伦理学角度研究者认为，公民教育的内容应以公民道德规范为主。焦国成认为，公民道德规范的基本道德要求体现在国家、社会、职业和家庭生活的方方面面，公民应遵守相应道德要求进行活动的全面论。❷ 刘国华强调，公民教育应突出基本道德教育的重点论和社会公德教育突出论。❸ 王向华提出，公民道德的范畴不断拓宽的"扩展论"。❹ 人工智能的发展也蕴含着可能的伦理风险，需要加强网络道德和科技伦理教育。❺ 这样的研究使传统道德教育的内容得到了创新，为道德教育融入公民教育内容打下了坚实的基础。

4. 政治学角度的公民教育内容观

政治学角度关注了国家和个人两个层面的内容。张秀雄认为，要培养能够独立自主，并且胜任统治者与被统治者的双重身份的"有责任公民"。❻ 实际上要培养符合政治国家的积极拥护者，国家政治的积极参与者。黄崴等总结近十年的政治视野的公民教育内容观，在国家层面，强调任何国家的公民教育的首要任务都是要培养公民认同，确保政治稳定和国家的安定团

---

❶ 曾盛聪. 论中国现代化进程中的公民人格教育［J］. 探索，2006（3）：134-137，142.

❷ 焦国成. 公民道德论［M］. 北京：人民出版社，2004：185.

❸ 刘国华. 学校公民教育刍议［J］. 学术研究，1998（2）：79-80.

❹ 王向华. 国际道德与公民教育发展的基本趋势［J］. 北京理工大学学报（社会科学版），2002（3）：16-19.

❺ 冯建军. 网络公民教育：智能时代道德教育的新要求［J］. 伦理学研究，2022（3）：1-9.

❻ 张秀雄. 公民教育的理论与实践［M］. 台北：台北师大书苑公司，1998：209.

结；在个人层面，就是传授政治知识，提高思维能力，以实现公民理性有序地参与社会公共事务。❶ 公民认同在公民教育中的作用开始得到重视。

5. 心理学角度的公民教育内容观

心理学视野有两个主要观点，一是在排除消极的社会心理影响上，培养公民与现代化相适应的公民意识。❷ 二是主要强调要培养健全独立的公民人格。但要通过公民自觉意识才可能在本质上得以确立。❸ 心理学的研究，对公民教育内容如何实现公民认同提供了研究借鉴。

6. 全球化角度的公民教育内容观

全球化角度则考虑了世界各国的实际，谋求普遍存在并共同关注的核心问题。万明钢等指出，全球化的时代，要培养对其他不同种族、地域和文化敞开胸怀的公民。❹ 王啸站在全球时代维度，认为人道主义教育、和平教育、环境教育、生活教育、理解教育等应作为中国公民教育内容。❺ 李海峰等从全球公民教育出发，以可持续发展、人类遗产、人权、和平等教育内容为例，提出了共建寰宇社区的设想。❻

由此可见，哲学角度的研究，主要为我们介绍和解读了西

---

❶ 黄崴，黄晓婷. 近十年公民教育研究的回顾与展望［J］. 清华大学教育研究，2009，30（1）：110-118.

❷ 路红，戴健林. 现代公民教育与中国传统社会心理［J］. 学术研究，1999（11）：87-91.

❸ 葛新斌. 公民教育：我国现代化历史进程中的深切呼唤［J］. 清华大学教育研究，2000（3）：106-112.

❹ 万明钢，王文岚. 全球化背景中的公民与公民教育［J］. 西北师大学报（社会科学版），2003（1）：75-79.

❺ 王啸. 全球化时代的中国公民教育［M］. 福州：福建教育出版社，2006：65.

❻ 克里斯托夫·武尔夫，李海峰. 全球公民教育：人类世背景下的寰宇社区教育［J］. 北京大学教育评论，2022，20（2）：97-108，190.

方公民理论的主要观点和哲学思潮；法学角度的研究，主要从法律属性的角度论证权利和义务的重要意义和范围边界等；伦理学角度的研究，主要从传统道德教育和拓展及公民道德内容加重的角度为我们提供了公民教育内容中道德教育的创新；政治学角度的研究，主要结合国家对公民的要求，提出公民认同或培养政治参与意识方面的内容构成；心理学角度的研究，主要从公民教育内容内化为公民主体的认同过程、特点、作用等进行了分析；全球化角度的研究，从全球化理论和多元文化主义等出发提出以超越国家、地域、民族的胸怀进行世界公民教育内容的知识传授。这些理论研究从不同的角度对公民教育内容进行了探讨，丰富了公民教育内容的研究，为我们开展现代公民教育提供了坚实的理论基础。这样的研究，对公民教育内容的构建有很大的借鉴作用，也繁荣了社会科学研究。

（二）中国公民教育内容发展历程对公民认同的回应

1. 认同西方进步思想的中国现代意义的公民教育内容发端

我国真正现代意义上的"公民教育"是由于清末民初资产阶级革命民主派对教育进行了改革，提出了国民教育的思想而产生。面对震荡不安的社会，西方现代民主思想的传播，以严复、康有为和梁启超为代表的近代资产阶级启蒙思想家，倡导民治，要求士绅"自治其身、自治其乡"，形成我国现代公民教育思想基础。

19世纪末，严复通过《天演论》等西方思想著作的翻译工作，积极倡导西学的启蒙教育，倡导竞争和自由选择的观念，提出了"物竞天择""适者生存"的思想，阐发其救亡图存的观点，实际是希望建立一种新型社会关系。他主张鼓民力、开民智、兴民德、自强自立，用自由、平等、博爱等新观念重塑国民人格。20世纪初，同为著名资产阶级启蒙思想家的梁启超发表著名的《新民说》，"以造就国民为目的"，大力主张人们都要树立独立、自由的思想，要具有"利群"及"进取冒险"等奋发图强、积极向上的精神。这些新颖的思想在"主体性"和"平民化"的"立人"逻辑中客观地阐明"平民化自由人格"蕴涵，立刻引起了强烈反响，人们逐渐意识到对于"新国家"的迫切需求。《新民说》还进一步提出了公民教育的思想。

正是近代思想家敢于突破封建传统藩篱，极力吸收西方民主进步思想，传播了很多代表当时先进思想和理念，推动了变法维新，促进了中国公民教育思想的发端。

2. 国民党统治时期的党化认同教育

国民党统治时期，一度以"党化教育"代替公民道德教育，使得刚刚建立起来的公民教育被党化教育所替代。1912年，作为教育部长的蔡元培主张以"公民道德教育"为核心，提出了实行包括国民教育的"五育"教育方针，反映了公民教育的主要内容，他的权威和影响也使公民教育进入了国家教育领域。

1915年，陈独秀提出："中国现代公民的素质要求人们应当从安息、家族、感情为本位分别进到以竞争、个人、法治为本位等。"❶ 1916年后，各类学校有了公民训练的内容，使中国的公民教育进入了发展阶段。其中，主要内容包括社会生活及组织宪政原则、中华民国之组织以及道德问题等，❷ 奠定了此后公民教育的指导方针和内容框架。

1927年4月18日，南京国民政府建立，在教育上开始强力

---

❶ 刘鑫淼. 中国公民教育的历史复兴及其当代意义 [J]. 东北师大学报, 2005（2）：121.

❷ 周鲠生. 新编公民教科书 [M]. 北京：商务印书馆, 1923：10.

推行党化教育。所谓"党化教育",就是在国民党的领导下,把教育方针建立在国民党的三民主义根本政策上,使教育成为党的工作的一部分,也使党的主义和思想成为教育的基础和教育内容的重要组成部分。❶ 但是,1929 年 8 月国民党又发布《各级学校增加党义课程暂行通则》的训令,规定:学校教授的各种学科课程,要融会党义精神,增加党义课程第一条,明确要求学校开设党义课程,具体规定了党义课程的教育内容。这些规定,使有关公民教育的理论研究得到了发展。1929 年,时任中华平民教育促进会总干事的晏阳初提出公民教育是根本,公民教育首先是施以公民道德的训练。

1930 年 8 月,在国民党发布的《中小学课程暂行标准》中,更是要求将公民课改为党义课,开设了许久的公民课程被取消。

1933 年 10 月,国民政府颁布的《小学课程标准》中规定小学开设公民训练课。同年 11 月,颁布的《中学课程标准》中,恢复了公民课程。1934 年颁布《小学公民训练标准》,目的是继承中华民族的传统道德,以养成健全公民。训练的具体内容包括养成良好的道德习惯,提高公民基本能力,增加对公民观念的理解和认识。

1936 年和 1940 年虽然先后两次修正《中学课程标准》,但公民教育内容一直延续下来。公民教育的具体内容和目标是使学生对国民党的政治、经济、法律、社会与伦理有明确的认识与正确的理解,以服务于国民党的统治。

为了使公民道德训练落到实处,1939 年国民党颁布了《抗战建国纲领教育》《战时教育实施方案》《各级教育实施方案》,都强调了对公民道德教育和训练,以保证教育训练的

---

❶ 蓝维. 公民教育:理论、历史与实践探索[M]. 北京:人民出版社,2007:335.

效果。

3. 从政治认同到公民认同的新中国公民教育

中华人民共和国成立后，党和政府开始实施公民教育。重要措施之一就是取消公民课和宗教课，设立马克思主义的政治课，主要目标和内容是为实现公民对国家的认同，巩固新政权、实现稳定。

1951年6月，中央人民政府下发《关于中学政治课名称、教学时数及教材的通知》，同年11月下发补充通知，规定高中三年级开设"共同纲领"，每周两小时。"共同纲领"在政治教学课中的设置，是我国公民教育中民主和法制教育的体现。此后，政治教育还仿效苏联的做法，设置了宪法课。

1976年以后，邓小平高瞻远瞩地提出要全面系统准确地把握和理解马列主义、辩证唯物主义和历史唯物主义。政治课程摆脱了只背语录的做法，恢复了马列主义、毛泽东思想的基本理论课。随着高考制度的恢复，人们意识到大学的政治教育与中小学的政治品德教育内容存在重复交叉的现象，对政治教育内容改革的呼声日益高涨。

1982年的宪法修改草案报告中明确提出要"养成社会主义的公民意识"。1985年，《关于改革学校思想品德和政治理论课课程教学的通知》决定在初中进行道德、民主和法制、纪律教育，这是新中国成立后，首次正式确立的公民教育课程。随后，《中学思想政治课改革实验教学大纲（初稿）》，对开设的公民课的目的和具体内容作出了规定，公民教育的地位有了较大的提高。

自此，公民教育在全国范围内相继展开。1986年，中共中央十二届六中全会提出了培养"四有"的社会主义公民。1988年，国家教委正式颁布《中小学德育纲要》，将培养"四有"

社会主义公民作为公民教育的目标。

为进一步加强公民教育，1995年《中学教育大纲》把公民教育作为德育的组成部分，突出了德育的重要内容是公民权利和义务、公民责任感和义务感的培养。但缺乏具体的要求和实施计划，公民教育未能发挥其应有的作用。

1996年10月，《中共中央关于加强社会主义精神文明建设若干重要问题的决议》把"加强社会主义民主和法制建设，进行民主、法制和纪律的教育"列入公民教育内容之中，进一步为加强精神文明建设提供了行动指南，也为公民教育指明了思想方向。

2001年，中共中央颁布《公民道德建设实施纲要》，全面提出了公民意识、公民道德教育，明确了20字基本道德规范，掀起了一个研究和探索公民教育的热潮，标志着我国公民教育进入了一个新的发展阶段。

2004年，《关于进一步加强和改进未成年人思想道德建设的若干意见》和《关于进一步加强和改进大学生思想政治教育的意见》先后发布。2005年，为贯彻落实这两个文件，教育部发布了《关于整体规划大中小学德育体系的意见》，对教育各个阶段目标和内容提出了改革意见，突出了公民教育内容；2005年12月，21世纪教育发展研究院等单位编写的《新公民教育读本》正式出版发行，这套书被称为"1949年新中国成立以来，第一套针对中小学生的完整意义上的公民教育读本"。❶ 这为我国公民教育体系的建立进行了有益探索，掀起了研究公民教育的热潮。

2005年以来，国内公民教育理论的研究也取得了丰硕成果，出版了包括《公民政治素质研究》等七部专著在内的"公民素质研究"系列丛书。

---

❶ 刘军，周志刚，周英，等. 走出传统德育的困境：《新公民读本》的探索［N］. 中国教育报，2005-12-29 (6).

2010年7月29日，中共中央、国务院印发《国家中长期教育改革和发展规划纲要（2010—2020年）》，强调树立社会主义民主法治、自由平等、公平正义等理念，加强公民意识教育，培养社会主义合格公民。首次将培养社会主义合格公民作为国家教育发展的重要目标，为我国公民教育的进一步发展和深化提供了目标和方向。

2012年，党的十八大提出了"三个倡导""三个层面"的24字核心价值内容。这24个字是社会主义核心价值观的基本内容，体现了公民教育的基本内容，进一步表明了党和国家加强公民教育的决心。2013年12月底，中共中央办公厅印发《关于培育和践行社会主义核心价值观的意见》，使国家掀起培育和践行的高潮。

随着公民教育研究深入，公民教育研究队伍初现雏形，学术交流开始活跃，不少高校设立专门的公民教育研究机构，如北京大学的公民社会研究中心、北京师范大学的公民与德育教育研究中心、郑州大学的公民教育研究中心等。另外，社会团体积极响应成立，如中国公民教育中心、云南省公民教育研究会等。没有成立研究机构的高校，也有不少科研机构和教学部门也开展了公民教育研究。这些机构或个人非常活跃和积极地开展了公民教育学术交流。2005年由北京理工大学教授杨东平主编的《新公民读本》正式出版；公民教育教师培训也已启动；2005年7月，江苏省教研室与美国公民教育中心正式签署关于开展公民教育实践活动的项目协议，就共同关心的中小学公民教育实践活动方案的设计、实施、评估及相关教师的培训、交流达成一个可操作的合作项目；广东省政府下发文件推进的"爱国、守法、诚信、知礼"现代公民教育等，为我们在实施"公民教育"提供了宝贵的经验和研究成果，也为推进和实现公民认同作出了较大的贡献。

由北京师范大学公民与道德教育研究中心组织编辑的《中国公民教育评论》，每年出版一卷，为专题研讨公民教育提供了广阔的平台。

(三) 中国公民教育内容构建对西方公民社会的回应

公民是社会发展的主体，公民教育是对社会主体进行的教育，西方现代公民教育在公民社会理论中找到了繁荣的新土壤，同样，公民教育的开展，也促进了西方公民社会理论领域的扩展。在中国开展公民教育，构建公民教育内容，显然无法回避对公民社会的回应。

1. 公民社会的实质

公民社会，来源于英文术语 civil society 的翻译，也常常被称为市民社会和民间社会。黑格尔首先全面阐述了市民社会理论，马克思在《黑格尔法哲学批判》和对费尔巴哈等现代德国哲学的批判等著述中对黑格尔的市民社会理论进行了批判，阐述了自己的立场。无论是黑格尔还是马克思，都是从经济领域开始论述市民社会的。马克思指出："市民社会包括个人在生产力发展的一定阶段上的一切物质交往。"❶ 市民社会"这一名称始终标志着直接从生产和交往中发展起来的社会组织。"❷ 而"生产关系"或"经济基础"则是其本质形式。这样一来，黑格尔的"伦理关系"神秘外衣就被马克思"无情地"掀开，还进一步将黑格尔的"伦理关系"认识升华为"经济关系"，从

---

❶ 卡尔·马克思，弗里德里希·恩格斯. 马克思恩格斯文集（第一卷）[M]. 北京：人民出版社，2009：582.

❷ 卡尔·马克思，弗里德里希·恩格斯. 马克思恩格斯文集（第一卷）[M]. 北京：人民出版社，2009：583.

社会关系的本质说明了社会关系，避免了走向唯心主义。恩格斯强调："决不是国家制约和决定市民社会，而是市民社会制约和决定国家。"❶ 刚好把黑格尔所称的国家与市民社会的关系颠倒过来。这两个观点，也成为我们理解马克思主义市民社会理论的基本出发点。

但是，随着现代社会的发展和阶级利益的调整，市民社会也从政治领域、经济领域与文化领域和公共领域的过渡，"以求透过对市民社会的重塑和捍卫来重构国家与社会间应有的良性关系"❷。这样，在理论界，一个异变于马克思主义"市民社会"的"公民社会"称谓开始出现，并企图以功能性内容对社会进行构建，并认为"公民社会"不仅是对"政治国家"的一种回应，而是对政治、经济和社会关系失衡的更全面的调整，以促进社会公平正义作为最终的价值诉求。公民教育也在这种思想的牵引下，开始由公民身份认同、公民权利、公民意识培育的领域转向公民社会全方位构建的领域。这种价值追求本身并没有错，甚至具有非常积极的现实指导作用。但如果想以贬低或否定马克思主义市民社会理论为前提，在社会主义国家大行西方公民社会理论就有点过犹不及和力不从心了。近代以来，西方国家特别是美国，全方位、多角度、多层面和富有个性地宣传他们所标榜的核心价值观，其文化霸权体系已深深扎根于发达资本主义国家市民社会之中。❸ 他们也以"公民社会"文化逐渐向我国进行文化渗透，厘清其中的一些关系有利于我们正

---

❶ 卡尔·马克思，弗里德里希·恩格斯. 马克思恩格斯文集（第四卷）[M]. 北京：人民出版社，2009：232.

❷ 邓正来，杰弗里·亚历山大. 国家与市民社会：一种社会理论的研究路径（修订版）[M]. 上海：上海人民出版社，2002：

❸ 陈述飞. 中国特色社会主义公民社会建构论要 [J]. 云南行政学院学报，2013，15 (5)：42-45.

第一章 公民教育内容构建的相关概念及实践

确地开展公民教育。

第一，西方公民社会理论以同质的神话进行混淆视听。目前，"公民社会"的概念名不正、言不顺，但新自由主义哺育出的所谓公民社会理论在以马克思在批判黑格尔的市民社会理论的"市民社会"为同质之名，误引我国公民。其在很大程度上缺乏事实基础，也缺乏舆论与群众的认同基础，是不折不扣的神话。马克思则从经济领域分析，指出市民社会正式表现为相应的政治国家。现代西方公民社会理论在文化领域和公共领域的进入，实质上是改变了马克思主义的政治与经济范畴。

第二，西方公民社会理论以自由的神话在社会主义国家推行无政府主义。现代西方公民社会理论中，鼓吹的"自由"概念，强调个人自由和自治的至上自由，把私人领域小范围的自由和自治作为公民社会大范围最理想和最重要的构成要素。他们认为，自由先于道德规范并且在不妨碍他人时人有无限自由，不管是否道德。这种从私人领域衍生出来强调"绝对自由"的理论，进入公共领域，必然导致人们因为缺乏道德和法律的制约，而陷入对"自由"的追求所造成的激烈社会冲突之中，让私人领域同样会受到侵害，最终失去自由。而公民身份是一个政治概念，它不仅赋予公民的"自由"，更需要公民广泛地参与政治，如果过度强调私人领域的自由，只会使公民产生政治冷漠心理，政权也就可能落入"公域"活动家及独裁者手中，导致政治非民主化和民主非政治化，从而导致公民自由的放任和无政府主义。

第三，西方公民社会理论以民主的神话鼓吹"三权分立"。这种民主，实质为公民无序政治参与。公民社会要求在国家和家庭之间产生一个介于政府和企业间的"第三部门"。西方公民社会理论要求中国改造传统社会层级结构，建立"三维制衡"的新型社会结构，形成社会主义的民主政治生态。但是，从非政府组织因自身资金来源不足、不确定性及业余性、服务对象的差异性、局限于精英决策等造成的对公共服务的无力及政治参与的依附性等缺陷上来看，西方公民社会论者在政治职能上把非政府组织作为与国家权力制衡的社会权力核心，实际上是力不从心的。事实上，大多数非政府组织在自治的过程中形成自治的习惯，并没有真正的政治参与，容易成为政治破坏者利用的工具。在我国的民主实践中，是公民在法律许可的范围内自主自觉参与国家和社会政治生活并影响政策制定和管理者选定的行为，它的基本形式是人民代表大会制，该制度确保实现全过程人民民主。

公民社会无论是作为一种社会存在，还是作为一种观念，都是欧洲或西方文明的产物。❶ 在西方文化的语境中，目前无法给出一个能被普遍接受的定义。但作为一个政治学概念，旨在让公民更好地参与对国家的治理，以保护和实现公民的民主权利的出发点和理论无疑值得借鉴。然而，在中国没有经历过工业社会和缺乏资本主义社会统治的情况下，我国照搬西方发达国家经验，甚至鼓吹"没有政府的治理"或"完全的社会治理"，大力限制政府的作用，不切合我国目前的国情，也难以实现所谓的国家与市场、公民社会有效互动的西方公民社会理论下的社会治理。"市民社会"也好，"公民社会"也好，甚至"人民社会"也好，在我国归根结底还是社会主义社会，它们都是一个代号，一个称呼，就像人的姓名一样，名称本身是无罪的，是没问题的，有问题的是一些别有用心之人或阶层，玩文字游戏，行破坏之事，也使一些思想不透彻、信念不坚定、认识不深刻、见解不到位的人中了他人之招，上了他人之道，想

---

❶ 杨占营. 公民社会产生与发展的内部逻辑探析——关于社会自组织行为的思考 [J]. 江苏社会科学，2005（2）：104-109.

第一章　公民教育内容构建的相关概念及实践

多了、想偏了、想歪了，容易人云亦云，跟风作恶。理想与现实是有差距的，美丽的谎言编造的是美丽的"陷阱"，是需要提防的。不管叫什么都好，重要的是其核心的理念是对我们有益的，做法是值得我们学习的，符合我们社会主义国家现代化建设的实际，有利于社会主义国家生产力的发展，有利于社会主义国家和谐社会的建立，有利于实现公民的共同富裕。只有这样，我们才能想清楚、想明白。

在公民社会理论方面，一部分研究者还片面地从西方公民教育理念出发，脱离社会主义制度与中国的国情，认为外国学者主张公民教育就是"民主教育"，就必须进行"民主、自由、权利"为核心内容的教育，这实质上是在宣讲推广资本主义公民教育观。[1] 还有一小部分研究者认为公民教育是一种现代性教育，内容应该"去马化""去中国化""去意识形态性"等，进行纯粹的公民教育。这两种倾向均背离了社会主义公民教育研究的方向，应被我们所反对。其实，马克思主义早已经指出资产阶级所提倡的平等与自由等公民观念是建基于资本主义特有的生产方式，只有在交换价值为基础的交换中才受到尊重，他们鼓吹的自由、平等、公平、正义这种虚伪的公民观不攻自破，不可能存在真正的自由和平等。"有产阶级胡说现代社会制度盛行公道、正义、权力平等、义务平等和利益普遍和谐这一类虚伪的空话，就失去了最后的立足之地"。[2] 统治阶级的政治学说本身就有阶级性，只要存在阶级社会，纯粹的超越阶级意识形态的公民教育就是不可能存在的。社会主义公民教育内容自然

---

[1] 雷骥. 当前我国公民教育研究领域中几个亟待解决的问题 [J]. 河南师范大学学报, 2005 (3): 150-153.

[2] 卡尔·马克思, 弗里德里希·恩格斯. 马克思恩格斯文集（第三卷）[M]. 北京: 人民出版社, 2009: 461.

要以马克思主义和中国特色社会主义制度为理论指导和学理支撑，来体现社会主义阶级属性。那么，我们的公民教育内容自然要反映我们的阶级意志，由国家来限定和选定，但这种选定我们可以借鉴国外的先进经验来推进中国的公民教育，同时，也要提防简单的"拿来主义"，避免"水土不服"。"我们既不能制造一个让别人完全不懂的公民教育概念，但是我们也要反对公民教育上可能存在的'文化殖民'。"❶

2. 中国公民教育内容构建的路径选择

由于支撑西方公民社会的理论体系自身存在着逻辑推理无法自圆其说的矛盾性和资产阶级的阶级局限性，从该理论体系中提炼出来的观点，我们应保持学术批判和怀疑的态度。即便是优点，但它能否克服出生地与中国成长的土壤之间的不相容性，也是未知数；即使融合，也需假以时日，通过艰辛的中国化途径来进行。而且，公民社会是否作为未来社会民主秩序的构成部分，还未见定论。不管是西方的公民社会理论还是马克思主义语境下的公民社会学说，均具有阶级性。作为社会主义国家，我们一定要站在马克思主义立场，坚持党的全面领导，切实维护以习近平同志为核心的党中央的权威，坚持以人民为中心，切实解决社会改革和治理推进进程中出现的一些不相适应的问题，认真理清"公民社会"内涵和本质，寻找到适合中国特色社会主义道路的治理路径和方法。

中国革命的历史条件与作为公民教育理论诞生地的欧洲资本主义国家的具体情况有着较大差异。我们构建的公民教育内容首先在阶级的前提上不能犯错误，必须坚守阶级底线，避免

---

❶ 檀传宝. 当前公民教育应当关切的三个重要命题 [J]. 人民教育, 2007 (Z3): 4-6.

陷入西方自由主义的怪圈。同时，要在以马克思主义公民教育观基本理论为指导的同时，根据中国的社会主义现代化建设实践来丰富和发展我们的公民教育理论。公民教育内容中国化，它首先是马克思主义的，这个本质不能变；同时它又是中国的，不仅是社会主义现代化建设实践需要的结果，同时也受到了中华优秀传统文化的影响。中华优秀传统文化作为一种本土的思想资源和历史存在，在公民教育内容中国化进程中构成了不可缺少的重要一环。

三、国外公民教育内容历史实践及启示

（一）追求公民认同的国外公民教育历史考察

古希腊最早提出了实施公民教育。古希腊各城邦都十分重视对未来一代进行公民教育。斯巴达要求将奴隶主的子弟培养成忠于邦国的、体格健壮的最勇武的战士；而雅典更注意发展其智慧和审美力，以便他们能够积极有效地参加雅典式的社会生活，这就是公民教育的雏形。但是直到17世纪至18世纪，欧洲资产阶级掌权后，为了巩固新的社会制度，对未来一代的国民进行具有资产阶级思想倾向的公民教育，公民权的范围普遍扩大，现代意义上的公民身份才被确立下来。

现代公民教育源于近代西方国家。法国人首先将现代公民教育作为一门独立科目在学校教育中正式开展，形成西方公民教育的代表。1789年的《人权和公民权宣言》和1791年宪法中，都提出了公民教育的思想。1791年的《塔来朗法案》提出了公民教育的内容。[1]

---

[1] 杨福禄．和谐社会构建中的公民教育问题研究［M］．济南：山东人民出版社，2010：31．

随着资产阶级民族国家的形成和发展，资本主义国家国民开始对国家、民族的越发认同和对权利更加看重，黑格尔和费希特等思想家都强调推行公民教育，而最具代表性的是被认为是现代公民教育研究最早之人的德国教育家凯兴斯泰纳的主张，提出以培养忠于国家的公民为目的，实行公民教育与劳动教育的结合，培养公民为国家服务的技能。

随着社会的发展，美国等资本主义国家直接组成"社会学科"，并通过校外活动进行加强公民意识培养。1882年，法国率先开设了"公民训导"课；1918年，德国政府则以宪法的形式保障公民教育的实施；1965年，美国成立了公民教育中心，专门负责编制中小学公民教育的课程教材、师资培训、公民教育研究和评价等工作；进入21世纪，为加强公民道德教育，英国把"公民课"作为国家基础课程之一引入中小学教育；2002年5月，美国公民教育中心与中国教育部课程教材发展中心签署了一项在公民社会实践活动方面开展交流的合作协议。

（二）国外公民教育实践

1. 美国

美国公民学课程基本以《公民与政府教育标准》为遵循，主要包括以下三方面内容。

（1）公民知识。

公民知识一般包括公民生活政治和政府、美国政治体制的基础，政府如何体现美国民主的主旨价值和原则，美国与世界其他国家关系，国际事务处理，公民在美国民主政治中的角色等5个中心问题，并随着年级的升高而不断深化。[1]

同时还要了解和学习公民的权利与义务。内容标准要求学

---

[1] 檀传宝. 公民教育引论 [M]. 北京：人民出版社，2011：29.

生能够理解和掌握政府的主要目的是保护个人的人身、政治和经济权利。同时,也要了解权利是有限度的,受制约的,没有什么权利是绝对的权利,使学生既理解权利的重要性,也理解合理限制的重要性。

(2) 公民技能。

第一,智力技能。主要分成三类能力:识别和描述;解释和分析;就公民问题进行的评估、判断、立场、获取信息能力和辩解能力。

第二,参与技能。主要指公民参与政治过程和公民社会所必需的技能,包含合作能力、关注能力和影响能力。❶

(3) 参与民主生活的公民品格。

公民学课程除传授公民知识、技能外,同时还培养公民品行。从长远看,比前两者更为重要。个人要积极有效地参与公民生活及政治活动,对民主制度的健康发展作出必要贡献。个人需要发展如道德责任感、自律精神、尊重个人财产和人性尊严以及同情心等公民品格,尊重法律、关心社会福利、培养批判精神、发展团队合作能力等。❷ 要求学生养成社会独立的成员,担负起公民在各方面的责任等公民品行。

与此同时,美国还通过更为广泛的文化遗产教育、社会科学知识教育和思维与决策技能的培养,为学生提供隐形的价值观教育内容,构成了美国学校公民教育的完整范围。该标准建议公民教育既可以作为其他课程的一个部分,也可以作为独立

---

❶ 中国驻纽约总领事馆教育组. 美国公民教育的现状及改进措施 [J]. 世界教育信息, 2006 (9): 14-16, 63.

❷ 刘军. 通过教育捍卫民主——美国中小学公民教育的国家标准 [J]. 开发教育, 2006 (6): 129-133.

的课程，从幼儿园到 12 年级都要对学生进行连续不断的公民教育。❶ 上述"国家标准"并非课程大纲，而是为帮助学校培养有能力、有责任心的公民而设置的基本学术标准。具体的实施过程并没有统一规定和要求，各学区自行决定从幼儿园到 12 年级公民教育的课程实施。❷

美国对这些内容并不是彼此孤立存在，而是聚焦观点表达、专业技能、集体行动、反思意识四个核心内容，旨在推动一种"以学生为中心的、基于项目的、高质量的"公民教育，并被纳入美国国家和各州的课程标准。❸

由此可见，在美国公民教育实践中，主要以保障公民的天赋权利、维护公民人身自由、强化公民参与意识，培养负责任的合格公民为内容，更强调一种积极参与的以及具有影响力的公民角色。

2. 英国

英国是一个倡导"绅士风度"的国度，其公民教育更注重情感培养。20 世纪初，公民教育培养"好公民"逐渐明确，于 1949 年发行了第一本针对公民教育官方出版物《公民在成长》；到 1990 年才颁布第二本官方出版物，但明确将公民教育正式纳入国家课程体系；从 2000 年起，在小学阶段已有的 PSHE（个人、社会与健康教育）中进行公民教育，但不作为法定必修课；从 2002 年起，在中学阶段开设公民课，并作为非核心基础必修科目之一。其中，2000 年英国颁布的公民教育国家课程标准分

---

❶ Center for Civic Education 1994. National Standards for Civics and Government [EB/OL]. (2013-08-20) [2014-10-16]. http://www.new.civiced.org/stds.html.

❷ 檀传宝. 公民教育引论 [M]. 北京：人民出版社，2011：29.

❸ 李潇君. 公民行动：美国学校公民教育的新模式 [J]. 比较教育研究，2020，42（02）：76-82.

为四个阶段，四个阶段内容相互衔接，构成完整的教育体系。2014年9月正式实施了最新公民教育课程标准，目前英国中小学使用的教材都是根据该课程标准编写，实现课程目标和课程内容的一体化。具体来看，小学阶段的公民教育内容见表1-1。

表1-1 英国小学阶段公民教育基本内容

目标	小学第一阶段（5~7岁）	小学第二阶段（7~11岁）
传授知识和培养理解能力	了解自我及社区中的自我；构建自我关于个人、社会与情感发展的早期经验；学习保持健康与安全的社会行为的基本规则与技能	了解成才中的自我，以及作为社区中一员的经验与思想；将学生培养得更为成熟、独立与自信
培养探究交流能力	为学生创造展示自我的机会；了解他人（儿童与成人）的感受、观点、需要与权利	拓展对社会和世界的认识，了解社会成员之间的相互依赖性；发展社会公正感、道德责任感；理解自我的选择与行为对他人和国家社会制度的影响
培养参与能力和负责任行为	学习作为学校与班级中的一员所应具备的基本社会技能，如分享、排队、游戏、帮助他人、解决简单的争议与抵制恃强凌弱的行为等；能够在学校与邻里生活中担负起积极和主动的职责	积极参与学校与社区的活动；正确面对即将到来的青春期的变化，为进入中学做好准备；学习在面对自我健康或环境发生变化时，做出更为自信与明智的选择；在学习和恃强凌弱行为做斗争的过程中，承担起更多的个体或群体责任

中学阶段的公民教育内容见表1-2。

表1-2 英国中学阶段公民教育基本内容

目标	中学第三阶段（11~14岁）	中学第四阶段（14~16岁）
传授知识和培养理解能力	学习、思考与讨论当代时事热点； 认识与学习影响他们的生活的法律、政治、社会与经济制度或体系； 积极参与学校、社区与社会生活，学习如何更为有效地参与公共生活； 学习理解公平，国家与全球范围内的民主与多元； 通过主动参与社区活动学习承担自我责任	继续学习、思考与讨论当代时事热点； 研究影响法律、政治等制度，并密切关注其运行和影响； 继续积极参与公共生活，重要的是参与的影响力； 更多地重视批判意识和评价能力； 发展知识、技能和理解
培养探究与交流能力*	通过分析信息及其来源，发现问题； 能够口头和书面表达问题和事件的个人观点并论证； 加入小组讨论和班级发现性讨论，并参加辩论	通过分析各类问题和事件，意识到什么是正确运用数据和乱用数据； 能够口头和书面表达、证明和辩护问题和事件的观点； 加入小组讨论和班级讨论、辩论
培养参与能力和负责任行为*	考虑他人的境遇，思考、表达和理解他人的观点； 在学校和社区活动中，能够协商、参加决断，并有责任心参与活动； 参与感悟	设想他人的境遇，能够思考、表达、解释和批判性地评价他人的观点； 在学校和社区活动中，能够协商、参加决断，并有责任心参与活动； 参与感悟

＊陈鸿莹. 英国中小学公民教育的特质及其影响因素研究［D］. 长春：东北师范大学，2004：18-19.

概括来看，学习内容按道德与社会的责任、社区参与、政治素质三重结构组织，让学生具备作为有教养的公民应有的知识与能力，发展调查和交流能力，掌握参与和负责行为的技能。当前，英国公民教育在传统政治常识外，更注重权责、政治、生活教育内容，让学生了解经济和民主体制及价值，培养和引导学生积极解决现实问题和参与生活等能力。整体上，从小学到中学，根据不同阶段，有不同区分的内容，而且比较细。

3. 法国

法国作为现代公民教育的起源国，是西方资本主义公民教育的一个成功范例。2015年法国义务教育实施新道德与公民教育课程，该课程在法国核心素养框架"新共同基础"的指导下，以法兰西共同价值观为核心，从"情感表达与尊重他人""规则与法律""批判与辨别""责任、参与与主动精神"四个维度构建道德与公民学科核心素养，并围绕这些素养设定课程目标，选择和组织课程内容，进行课程实施和学业质量评价。[1] 法国从幼儿园起就开设公民教育课程，并将其贯穿于基础教育的整个过程中。法国中学公民教育课的内容和实施，在小学的基础上继续扩大和深化，按照"4+3"模式，即初中四年、高中三年均进行公民教育内容课程安排。

（1）小学课程——参与共同生活。

以生活为主的教育是小学阶段课程的主要内容，围绕这一内容的则是公民身份、国家认同的教育。在20世纪90年代之后的小学教学大纲中，公民教育包括共同生活和公民生活两部分。法国小学的公民教育内容按预备阶段、基础阶段、中级阶段三个阶段进行安排[2]，见表1-3。

---

[1] 赵明辉，杨秀莲. 法国义务教育新道德与公民教育课程：内容、特点及启示 [J]. 外国中小学教育，2018（4）：20-29.

[2] 檀传宝. 公民教育引论 [M]. 北京：人民出版社，2011：43.

表1-3 法国小学的公民教育内容

阶段	年龄	年级	主要内容
预备阶段	3~7岁	幼儿园至小学	了解社会生活的基本准则,熟悉公民的一般生活情况,懂得努力学习和工作的意义,尊重自己和他人,初步了解责任、平等的含义,培养合作和互助精神。
基础阶段	7~9岁	小学二至三年级	学习各种制度的初步知识和相关生活概念,讲述祖国统一、民族团结、自由等信条,讲解选举权、普选的含义以及管理者的职权和作用。
中级阶段	9~11岁	小学四至五年级	了解法国在世界上的地位,了解人权宣言,理解自由和权利的含义,了解国家成就、制度和军情,了解国家、民族、人类、人道主义和社会文明等含义。

（2）初中课程——国家认同的实践。

新的初中公民教育课程,力图围绕着大的基本的概念——人和公民来组织,并在中小学各个年级逐步深入,让学生了解和认同国家。在初中四年的学习中,公民教育的主题有不同的侧重点。

①初一年级,主要从公民的权利和义务的概念出发,在新的情境中重新确认自己的身份,获得他人的认可和尊敬。

②初二和初三年级,围绕着如平等、团结、自由、正义等构成民主社会的价值性的概念展开。

③初四年级则突出公民身份维度,让学生理解政治运作图。[1]

---

[1] 汪霞. 国外中小学课程演进 [M]. 济南：山东教育出版社, 2000: 464-465.

(3) 高中课程——公民身份的实践。

公民身份教育在高中阶段得到了重点加强，这一阶段的公民身份教育更是广义范畴上的。高中三个年级按要求确定学习主题，目的分别为使学生发现公民的构成维度，认识公民资格原则；认识到如何根据制度正确行使权利；在全球化视野下了解世界公民。课程教学大纲进一步强调公民身份是一种介入国家生活或者只是一种敢于介入的能力，需要具备一定的表达能力，形成深思熟虑的见解。❶ 可见，公民、法律和社会教育课程成为法国公民教育的核心内容。❷

4. 德国

统一之后的德国，在大多数地方，公民教育的课程主要还是关于州宪法与政治体制的教学，科目开设以公民科（各州名称上存在差异）等为主。课程在知识、价值与技能等主要目标的统摄之下，其内容大体上包括民主体制的知识、德国经济与文化的知识以及西方文明的知识、对人的尊严的尊重、对他人观点的宽容态度、爱国主义、国际和平与和解、自由民主的特征、政治责任以及社会行动技能等。❸

在公民科学习中，课程的具体内容主要包括个人与社会的关系，有关社会群体的观念，了解社会的组织形式与内部结构以及不同社会组织之间的关系及其发展、变革等。课程还要求学生理解具体的社会现实，以及发展变化着的个体生命的价值形态与意蕴。

同时，课程还要求学生学习有关政治制度的概念、政治进

---

❶ 高峰. 法国学校公民浅析 [J]. 首都师范大学学报，2005 (2)：108-113.
❷ 秦树理. 国外公民教育概览 [M]. 郑州：郑州大学出版社，2005：36.
❸ JUDITH V, TORNEY A N, RUSSELL F F. Civic Education in Ten Countries: An Empirical Study [J]. Stockholm, Sweden: Almqvist & Wiksell International, 1975: 35.

程及认识与之相联系的世界政治发展的基本趋势；理解参政意义与基本的民主程序；尽可能地利用一切机会实践所学习到的理论，尤其是在实践中学会履行公民所应当履行的责任，并体会权利与义务之间的关系。

此外，这种学习还包括方法上的学习，以便更好地自我测评，并不断产生新的认识、体验与态度。从巴伐利亚公民科课程或教学大纲（见表1-4）中，我们可以管窥德国公民教育的内容概要。❶

表1-4 巴伐利亚州"主要学校"公民课程大纲（5~7学级）内容

年级	时段一	时段二	时段三
五年级	5.3 史前时期 5.7 古埃及 5.8 古希腊	5.1 生存空间 5.5 生活团体 5.6 人类的保障	5.2 地球 5.4 地区和环境
六年级	6.1 罗马人、凯尔特人和日耳曼人的竞争 6.5 中世纪	6.3 闲暇时间 6.4 水	6.2 巴伐利亚 6.6 国家与城市

---

❶ 檀传宝. 公民教育引论[M]. 北京：人民出版社，2011：59.

续表

年级	时段一	时段二	时段三
七年级	7.1 欧洲化 7.4 宗教世纪 7.5 专制主义 7.6 法兰西革命 7.8 19世纪的德意志	7.3 老年人 7.7 青少年权益	7.2 气候 7.9 德国 7.10 自然变化中的人类

资料来源：Lehrplan für die Hauptschule-Bekanntmachung des Byerischen Staatsrninisteriums für Unterricht. München：Kultus, Wissenschaft und Kunst, 1997, S.5 5.

面向21世纪，道德教育已经成为德国公民教育的重要内容，并作为塑造公民爱国心和高尚人格的重要工程，且通过宗教教育、政治养成教育、家庭教育和大众传播媒介开展。当然，研究表明，德国中小学公民教育的重要性在各州有很大差异，公民教育在学生课程表中所占的比例分布极不均匀。[1]

5. 日本

作为日本课程改革纲领的《学习指导要领》，是决定学校教育课程内容的基准，也就是决定日本国民性形成的准则，可以说是其国民形成的设计书。[2] 日本公民教育的课程与内容，反映了日本中央集权的教育体制特征和政府的教育意志。文部省在

---

[1] 刘路. 德国中小学公民教育的现状与挑战 [J]. 思想政治课教学, 2020 (10)：88-92.

[2] 梁忠铭. 日本新学习指导要领要点之研究 [J]. 台湾教育, 2018 (6)：135-143.

课程委员会意见的基础之上，以学习旨要的形式，确定了公民教育课程的学习内容。这些旨要为课程提供了基本的框架，包括目标、范围与每个年级每一门课程的学习序列。概括来看，日本公民教育的主要内容包括道德教育、政治教育、经济教育、法规教育、国际理解教育等。❶

按照大纲，日本小学的一、二学年阶段新设立了生活与环境科取代社会科和理科，三至六年级的学习则还是通过社会科进行教学，实践阶段，社会科由历史课程、地理课程与公民科课程组成。公民科主要围绕着社会生活、国家经济与生活、民主政治与国际社会等内容开展。而高校则没有中小学系统，但仍注重道德人格的塑造和强调民主素质，如进行传统文化价值和爱国主义教育和民主政治教育等。学校需要通过教学的每个阶段与每个主题来推动道德教育、对国际化的回应、对信息社会的回应、对环境问题的回应、对老龄化社会的回应，以及跨学科与全面学习等。只有这些方面的教学都获得了进展，公民教育才能获得最终的促进与发展。公民教育的具体内容被内含于 21 世纪的教育目标中，更加体现了其重要的地位。❷

6. 新加坡

新加坡在历史上经历过英国殖民统治，聚集大量华人，受到了东西方文化的双重影响，是一个多种族的国家，多元的文化背景突出。因此，自 1965 年独立以来，政府为摆脱殖民统治和外来民族文化的影响，一直强调"新加坡人"身份认同。

在小学，通过《好公民》开展公民教育，该教材根据学生德育发展阶段的特点，遵循儒家传统，从个人、家庭、学校、

---

❶ 李萍. 日本学校中的公民教育浅议 [J]. 道德与文明，2003 (1)：58-61.
❷ 檀传宝. 公民教育引论 [M]. 北京：人民出版社，2011：76.

邻居、国家乃至世界和全人类六个重点方面进行培育，重点对学生进行有关热爱祖国、忠于祖国，遵守社会准则，承担道德责任以及维护种族和谐等方面的教育，有规律地放射性地扩展。

在中学，通过公民知识、技能、态度三方面的教育，促使学生的行为符合国家的共同价值观。

新加坡是既吸收弘扬儒家思想又借鉴西方公民教育模式的典型代表。1983年推出的新加坡中学儒家伦理课的各章节内容则全面说明了儒家的思想内容。❶ 1991年10月拟订的小学"公民与道德教育"课程纲要将社会所推崇的价值观归结为14个方面35项德目。❷ 新加坡前总理李光耀提出"忠孝仁爱礼义廉耻"八德是新加坡的"治国之纲"。"八德"内容被赋予现代化和新加坡化并具体化后，成为新加坡公民教育的基本内容，作为新加坡人共同追求的思想道德品质。

1999年，新加坡修订了公民教育课程标准，但仍突出国家意识和对国家的爱与奉献，并强调东方的传统价值，以顺应新加坡多元文化发展的需要。❸ 2015年新加坡颁布了新的小学课程标准，按照学生的能力，分阶段开设华文课程，推动学生认识、吸收中华文化，表现出对优秀文化的兼容并包。

(三) 国外公民教育经验借鉴

通过考察，本书发现外国公民教育存在许多基本点和共同点，呈现多维统一性的特点，值得思考与借鉴。

---

❶ 冯增俊. 当代西方学校道德教育 [M]. 广州：广东教育出版社，1993：322-326.
❷ 乔梁. 新加坡小学《公民道德》课程纲要简介 [J]. 课程·教材·教法，1995 (5).
❸ 王学风. 多元化视野下新加坡学校德育的特质 [J]. 外国教育研究，2005 (3).

1. 目标与内容相统一

教育内容是以教育目标为基准进行组织和取舍的，因此，公民教育内容与公民教育目标的系统构成相对应。外国公民教育的目标系统同样以系统形式存在公民教育内容中，体现在一个有机整合的教育过程中。这种统一实际上是一个动态的发展过程，如法国，在每个阶段的侧重点不同，但公民教育内容都能与重点要达到的目标相吻合。随着培养参与型公民的教育目标的提出，当代公民教育内容开始融入更多的实践活动成分，并向能力本位和过程导向发展。所以，预示着当代公民教育内容实际上不是独立、静态存在，而是内容目标的动态结合，如德国，在施罗德内阁执政后，在高教体制改革上基本继承上届政府的纲领和措施，同时又提出新的内容，如继续简政放权，扩大高校财政自主权等，并把教育体制改革当作一项长期任务。

2. 内容框架立体

公民教育内容是一个复杂的系统，尤其是在20世纪初面对广泛的公共领域，这一系统已经越来越包罗万象。纵观各国，基本上均以公民身份构建公民教育内容的框架。公民身份作为规定民族国家内部个人与公共政治生活之间关系的一种制度设计，在横向上表现为民族国家内部人与人之间的关系，在纵向上涉及个人与国家的关系。所以，公民资格首先涉及的就是个人、国家这两个维度。其次，现代公民必须能够将历史传统与未来的发展相结合，来解决当今的现实问题。随着全球化的到来，公民还必须具备了解、解决本国和世界问题的能力。这就使公民资格又涵盖了时间与空间的维度。实际上，个人、国家、时间、空间维度也是其他各类教育内容框架的构成要素，只是它们在不同的内容框架中，就会有不同的解释。对于公民教育内容来说，这四个维度本身并不代表任何价值倾向，从某种意义上看，它们似乎更趋向于在内容建构的技术层面，作为贯穿于每一个内容领域、存在于目标之下和内容领域之上的连接环节，使内容的建构保持客观有序，如美国，他的公民教育内容可以从政府广场、白宫、博物馆、戏剧院等各种不同地方感受得到，无论普通民众还是达官贵人、国家元首都在他构筑的四维空间中，时刻在感受到美国的文化。

3. 强调主体参与性

任何再华丽的内容，没有主体的主动参与，必然得不到教育目标很好地实现。以往的教育，更多是把学生作为被动的知识学习者，而不是作为公民生活中积极参与者来看待，采取知识和价值观的灌输为主，影响了教育效果。而现代社会的公民教育，强调所有公民无一例外地参与，而且是感情、态度与行动有机结合，以充分调动人的积极性。因此，当代国际公民教育内容的选定均具有培养参与型公民的特征，如美国三大主要内容中，有参与技能和参与民主生活的品格两方面涉及公民的参与，而其中参与技能包括了公民参与政治过程和公民社会所必需的三类技能，即合作能力、关注能力和影响能力。而英国在各中小学都强调要积极参与学校、社区与更为广阔的社会生活，继续学习如何更为有效地参与公共生活，以便更好地适应社会的发展，成为现代公民。

4. 内容领域广泛

公民教育内容的外延越来越广泛，所涉及的领域也越来越多，并呈现出多维性的特点。但公民教育毕竟是现代社会孕育发展的产物，也就是说，现代社会发展的共性，首先，决定了公民教育内容在一定程度上存在着一致性，涉及的领域一般包括政治、法律、道德、经济、环境和国际教育，同时这些领域涵盖的具体内容也存在一些相似性，但作为一个系统，各个领域之间并不是泾渭分明，而是互相渗透，在某些场合下甚至不可分割。所以，以上对公民教育内容的划分也仅仅是类别简单区分，绝不是绝对割裂。其次，作为内容系统的构成要素，各个领域在系统中占据的位置并不相同。同时，虽然各国公民教育内容有相同点，但在实践中对各国侧重又有所不同，如西方国家比较重视政治教育，其中美国重视本国史、政府结构、社群的认同，英国和德国则重视容忍不同意见和冲突的解决。❶ 与西方国家相比，东方国家非常重视道德教育的基础性作用，日本进行传统文化价值和爱国主义教育与民主政治教育等，通过教学的每个阶段与每个主题来推动道德教育和对各种问题的回应；新加坡的公民教育兼具东方价值传统与西方现代理念，还吸收了中国传统儒家学说作为其公民教育内容，丰富其教育内容。

各国因体制与现实的不同，开展公民教育的现状、公民素质的构建内容、公民教育的载体和方法等有所区别，如法国、英国都比较具体且根据难易程度区分，日本则稍为宏观，侧重民族性内容和道德性内容。但很多国家都有一些基本内容大致相同，如侧重于知识教育、技能教育和规范教育，尊重公民的主体性，注重个人参与国家政治和社会生活能力的培养等。每个国家不是绝对统一，也有自身的特点，像美国形成公民学和政府学；德国注重从实践和社会行动中获得知识感悟和处理各种关系的技巧；新加坡注重儒家文化，把传统文化用于现代公民教育之中培养合格的好公民等。

---

❶ 张秀雄. 公民教育的理论与实施［M］. 台北：台北师大书苑有限公司，1998：42.

第二章

当代公民认同维度的公民教育目标与内容

一、现代化国家要求公民教育内容实施以公民认同为目标

国内外学者对现代化的研究已经有很多，存在不同的意见。我国学者成有信等对20世纪90年代初现代社会与古代社会不同特征进行了分析，认为与古代社会区分的现代社会标志是"承认人的独立性的社会""民主和法制的社会""具有人格独立、自由、平等、民主参与……开拓意识、生态意识、全球意识等对生活和社会的积极态度、价值观、思维方式和行为方式""科学和理性统治的社会"等。❶ 因此，现代人最突出的自由、平等、民主、参与等人格特征与古代社会人格特征相区分，综合表现为人的主体性。

可见，我国在从自然经济向社会主义市场经济转型同时，必须从单纯的物质和技术的现代化观念走出，实现社会制度的民主化和与之相应的社会主体向独立的"公民人格"的转型。由于现代公民人格的形成与现代社会政治、经济、文化等有紧密关系，如没有公民人格的成功转型，政治、制度等就不可能

---

❶ 成有信. 现代教育引论 [M]. 郑州：河南教育出版社，1992：7-8.

转型成功；进一步而言，公民教育目标无法实现，公民之现代转型就难以实现。我国也从改革开放初期的"四个现代化"到现在的全面性的社会主义现代化建设。党的十八届三中全会以来，更是把国家对现代化的希望和要求提高到了一个新的高度。其中，把"现代化"一词与国家治理体系和治理能力联用，提出"推进国家治理体系和治理能力现代化"，就是应对人们思想观念多元，民主和参与意识增强，互联网的广泛应用，社会阶层分化，舆论环境复杂的情况，而对国家治理体系和治理能力提出的具体要求。提出"公民治理能力的现代化"就是强调公民的现代化，就是在尊重公民主体性的前提下，要具备创新性和适应性。

而公民在现代化社会，是基于什么情况选择其生活方式或行动而体现公民本身的认同呢？吉登斯指出，现代性的一个明显特征是外在性与内在性这两端之间日渐增强的相互关联。一端是全球化的影响力，另一端是个人的调适……❶

简言之，现代化，尤其人的现代化变得更加重要，已不再止于物的现代化。科学技术的发展已经使物的现代化变得容易，而人的现代化却异常艰难。主体性和创造性得到最大的发挥是现代社会的价值追求。要真正实现社会主义现代化，就意味着必须发展社会主义市场经济、建设社会主义民主政治、实现人的现代化。❷ 而发展这三个方面，尤其是人的现代化的前提是实现公民认同。实质上，社会的现代化核心是人的现代化，即人要成为真正的公民。因此，现代化的公民，是适应现代化发展的公民，需要具备现代化发展所需的必备特质，才能成为合格

---

❶ 曼纽尔·卡斯特. 认同的力量［M］. 曹荣湘，译. 北京：社会科学文献出版社，2006：9.

❷ 檀传宝. 公民教育引论［M］. 北京：人民出版社，2011：185.

第二章　当代公民认同维度的公民教育目标与内容

的现代公民。

那么,现代人在公民认同过程中的心理、思想、态度和行为主要特征是什么呢？成有信教授有过一个非常严谨的解释：现代人的第一个特征是对如科学技术这些较表层文化的掌握和理解,第二个特征是对现代制度文化如民主等较深层文化的掌握和理解,第三个特征是对现代精神文化如个性独立等逆传统的最深层文化的掌握和理解。❶

诚然,现代人的这三大特征不是孤立存在的,而是相互联系并且渐进的,越深层越难以把握的特征却越能反映现代人的本质特征,但也越难实现。在上述现代人的三大特征实质上呈现了现代社会的独立"公民人格"。因而现代教育是培育现代人的使命的核心,也就是培育积极的现代公民人格。阿列克斯·英格尔斯曾指出："国家的现代化首先是人的现代化。"他认为,阻碍发展中国家现代化的原因是这些国家"国民的心理和精神还被牢固地锁在传统意识之中"。❷ 可以说,合格公民的养成是建设现代化国家的前提和基础保障。

正如之前所言,人的现代化的结果就是人的主体性确立,意味着与现代社会相适应的新型公民人格的塑造,同时,这些新型公民人格的内涵是不断与时俱进的,从而形成公民认同。要实现与社会物质、制度现代化相应的人的现代化、完成"公民人格"的培育,致力于现代公民形成的公民教育无疑是最为关键的途径。改革开放四十多年,随着我国现代民主政治体制的完善,社会主义市场经济体制的建立,信息化和全球化时代的来临等社会发生的巨大变化,使中国的社会发展和转变变得

---

❶ 成有信. 现代教育引论 [M]. 郑州：河南教育出版社,1992：23.
❷ 英格尔斯. 人的现代化 [M]. 殷陆军,译. 成都：四川人民出版社,1985：3.

十分关键。现代化的社会是以和谐的社会为前提，没有社会的和谐，就难以实现社会的现代化。而建设社会主义和谐社会，必须提升公民现代意识，培育现代公民，更要全面发展公民自身，实现自身价值。因此，在现代化过程中，通过对公民进行具有现代意义的教育内容传授，形成现代新型公民，培育公民认同就成为必然要求和选择。

二、公民认同的目标与内容对公民教育的呼唤

目标能引导活动指向与目标有关的行为，使人们根据目标的大小来调整内容和方法，并影响行为的持久性。公民认同的目标成为公民教育内容构建的方向指引。

（一）公民认同的根本目标在于成为合格公民

认同强调的是个体和群体心理和情感的自我建构。当代中国公民认同的主要问题，就是在社会主义现代化建设进程中，把公民塑造成什么样的人的问题。在不同的政治文化中，公民认同的要求和目标基本一样，那就是把公民培养成为符合统治阶级意志的合格公民。也就是培养什么样的人，为谁培养人的问题。合格公民有哪些表现，需要什么样的合格公民，在此问题下，探讨中国现代化的合格公民的价值定位和基本特征就显得非常重要。

1. 合格公民的价值定位：个人与社会关系的合理调整

价值定位是明确我是谁或者应该是什么的身份落实，同时要明确自我与社会的关系。在封建社会，没有真正的公民，无须思考"我是谁""我能干什么"等价值问题，但现代社会所带来的人的自我意识觉醒和选择的多元性，公民的认同趋于复杂，不得不让我们考虑个人在社会关系中的价值定位。在中国

特色社会主义现代化建设中的合格公民，既要有国家的、集体的、族群的、社会的大局意识，也要有本真的、自我的主体意识、参与意识。每一个公民都应该明确自我的社会角色，能够正确地摆正和处理个人权利和社会利益，正确处理国家、集体和个人的利益关系，明确自身社会行为的后果。我们这里讨论的合格公民的价值定位，指的是公民在政治生活中的关系平衡，以实现公民自我价值和社会价值的适度调整，公民权利和公共权利之间的张弛有度，达到双向整合、纵横协调的结果。当然，国家政府也要明白为谁服务，为谁而存在，拥有什么权力。在二者关系中，过分强调一方都是危险的，在社会、国家因公共需要可能伤害或牺牲个人利益的情况下充分考虑个人权利的合法性，给予充分的尊重和合适的补偿，而在个人合法权益需要让渡时又应该强调社会和国家的利益公共和优先性。应体现集体主义精神和奉献精神，只有将社会本位和个人本位结合起来，才能做到二者的平衡。

2. 现代合格公民是什么：中国合格公民的四个特征

既然合格公民作为公民认同的一个目标，那么合格公民有什么样的标准？对于何为合格公民，从过去到现在已有不少哲学家和政治家对其进行了阐释，因而在不同的时代和语境中，"合格公民"有其不同的表述方式。例如，亚里士多德看来，合格公民就是与城邦共同体和睦相处的人；而对西塞罗来说，公民美德意味着共同责任；马基雅维利所谓的"virtue"基本上指的是勇气；罗伯斯皮尔则意指廉洁；格林则赋予合格公民以基督教的内涵。发展到近现代，保守主义者在谈到合格公民时强调的是有秩序的行为，而自由主义者则强调对公共事务的积极参与。虽然有如此众多不同的解释，但有一点可以达成共识，那就是理想的合格公民必定是拥有多种德行的典范，同时他可以根据不同的环境展现自己不同的能力。❶ 因此，合格公民是公民自我反思，自我认识的尺度，即回答我是"怎么样的人"。但同时面对多重的社会交往关系，对于自我的认识和反思必然受社会现实本身的性质所制约。所以，社会现实也作为一种尺度，告知了人应该做什么，不能做什么，告诉你是"怎么样的人"。那么，中国现代社会合格公民是什么样子的？有何特征？本书认为至少应符合以下四个特征。

（1）国家公民。

公民作为国家的主体，首先应是国家公民。马克思主义认为："为了使这些对立面，这些经济利益互相冲突的阶级，不致在无谓的斗争中把自己和社会消灭，就需要有一种表面上架于社会之上的力量，这种力量……就是国家。"❷ 公民如果不是国家的公民，公民的权利就会容易受到侵害，得不到国家的保护，公民身份的权利就不复存在，公民便不再是公民。公民必须建立在国家存在的基础之上，公民权利的实现、公民义务的承担等都离不开国家的繁荣强盛。现代化的国家公民就必然建立在公民对国家理性认识的基础之上，首先要有对国家的一种发自内心的自觉认同。国家公民作为国家的主人，就要表现出公民参与国家事务的主体性、主动性和自觉性。以主人翁的责任感和自豪感来参与国家治理和社会治理，自觉履行自己应该具有的义务，行使宪法或法律规定赋予的权利。国家公民就是要求公民正确理解和处理国家与公民之间的不可分离的关系。

（2）权责公民。

公民既是权利承载者，更是责任承担者，权利和责任相伴

---

❶ 刘丹. 全球化时代的认同问题与公民教育研究［M］. 北京：北京师范大学出版社，2013：33.

❷ 卡尔·马克思，弗里德里希·恩格斯. 马克思恩格斯文集（第四卷）［M］. 北京：人民出版社，2009：189.

相生,两者统一是公民特征的重要内容。在相当长的时期内,西方公民教育更多强调的是公民的个人权利和利益,但近几十年来,在西方鼓吹"权利"的同时,研究者发现,随着国家治理的兴起和全球化时代的来临,西方国家也呈现"责任公民"的培养的趋势。❶ 权利是国家通过法律的形式赋予的,是公民可以做某一件或不需要做某件事的许可和保护,但并不表示一个人对另一个人的愿望和纯粹要求的关系,只代表了自我的自由行为与别人行为的自由关系。❷ 具有权利意识的人是一个主动进取的人,担当和责任意识也应增强。责任是与社会角色或某种资格相联系的职责,每个公民都要有所承担,担当责任乃人之根本,是公民应有的品质。不需要承担责任的是什么?是物体,不是人!合格的公民意味着权利与责任之间应该是一种平衡。

(3) 积极公民。

公民获得公民身份后,是主动扮演其身份角色还是被动接受其安排角色呢?两者行为是"消极公民"和"积极公民"的区别,如果以一个具体的形象来说明两者的区别,电影中的秋菊奋起抗争,就是一个"古代传统"下的"消极公民";而因孙志刚事件主动推动废除《城市流浪乞讨人员收容遣送办法》的博士就是"现代社会"下的"积极公民"。那些既不主动寻求影响公共生活,又在权益受到侵害时无所作为的人,虽然是法律上的公民,实质是消极公民。中国传统社会,民族文化中积淀了无数的"无为而治",公民行为习惯被动,对与己无关之

---

❶ 林春逸,刘力. 从"权利公民"到"责任公民"——当代西方公民教育理论的嬗变 [J]. 扬州大学学报,2005 (6):35.

❷ 康德. 法的形而上学原理——权利的科学 [M]. 沈叔平,译. 北京:商务印书馆,1991:39-40.

人之事冷漠，满足衣食无忧，"人不犯我，我不犯人""多一事不如少一事""事不关己，高高挂起""各家自扫门前雪"思想一定程度存在。而现代合格公民所要求的超越自我的"一亩三分地"，努力求得"个人善"与"公共善"结合的却相对较少。因此，现代社会的发展，我们需要培养更多具有公共情怀的积极公民。使"天下兴亡，匹夫有责"的优秀传统文化继续得到传播和弘扬。

（4）美德公民。

美德历来为统治者、思想家和国民所推崇。管子曰："礼义廉耻，国之四维；四维不张，国乃灭亡"❶，把"礼义廉耻"等道德当作治国安民的"四纲"。柏拉图认为美德公民应该具有智慧、勇敢、勤俭、正义的美德。处于不同时期和不同的国家，代表的阶级也不相同，但无一例外强调了美德公民在国家治理中的重要作用。当代中国以前所未有的速度在发展，也制定了很多法律，但环境污染、交通拥挤、社会治安等问题仍然存在，这里面一个根本原因在于中国"美德公民"还没有培养好，单靠法律制度来管理还难以为继。建设一个良好的现代社会，没有具有现代性意识的公民是不可能的。因此，"正义的秩序是由人来制定并由人去践行的，没有人的正义德性或没有具备正义德性的人，任何正义的秩序和规则都是无法真正落实的。"❷这里的"正义德性"，就是我们所说的美德。因此，现代合格公民首先要认知作为一个公民的美德是什么，即对美德的认同，然后再做具有美德的公民。

---

❶ 管仲《牧民》。
❷ 王啸. 全球化时代的中国公民教育 [M]. 福州：福建教育出版社，2006：110.

(二) 公民认同的最终目标在于实现社会和谐发展

1. 社会和谐发展的基础是什么？

孔子曰："道不同，不相为谋。"这里的"道"指的是共识，即形成社会共识，才能走共同发展的道路。戴维·米勒指出："共识是指在一定的时代生活，一定的地理环境中的个人所共享的一系列信念、价值观念和规范。"❶ 共识是意见各异、利益不同的各方就相关事项达成各方都承认的协议或行事规则，形成一致的、普遍的认同，涉及共同的目标、价值、理想信念。共识社会就是社会各方都参与达成、遵守、执行协议或相关事项行事规则的社会。社会要作为一个统一的整体存在下去，需要让社会成员对社会和现象有一种"共识"，即什么是正确？什么是错误？什么是真善美？什么是假恶丑？要有一致或接近的认识，只有在这个"共识"的基础上，人们的言语和行动才会有共通并呼应的基础，社会生活才能实现协调发展。

因此，共识是团结稳定的基础，是社会生存和发展的根基。当今社会价值多元多样多变导致各种、多种观念差异。但共识和差异是辩证统一的，有差异才需要共识，差异是共识的前提，共识是差异实现的目标。只有正确认识差异才能实现达成真正的共识，社会存在众多差异，但也会有共同的情况，只有"求大同，存小异"，才能形成进步的共识。所以，共识是凝聚社会力量的黏合剂。

当代要建设中国特色社会主义和谐社会，只有团结全党和全国人民的思想才能实现富强、民主、文明、和谐的社会主义

---

❶ 戴维·米勒，韦农·波格丹诺. 布莱克威尔政治百科全书（修订版）[M]. 邓正来，译. 北京：中国政法大学出版社，2002：106.

现代化国家。所以，建设社会主义和谐社会的社会共识，是我们实现中国梦的前提，同时，建设社会主义和谐社会的伟大目标，是我们形成社会共识的基础。实现中华民族伟大复兴的中国梦已经得到广大人民的信赖和普遍追求，形成了磅礴的力量，正是因为"今日之中国共识仍在"。[1]

道同才能共谋，认同至上，才能同行。在现代性支撑下的全球化浪潮中，社会共识是公民认同的基础。公民认同，是也只能是以实现整个社会的和谐发展为最终目标，这样的目标，才能真正使社会公民形成普遍的共识，从而使目标得以实现。

2. 公民认同吗？

（1）公民对国家的共识：国家怎么了？

国家统治合法性的基础是获得公民的认同和支持，这是政治稳定的重要前提。哈贝马斯认为，合法性就是政治秩序存在的根据，具有合法性的政治秩序应该得到承认。[2] 获得公民认同是国家长治久安的力量源泉，一个国家的合法性、制度、综合国力等，只有在广大公民中形成共识，事实上得到承认，得到广泛认同，才能够获得发展和壮大的空间和能量。如果不能得到公民的普遍认可与支持，国家就有可能动荡不安，停滞不前，甚至分裂亡国。一个国家要得到公民的广泛认同，必须有共同的利益基础和价值追求。前者是对国家领土、文化、民族的认同，即这个国家是"我"的，"我"属于这个国家的问题；后者是对国家的政治文化和核心价值的认同，即"我"的国家是怎么样的，"我"应该怎么样做的问题。公民对国家的共识由最

---

[1] 本报评论部. 以"社会共识"涵养公序良俗 [N]. 人民日报，2011-04-07（14）.

[2] 哈贝马斯. 交往与社会进化 [M]. 张博树，译. 重庆：重庆出版社，1989：184.

初认识差异产生的"国家怎么了?"的疑问,变成了"国家就是这样的"自豪回答,公民认同便会实现。改革开放以来,特别是进入新时代后,我国社会主义现代化建设所取得的举世瞩目的成就,充分体现了社会主义制度的优越性及中国共产党的先进性,广大公民已经形成共识,也已得到我国公民的认同。

(2) 合力建设社会主义和谐社会的共识:社会怎么了?

我们的社会怎么了?面对社会出现的各种问题,很多人会对这一个问题进行反思。不同人会有不同的理解和解读,这是正常现象。关键在于,这种解读要回归到一个理性的维度,要看清楚问题的根源,抓住矛盾的主要原因,才能形成正确的共识。如对腐败问题的解读,如果因个别官员的腐败问题就对中国共产党的领导进行怀疑,就是犯了以偏概全、只看表面的错误。我们更应该看到的是,这种问题只是个别现象,主流是好的,打击腐败正是自我纯洁、提高自我的一种表现。这样的反思和共识也正是我们所需要的。我们都希望建设一个富强、民主、文明、和谐的现代化国家,为实现这一奋斗目标,关键是需要公民形成社会共识,和谐共处,共同进步。孟子说:"天时不如地利,地利不如人和"。❶ 孔子也认为"君子和而不同,小人同而不和。"❷ 当前,中国呈现国泰民安、经济繁荣、和谐进步的社会景象,自由、平等、公正、法治的社会层面社会主义核心价值观也在不断培育和实践中达成了共识,得到了广大公民的认同,成为合力建设社会主义和谐社会的基础。

总之,当代中国公民认同是一种隐性力量,能缔造竞争力、保证执行力,是实现思想统一,凝聚社会力量的人心工程。它的目标符合马克思主义观点,符合中国特色社会主义建设的现

---

❶ 杨伯峻. 孟子译注 [M]. 北京:中华书局,1960:86.
❷ 张燕婴. 论语 [M]. 北京:中华书局,2006:199.

实。只有通过公民教育内容的教化，真正实现公民认同，才能实现国家的稳定，才能调动社会力量，共同为实现中华民族伟大复兴的中国梦而共同奋斗。

三、公民认同形成过程体现公民教育内容的实施效果

(一) 公民认同形成过程

认同是一种心理逐渐接受的过程，而认识这种过程有利于掌控事物的发展状况，通过认识事物发展过程的规律性，可以调节和影响事物发展的方向与目标。公民认同的实现是一个怎样的过程？应遵循怎样的规律？这些问题的答案，有利于我们采取符合规律的措施实现公民认同。实质上，公民认同的建构是一个十分复杂的过程，从公民教育的角度来看，它是主客体相互作用的结果，是对自我身份与社会政治文化的接纳和认可，是在一定的认知、情感和价值判断的基础上产生的一种内在心理建构过程，具有一定的规律。也有学者认为，公民认同需求是不断变动的，是一个长期、反复的形成过程，还表现为交叉互融。❶

关于公民的认同过程，社会学家从心理学上进行了深入的探讨：❷人类自我反思的本性使自我既是客观的又是主观的，也就是说有一个"客我"需要去反思性地思考。对于"主我"和"客我"的本质与关系，已经存在并且仍将存在无尽的争论。尽管如此，在这里我们仍仅假设"主我"是认知过程（大多数时候是自动发生的，有时也是故意使然的），"客我"是以自我概

---

❶ 尹学朋，王国宁. 公民认同需求梯度化：铸牢少数民族学生中华民族共同体意识实现路径 [J]. 广西民族研究，2020 (6)：24-30.

❷ 迈克尔·A. 豪格，多米尼克·阿布拉姆斯. 社会认同过程 [M]. 高明华，译. 北京：中国人民大学出版社，2011：24-26.

第二章 当代公民认同维度的公民教育目标与内容

念形式表现出来的认知结构。在"主我"和"客我"之间存在着紧张的或是辩证的关系,其原因在于,虽然"主我"对建构"客我"负责,但是"主我"在完成这一任务的过程中,受到它已经建构起来的"客我"的具体内容的规制和影响。比如说,如果我的"客我"是"朋克",那么,"主我"将不容易给自身建构一个作为"事务律师"的"客我"。❶

关于自我或者"客我"是怎样被建构的,社会认同路径采用了一个独特的模型,该模型的基础是戈根(Gergen)的观点及社会认同论在不同类型的行为之间所做的区分。这方面最完整的描述来自特纳(Turner)(图2-1)。自我概念构成了个体主观上可获得的(subjectively available)全部自我描述和自我评价的一部分。自我概念不仅仅是一组评价性的自我描述,它也被组织进一个有限的、相对独特的系列(constellation)当中,这个系列被称为自我认同过程(self-identifications)。没有道理假定自我认同应该是相互排斥的。相反,一种自我认同很有可能包含一些相互矛盾的自我描述,和一些与归为另一种自我认同的自我描述相一致的描述。例如,士兵的自我认同中可能包括的自我描述是忠诚、强硬、富有攻击性、献身、无私、愿意为了他人的利益而屠杀。相互矛盾的自我描述之所以可能共存,是因为主观上人们并不是全面地体验自我概念,人们体验到的是具体的自我形象(self-images)。自我形象取决于"背景"(context),不同的时间、地点和情景会使"显著的"(salient)自我形象成为当下的自我认同。因而,自我既是持久、稳定的,同时也是对情景或外在因素敏感的。

---

❶ 迈克尔·A.豪格,多米尼克·阿布拉姆斯. 社会认同过程[M]. 高明华,译. 北京:中国人民大学出版社,2011:24-26.

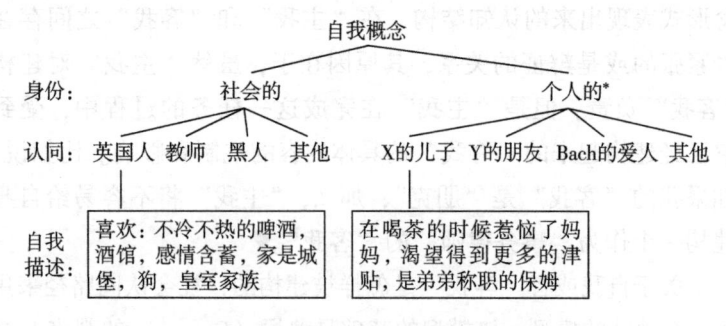

```
                        自我概念
                       /        \
身份：         社会的              个人的*
              / | \ \            / | \ \
认同：  英国人 教师 黑人 其他   X的儿子 Y的朋友 Bach的爱人 其他

自我      ┌喜欢：不冷不热的啤酒，┐  ┌在喝茶的时候惹恼了妈┐
描述：    │酒馆，感情含蓄，家是城│  │妈，渴望得到更多的津│
          │堡，狗，皇室家族      │  │贴，是弟弟称职的保姆│
          └                      ┘  └                    ┘
```

* 个人认同几乎总是根植于与具体的人（或事物）的关系之中。

图 2-1　自我的结构

社会认同路径主要关注的是社会认同而不是自我认同。它主张在特定的情况下，社会认同比个人认同对自我描述的影响更显著。自我概念是一个连续统：从完全的社会认同到完全的自我认同。这个连续统是与行为的连续统相关联的，后者从种族主义或群体行为到体现个性特征的人际行为。行为的具体内容取决于主观上社会认同和个人认同哪一个是显著的（见表2-1）。

表 2-1　个人—群体连续统

连续统	个人一极	←——————→	群体一极
(1) 自我概念	个人认同	←——————→	社会认同
(2) 个人感知	体现个性特征的	←——————→	刻板化的
(3) 社会行为	⎧个人的群⎫ ⎨个体之间的⎬ ⎩行为　　　⎭	←——————→	⎧际和群内⎫ ⎨行为　　　⎬ ⎩　　　　　⎭

社会学家将公民认同形成的过程按照个人和社会两种路径进行了分析，从中不难看出，在认同的过程中，不管是"自我"还是"客我"都会出现选择，并会在主观上获得描述和评价，

第二章 当代公民认同维度的公民教育目标与内容

而这种描述和评价也有可能是互相矛盾的，继而会进入下一个过程，一旦不同的时间、地点和情景使"显著的"（salient）自我形象成为当下的自我认同后，"自我"便是持久稳定的。从中，我们可以发现，公民认同的过程蕴含着"知、情、意、行"四个阶段，即认知、情感交流、自我定位、付诸行动，这四个阶段是循序渐进的。就像交往一样，第一次见面，有一个初步的印象，然后内心做出选择，是否值得进一步交流，加深感情，交往后形成一定的感情，会产生将交往对象做出比较深入的描述和评价，并在心中进行重要性定位，然后会采取进一步的行动去维护、增进抑或疏远、脱离这种关系，从而完成认同的过程。其表现方式如图 2-1 所示。

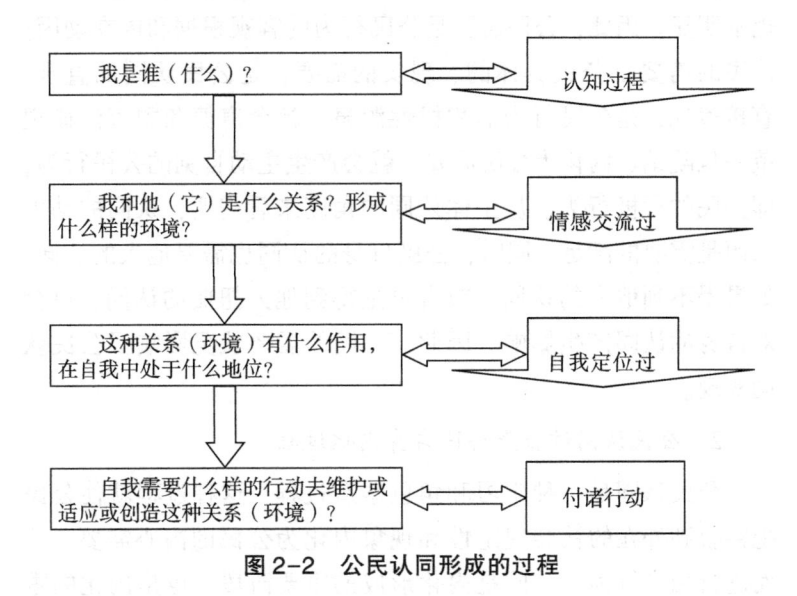

```
┌─────────────────────────┐         ┌──────────┐
│  我是谁（什么）？        │ ◄────► │ 认知过程 │
└─────────────────────────┘         └──────────┘
            │
            ▼
┌─────────────────────────┐         ┌──────────────┐
│  我和他（它）是什么关系？│ ◄────► │ 情感交流过程 │
│  形成什么样的环境？      │         │              │
└─────────────────────────┘         └──────────────┘
            │
            ▼
┌─────────────────────────┐         ┌──────────────┐
│  这种关系（环境）有什么  │ ◄────► │ 自我定位过程 │
│  作用，在自我中处于什么  │         │              │
│  地位？                  │         │              │
└─────────────────────────┘         └──────────────┘
            │
            ▼
┌─────────────────────────┐         ┌──────────┐
│  自我需要什么样的行动去  │ ◄────► │ 付诸行动 │
│  维护或适应或创造这种    │         │          │
│  关系（环境）？          │         │          │
└─────────────────────────┘         └──────────┘
```

图 2-2 公民认同形成的过程

（二）公民认同过程的特点

认同是主体思想发展过程中的一种阶段性状态，这种现实的状态是一系列阶段发展的结果，遵循着思想变化过程的规律性，因此，其形成过程具有独特的特点。

1. 公民认同过程是公民需要不断满足的过程

马克思主义认为：人的需要是一种主观意识，但需要的内容和方式是客观的。需要是人对物质生活条件和精神生活条件依赖关系的自觉反应；❶ 需要是公民为维持生存和发展而感到某种东西缺乏的内心状态，而为了填补或满足这种需求，实现生存和发展，就会在内心的刺激下产生各种积极活动。这就充分说明，在内在动机、欲望、意志等主观心理因素直接影响下，特别是产生公民的需要的情况下，公民才会主动实施公民实践行为，否则，公民就没有行动的积极性，即使行动，行动效果也不明显。因此，公民需要是公民行为的客观根据和内在动因。公民的需要是公民具体的、现实的需要，是公民认同的直观、直接表现，是公民行为的积极性源泉。社会道德和国家法律规范一旦凝结、内化为公民需要，就会产生主动自觉的公民行为，即公民的积极行为。从主体认同的角度来看需要，认同的动力来源是需要的满足。同时，公民自身的认同也需要他人的认同，如果得不到他人的认同，或者只是得到他人扭曲的认同，也会对自身的认同产生影响。因此，公民的需要状况影响了公民认同实现。

2. 公民认同过程是公民自身内化过程

公民认同是一种学习和角色塑造过程，这种过程就使公民把接收到外在的社会规定性和现象内化为公民的内心需要，从而进行相应行为。认同是内化形成的重要阶段，也是内化的重

---

❶ 卡尔·马克思，弗里德里希·恩格斯. 马克思恩格斯文集（第一卷）[M]. 北京：人民出版社，2009：519.

要部分。阿伦森将社会影响分为依从、认同和内化三个阶段，逐步完成。[1]对事物的认识，首先从外部接触，再到深入了解，再到内心认同，最后到行为转化的过程。没有内心的认同，就不能实现内化。而内化的最终目标就是把接收到的外在感性认识纳入自己的内心记忆中，逐渐上升为稳定理性认识，并外化为公民行为。社会规范、价值观念等客观内容一旦凝结、内化为公民需要，就会产生主动自觉的公民行为，即公民的积极行为。认同是内化的一个过程，是实现内化的必经阶段。

3. 公民认同过程是各阶段逐渐整合的过程

从公民认同的过程来看，公民认同大体经过了"知—情—意—行"四个阶段：一是"知"，即公民必须对有关政治制度、社会规范等公民认同客体有所认识，这是公民意识养成的起点；二是"情"，即在知的基础上，通过个体而消化理解，内化为自身的情感，这是公民意识养成的基础；三是"意"，即将情感升华为意志和评价，从而内化为自身的信念，这是公民意识养成的关键；四是"行"，即将"意"转化为目标，在社会生活中自觉、自愿、主动践行，这是公民意识养成的表征。知—情—意—行的传递和累积，构成公民认同养成的内在机理。因此，公民认同首先要求公民要从内心对公民文化的内容和价值有较高的认知。其次，必须做到各类认同的一致才可以达成真正的认同。再次，必须接受它的观点，产生认知上的共鸣，认识到它的正确性和重要意义，这是实现认同的基础。最后，认同必须体现在行动上，行动最能体现也最终是认同形成的重要标志。

4. 公民认同过程是反复循环的过程

社会是不断发展的，人的认同也在不断地更新换代。这种

---

[1] 王建敏. 道德学习论[M]. 杭州：浙江教育出版社，2002：345.

更新换代就是一个长期反复的过程，一个反复斗争、相互融合、走向同一的过程。公民的认同总是表现为"认同—不认同—再认同"的反复循环发展过程，但是这种循环是螺旋式上升的过程，最终使认同达到一个新的高度。❶ 一种认同形成以后，要成为一种内心信念，还需社会实践的检验。没有社会实践检验的理论总是空泛的，在实践检验中，对某一事物的认同可能需要不断地反复循环，才有可能使公民的认同得到不断的修正、改造、提升、巩固。当代中国公民认同是在中国革命和社会主义现代化建设中不断循环反复地再认同中达成的，也经受了中国特色社会主义道路伟大实践成果的充分检验。

5. 公民认同过程是公民现代性突显的过程

从公民最开始的认知到最后的认同，是公民在生产实践中自觉性、主体性、现代性上不断彰显的过程。而这种自觉性、主体性、现代性是公民"意识的内在性"，这种"意识的内在性"则是公民成为公民的决定性因素：人成为公民的要件，除需满足一定的外在形式和规范性要件外，还需满足特定的"意识内在性"，满足内心的确信。而这一满足达成，根本在于对生活及其本身在实践中对自身主体地位的正确定位。认同是个性自我的形成过程，在社会环境的影响下，主体形成了不同的自我认知和社会认知。不能脱离现实社会的实际环境去考察公民认同，在现代社会中，现代公民最需要和最明显的特征便是在与他人和社会的交往、博弈中更加主动和积极争取公民的权利和履行自己的责任。所以，公民认同中，公民不是机械被动地接受道德和法律法规约束的客体（无民事行为能力除外），而是

---

❶ 李冰. 当代中国政治社会化中的公民认同研究 [D]. 石家庄：河北师范大学，2012.

作为公民认同的积极主体，从本质上来说，公民认同就是积极创造，是公民创造活动的一种特殊表现形式。

四、公民认同的制约因素影响公民教育内容的实施

公民认同由主体、中介和客体构成，公民认同的实现受这三个因素制约。公民教育内容的实施，也无法离开这三个因素。公民认同的主体是具有一定的认知、能力、经验、情感、态度的公民。公民认同的客体是指公民认识、判断、评价和反映的外部事物，也即认同什么。公民教育通过中介手段和途径实现主客体之间的互动和主体对客体的认同。

（一）公民认同的主体是公民认同实现的决定性因素

首先，公民认同主体要有明确的主体意识。这是实现公民认同的前提条件，也是个体成熟的一个重要指标。"人作为社会的应当的和可能的主体要转化为现实的和实际的主体，需要一个重要的条件，即主体人的自我意识。"[1] 主体意识使主客体关系体现出不同，能正确区分而不至于混淆，从而准确地定位和捕捉客体并对客体进行选择、加工、接纳、适应和认同。没有自我意识的人不能正确理解认识自我，不能正确理解自我和国家、社会的各种复杂关系，也就不可能正确地不断地在解剖、否定、肯定自我的过程中不断地实现自我和超越自我，从而做出积极的公民行为。没有公民主体意识的公民，是不能真正理解公民的身份和赋予的权利和义务。

其次，主体必须有一定的知识水平和认识能力。具备一定的能力是享受权利和承担义务的前提。俗话说，没有金刚钻，

---

[1] 欧阳康. 社会认识论导论［M］. 北京：中国社会科学出版社，2010：145.

不揽瓷器活。说明一个人有多大的能耐，就做多少事，不能超出其能力范围。我国法律对行为能力的责任年龄的规定，也是充分考虑了人的行为能力水平问题。马克思指出，"知识是意识的唯一行动，知识是意识的唯一的对象性关系"❶。认同客体对于认同主体的意义，是受到主体的知识储备和接受能力影响。认同必然与认知水平相联系，没有一定的理解能力，认同对象在不同主体之间传递是无法实现。不同年龄、不同年级的公民，其接受能力和知识水平是不一样的，即使是同年龄、同年级的公民，因其天生素质和后天努力的结果，其条件也不一样。因此，公民认同的实现，有赖于公民整体素质的提高。

（二）公民认同的客体是实现公民主体认同的基础

公民认同客体具有客观性，所反映的内容是客观事物在人们头脑中的反映，认同客体的特性直接影响主体认同的建构。

首先，认同客体具有真理性。真理是人们对客观世界的科学认识，是对事物发展规律的正确把握。只有真理性的内容才能经受得起实践的检验和时间的考验，一时的蒙骗换来的可能是日后加倍的欺骗和仇恨。认同客体作为认识的对象，只有具备真理性才能说服人，才能被普遍接受。例如，马克思主义就以它的真理性而被无数的无产阶级成员接受，并为之奋斗。

其次，认同客体要有科学性。"理论只要说服人，就能掌握群众；而理论只要彻底，就能说服人。所谓彻底，就是抓住事物的根本。"❷ 只有抓住了事物的根本才能正确反映事物的本

---

❶ 卡尔·马克思，弗里德里希·恩格斯. 马克思恩格斯文集（第一卷）[M]. 北京：人民出版社，2009：212.

❷ 卡尔·马克思，弗里德里希·恩格斯. 马克思恩格斯文集（第一卷）[M]. 北京：人民出版社，2009：11.

质、反映事物本质的理论就能指导人们正确把握事物发展规律、利用事物；能够被公民认同的理论是能够说服人的理论，能够说服人的理论是反映事物本质的理论，也就是它的科学性。

再次，认同客体要有先进性。认同客体作为一种社会意识形态具有鲜明的阶级性，这种阶段性在阶级统治中表现为先进性。只有先进性的内容，才能吸引公民的目光，引起他们的兴趣；只有先进性的内容，才能代表了公民前进的方向，得到他们的拥护，赢得他们的支持，获得他们的跟随。马克思主义认为"哲学把无产阶级当作自己的物质武器，同样的，无产阶级把哲学当作自己的精神武器"，❶ 先进性一是表明了它的进步性和正确性，二是表明它的时代性。先进性代表事物发展方向和符合时代特点的属性。但阶级性与先进性并不是矛盾的，是马克思主义学说具有鲜明的阶级性，但也被实践充分证明其具有先进性。理当能成为中国公民认同的客体。

最后，认同客体要有客观性。马克思主义认为"人们是自己的观念、思想等等的生产者，并受其物质生活生产方式制约。"❷ 一切观念、意识的东西必有其客观基础。因此，公民认同从形式来看是主观的，是思想意识的形成，但从内容实际来看，其又是客观的，是公民对社会实践的反映。"观念的东西不外是移入人的头脑并在人的头脑中改造过的物质的东西而已。"❸ 认同的知识、思想、观念、技能等都来源于客观现实，任何凭

---

❶ 卡尔·马克思，弗里德里希·恩格斯. 马克思恩格斯文集（第一卷）[M]. 北京：人民出版社，2009：17.
❷ 卡尔·马克思，弗里德里希·恩格斯. 马克思恩格斯文集（第一卷）[M]. 北京：人民出版社，2009：524.
❸ 卡尔·马克思，弗里德里希·恩格斯. 马克思恩格斯文集（第五卷）[M]. 北京：人民出版社，2009：22.

空想象的、不存在的、不来源于现实与实践的，都不应是公民认同的客体。

(三) 认同中介是公民认同实现的桥梁和途径

人接受思想和认识必然与其交往和接触的社会圈子有联系，公民教育需要通过这些关系来促进公民认同。其中，家庭、学校、各级各类政府部门、政党组织、社会团体、社区等部门和大众传媒等，在公民教育中公民认同的达成中起到桥梁和纽带的作用。特别是，随着信息时代的到来，我国也正走进大数据时代，网站、论坛、微博、微信、QQ等成为人们传播和获得信息的主渠道。在这种情形下，人人都可以随时随地发布信息，人人都可以是自媒体，人人都可以是传声筒，人人都可以是麦克风，人人都可以是广播站。因此，如何通过媒介来占领舆论高地，掌握媒介的"最大变量"，"以正确的舆论引导人"已经成为现代政府和媒体都需要特别关注的一个问题。

五、公民教育何以实现公民认同

(一) 公民教育何以可能？

1. 公民教育内容与公民认同的客体相一致

公民教育内容极为广泛，涉及国家发展和社会进步的政治、道德、经济、法律、技能、环境、国际理解诸多领域。作为现代公民，不仅需要具备国家政治意识、公民知识、价值和态度，还需要具备公民能力和行为。而公民认同的客体，正如前面所言，公民认同的客体也非常广泛，主要体现真理性、科学性、先进性、客观性，要体现这"四性"的内容是什么？必然是科学的知识、国家制度、道德文化等内容，根据公民认同的几个主要分类，其主要集中体现在国家、社会、价值、身份、文化等方面，无疑与公民教育内容所传导的要素是一致的。因此，公民教育内容的实施实际上就是公民认同客体在公民认同过程中转化的过程，两者具有高度一致性。而客体的高度一致，使公民教育实现公民认同做到有的放矢、定位准确，事半功倍。

2. 公民教育与公民认同的主体均具普遍性

现代社会一个显著特征便是公民的主体性得到重视。从对象上来说，公民教育具有普遍性，是以全体公民为对象的教育。公民教育在实施的过程中，均把公民作为平等的主体对待，内容和教学方法均考虑公民的主体性地位，紧紧围绕公民教育目标和公民主体开展教育，其目标之一就是实现公民认同。而公民认同本身就是全体公民的认同，是国家对每一个公民的期待和目标，它是以公民为主体，通过公民教育等途径和手段，达到公民对国家、社会、文化等方面的认同。两者都是以国家最广泛的、最普遍的对象为主体，具有相同的普遍性。因此，主体的一致性使公民教育实现公民认同的目标打下了最坚实的基础。

3. 公民教育的方法与公民认同形成过程相匹配

公民教育是一种手段和途径，公民认同是一种结果和目标，结果和目标是需要通过一定的方法和方式才能实现的，而结果和目标的实现过程也体现方式方法的有效性。公民教育是主体学习公民知识、接受一定政治规范、价值、文化和行为的过程，通过内化成自己的政治取向、价值观念和基本技能，从而适应公民角色形成公民人格实施公民行为。公民教育途径包括了人们社会活动的各个方面，有家庭、学校、工作单位、政府、社会和大众传媒等，个体通过这些途径获得和掌握一定的知识，形成一定的观念，懂得有关的政治规范和制度。同时，在学习和实践活动中，使"自然人"转变为具有主动参与意识的公民。

公民教育贯穿于学校和社会教育的所有活动或过程之中，公民在其中既是接受思想、文化、技能等的过程，也是参与公民活动的过程，是个体内化和外化的统一，是知行合一的过程。所以，公民教育对于培养一定社会需要的合格公民具有重要的意义。正如前文所述，公民认同实现的过程是"知、情、意、行"的统一，也就是说，公民认同要经过认知、转化、行动等才能得以实现，而公民教育则是对公民如何达到"知、情、意、行"提供方法和途径的。从这一方面来说，公民教育为公民认同提供了一个最符合其实现过程的途径，也即公民教育是公民认同实现的重要手段和途径。

4. 公民教育与公民认同的目标价值一致

公民教育的目的是为国家培养合格的国家成员——合格的公民。核心目标是培养具有行使公民权利、参与公共事务能力的公民。任何一个国家都离不开拥护其政治价值的公民，国家的合格公民要求公民能够认同国家政治文化并遵守行为规范。培养合格公民，是世界各国现代教育的基本价值和培养目标。在我国社会转型加速和全球化背景下，"公民"正在成为超越不同阶层、民族、宗教信仰，具有最大公约数意义的培养目标。而公民认同的根本目标也同样在于培养合格的公民，而合格公民是什么？权责、积极、国家、美德四个特征，其不也正好诠释公民教育的目标吗？因此，目标一致，更有利于心往一处想，力往一处使，凝聚力更强，效果更明显。

主体、客体、过程、目标的共通性，使公民教育天生就具有实现公民认同的功能，通过开展公民教育，有助于超越城乡、地域、民族等较低层面的身份认同，形成统一的社会共同体意识，也就是现代国家的认同，使公民教育成为全民教育时代的社会共同价值观、基础文明和行为规范的教育，是公民认同实现的必然选择。

(二) 公民教育何以更优?

目前,我国促进公民认同在于意识形态方面的努力,主要存在"道德教育""德育"和"思想政治教育",而学者对三者的概念和界限有不同的理解,其中,韦冬雪教授指出,道德教育仅指关乎道德的教育,范围最小;学校德育与思想政治教育包含道德教育,但学校德育的对象仅是在校的青少年学生群体,一般指中小学德育;思想政治教育包括学校(即学校德育,高校德育一般称为思想政治教育)、企业、军队等思想政治教育。[1]本书赞同该观点,同时,也认为,思想政治教育是我国对公民认同的努力,其内容、方法、要素等都与公民教育有相通或者交叉之处,相互补充、相互促进的关系。因此,本书仅探讨公民教育相对于思想政治教育的不同,暂不探讨与"道德教育""德育"的区别。

第一,从公民参与性上看,公民教育更注重客体的主体地位。思想政治教育的特性决定教育主体要居于教育的中心,在整个教育中起着主导的作用,强调主体单方面作用于客体,旨在通过发挥教育媒介和教育手段的积极作用,有组织、有计划地对受教育者施加影响。而公民教育在一般教育过程中以客体为中心来构建教育诸要素,客体即教育对象处于中心地位,以公民为主体性,重视公民的主体地位,教育者处于辅助或服务地位,适应和服从受教育者的需要。

第二,从教育内容上看,公民教育包含的内容更宽广。凡是涉及公民的问题,几乎都在它的研究领域内,它不仅关注公

---

[1] 韦冬雪. 对"道德教育""德育"与"思想政治教育"概念之辨析 [J]. 探索, 2007 (1): 120-123.

民思想状态问题，还要考虑公民的生存与发展，甚至还超越了国界与疆域。它不仅解决个体公民的全面素质还兼顾全体国民的整体素质，最终实现人的全面发展和全社会的发展。我们通常所强调的思想政治教育，普遍具有阶级意志，思想领域占据大多数内容，以"三观"等方面的教育内容为主，主要解决的是公民的思想领域的政治问题和政治领域的思想问题。两者相较，公民教育的范围较思想政治教育范围要广得多。可以说，从"大教育"的角度讲，思想政治教育属于公民思想素质教育范畴，而公民思想素质教育则从属于公民教育的范畴。❶

第三，从教育对象上看，公民教育的对象具有更广泛性。一般来说，思想政治教育是国家有关机构对公务员、事业单位人员、学生实施得比较多的教育活动，对学生、中共党员、行政事业单位人员实施得比较多的教育活动，也导致有部分群体脱离在思想政治教育范围内，如普通农民、民办企业等。公民教育的对象涉及整个国家的公民，从国家元首到大小官员，从中共党员到党外人士，从普通公民到莘莘学子，都是公民教育的对象。而且，公民教育是终身的，是长期存在的，任何人都不能脱离公民教育。

第四，从教育层次上看，公民教育层次更丰富。思想政治教育比较"高端大气上档次"，上升到人的意识形态为主的层面，内容主要是上层建筑和意识形态领域，教育的对象主要指向共产党员、先进分子和青年学生，目标是培养社会主义和共产主义事业的接班人。❷ 与思想政治教育相比，公民教育则广泛

---

❶ 雷骥. 我国公民教育的基本内涵、特点和作用 [J]. 郑州大学学报（哲学社会科学版），2004（3）：11-13.

❷ 雷骥. 我国公民教育的基本内涵、特点和作用 [J]. 郑州大学学报（哲学社会科学版），2004（3）：11-13.

得多，更加普遍化和接地气。对象既包含普通公民，又包含精英分子；内容既培养政治意识，又注重生存与发展技能的养成。

第五，从教育方法上看，公民教育更注重"渗透性"。我国的思想政治教育突出显性教育，直接教育为主，强调旗帜鲜明。公民教育强调隐性教育，鲜明的阶级性分布在各个角落，把公共精神以"润物细无声"的方式渗透到各个领域，以"和风细雨"般的情怀让公民接受执政党所主张的意识形态，从而更具有"模糊性"和"隐蔽性"。

第六，从发展来看，公民教育更容易与全球化相适应。全球化时代的到来，不仅要求我们站在全人类和世界的高度上，还要求我们自觉地用人类和世界文明的普遍标准，来思考和衡量中国教育问题。我们是否可以追问：在我们的教育中，有没有从人类的高度来反省公民的关系？如果没有，那么我们在全球化时代的今天，应该怎样做到？其实，在全球化进程中，现代国家更加注重公民的特性，更加注重公民的地位和作用，以公民身份掩盖阶级统治的本质。思想政治教育在任何一个国家和政党都有，并不是中国共产党所独有，只是西方发达国家都注意"伪装"和"隐蔽"，一般都化为隐性教育，渗透到所谓的"公民教育"当中去。这样在潜移默化中，让本国公民接受了国家的政治思想。实质上，西方的"公民教育"亦是有阶级的局限性，宣扬的依然是当权的资产阶级的阶级意志和政治思想。他们只是把内容隐藏得比较深，具有较大的欺骗性。其实，在全球化进程中，既要有大张旗鼓、旗帜鲜明的思想政治教育，也要让思想政治教育"潜伏"在公民教育中，更利于与国际接轨，在和风细雨中占领教育高地，更可减少西方国家的非议。

因此，从人的现代化和社会现代化的目标和角度来看，我们要实现公民认同，加快推进公民教育应是优先选择。

(三) 公民教育何以实现？

教育可以发展人、培养人、塑造人，甚至改变人的成长方向、发展类型，因为人是未定型的、可塑的。一般来说，现代社会需要良好的公民素质，公民教育就是对社会成员如何成为合格"好公民"的教育。公民教育致力于对公民素养的培养和教育，通过改变公民的思想和知识结构培养公民的行为，更加注重外部的教育影响和潜移默化的影响对公民自身的改变。公民认同探究的是公民自身的心理状态，关注的是一种结果；是通过教育和影响以期达到养成社会合格公民的理论分析，包括对公民进行关于民族、国家、社会、自我和文化的认同等方面内容的教育，这是解决国家、社会稳定和民族团结的重要措施。❶ 公民认同追求的是公民的自我构建、认可和公民对国家、民族、社会等的承认和接纳，公民认同的实现，有利于国家的稳定、民族的团结、社会的和谐等，因此，作为国家意识形态、施政方针、公民发展、社会稳定等内容传达和巩固的公民教育，要朝着实现公民认同的目标努力，即公民认同是公民教育的重要目标和追求。❷ 公民教育是国家实施的教育，是公民认同的基础和重要手段与途径，其顺利实施有利于公民认同的达成，即公民认同的实现有赖于公民教育的广泛实施。两者是相辅相成、互相促进、互为补充的。冯建军认为，公民教育的作用就在于促进公民身份的认同，形成公民对其身份的积极态度。❸ 因此，我们可以，并且需要，而且应当通过公民教育的手段来促进公

---

❶ 靳志高. 全球化背景下的认同危机与公民认同教育 [J]. 教育探索, 2005 (6)：39-41.

❷ 窦武. 论公民需要的公民教育意蕴 [J]. 教育评论, 2014 (4)：98-100.

❸ 冯建军. 公民身份认同与公民教育 [J]. 中国人民大学教育学刊, 2012 (1)：5-20.

第二章 当代公民认同维度的公民教育目标与内容

民认同。

公民认同的培育离不开公民教育的培养和社会环境的引导熏陶。我国是一个后发型社会主义国家,传统政治文化对公民意识的消极影响十分严重,为扫除观念障碍,更应该通过公民教育来实现公民认同。

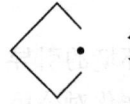

第三章

中国公民教育内容的现实问题与原因解读

一、实证调查基本情况

(一) 调查统计内容介绍

本书的实证数据,主要来源于两个方面:一是一手的问卷调查;二是二手的统计数据。

首先,在调查问卷上,鉴于公民教育概念专业、抽象,传入我国时间不长,研究和传播不够深入,一般人难以理解,甚至可能没有听说过,加上公民教育内容的广泛性,本书主要围绕"我国德育/思想政治教育内容"的相关情况对问卷进行设计,之所以选择这一相关情况为问卷设计的主要内容,主要原因在于:一是"我国德育/思想政治教育内容"是当前我国公民教育内容的主要表现形式,对其调查和测量,能够较大程度上反映我国公民教育内容的绝大部分情况;二是"我国德育/思想政治教育内容"相对具体、深入人心、易于理解,特别是学校的师生更容易了解,调查更容易进行。调查问卷仅设计了一道对"公民教育"了解情况的调查,其他均围绕"我国德育/思想政治教育内容"进行调查。

第三章 中国公民教育内容的现实问题与原因解读

另外，调查问卷的调查范围，由于人力、物力、时间等因素限制，难以对研究对象进行全面的调查，只能选取合适性、可行性的对象进行调查。因此，第一，本书采取定向调查方式，选择广西桂林市、北流市作为重点调查地，因为笔者在广西北流市出生，在广西桂林市生活和工作，而且桂林市是世界旅游名城和历史文化名城，也是广西的历史和文化中心及高校集聚地，北流市是全国百强县（市），这两个城市同时是全国文明城市，在广西的经济、文化方面很有代表性。在实施过程中，笔者以这两个城市的大中小学师生为主要调查对象（因小学生认知能力问题，不列入此次调查对象，确保有效性），同时，在广西南宁、柳州两个广西政治、经济中心城市进行了抽样调查，其中，南宁市是广西的首府，是政治、经济、文化中心，柳州市是广西最大工业城市，工业总量约占广西三分之一。两个城市的经济总量是广西的前两名。因此，也具有代表性。第二，本书采取了现代化网络平台进行了不定向调查方式（因学校对手机和网络的管控，上网困难，中小学生不采用此方式），采用非常专业的在线问卷调查、测评、投票平台——问卷星网站，通过网址输送、微信朋友圈、QQ 群发、QQ 空间推广、微博播发、网络互填等方式，邀请全国各地好友、网友及请他们发动身边人帮助完成调查问卷，以扩大调查范围，作为定向调查的有益补充，使调查的效度和信度更具代表性和权威性（问卷星网址：https://www.wjx.cn）。

第二，本书在统计数据运用上，主要是使用其他研究者对我国德育/思想政治教育课本内容的调查统计部分。因为，内容决定形式，形式影响内容的实施。形式是为内容服务，同时形式也反映内容的真实。目前，我国对公民开展"公民教育"主要是通过学校对德育/思想政治教育课程内容的实施来进行。公民教育的内容在政策的推动下，与中小学的道德教育及政治教育相结合，在道德教育与政治教育中得到体现，成为公民教育实施的有利载体。学校作为正规的、系统的、有计划的教育机构，学校课程是最主要的公民教育内容。各门课程特别是思想政治课，要成为公民教育的主渠道。2014年，我国从小学到大学都开设了专门的思想政治教育课程：小学阶段开设"品德与生活""品德与社会"；初中阶段开设"思想品德""历史与社会"；❶高中阶段开设必修课程"思想政治1（经济生活）""思想政治2（政治生活）""思想政治3（文化生活）""思想政治4（生活与哲学）"，选修课程有"科学社会主义常识""经济学常识""国家和国际组织常识""科学思维常识和生活中的法律常识""公民道德与伦理常识"；❷高校开设的则为统一的四门思想政治理论课："马克思主义基本原理概论""毛泽东思想、邓小平理论和'三个代表'重要思想概论""思想道德修养与法律基础""中国近现代史纲要"，❸具体如图3-1所示。

笔者收集了当时研究阶段我国大中小学德育/思想政治教育课本，并对引用的数据，进行了抽样检查，无误后再予以使用。之所以选择他人统计数据进行论证，主要基于：其一是对我国

---

❶ 根据2022年教育部印发《义务教育道德与法治课程标准（2022年版）》的要求，将小学原品德与生活、品德与社会和初中原思想品德整合为道德与法治，进行一体化设计。

❷ 根据2020年教育部印发《普通高中思想政治课程标准》的规定，必修课程设置中国特色社会主义、经济与社会、政治与法治、哲学与文化四个模块，选择性必修课程设置当代国际政治与经济、法律与生活、逻辑与思维三个模块。

❸ 根据2018年4月教育部关于印发《新时代高校思想政治理论课教学工作基本要求》的通知要求，本科生、专科生、硕士研究生、博士研究生的课程要求有所不同，但均严格落实学分。其中，本科生的课程为马克思主义基本原理概论、毛泽东思想和中国特色社会主义理论体系概论、中国近现代史纲要、思想道德修养与法律基础（后改名为思想道德与法治）、形势与政策。

第三章 中国公民教育内容的现实问题与原因解读

德育/思想政治教育课本内容的研究，正是对我国公民教育内容情况进行分析的基本要素之一；其二是本书所引用的数据均为当时最新的研究，时效性强，而且经过抽样检查，准确性高，不需进行重复劳动，以免浪费科研力量。

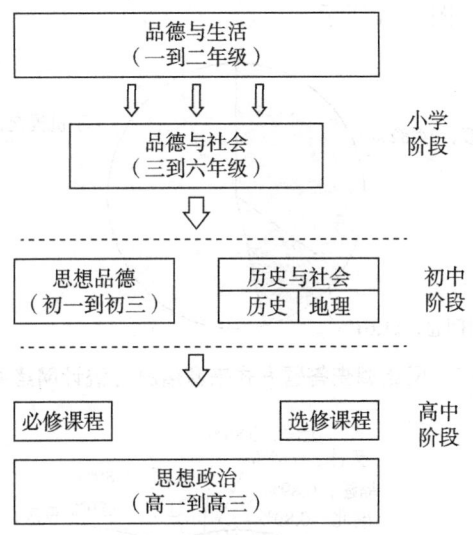

图 3-1 我国中小学思想政治教育类课程体系

小学阶段：品德与生活（一到二年级）→ 品德与社会（三到六年级）

初中阶段：思想品德（初一到初三）、历史与社会（历史、地理）

高中阶段：必修课程、选修课程——思想政治（高一到高三）

因此，调查问卷的研究是对公民主观情况的了解，试图得到公民内心世界的真实反映；对课程情况的统计分析，是对现阶段我国公民教育内容实施客观情况的了解，期待得到外部反映的真实概况，从而达到内外结合、主客观统一的调查研究，尽量提高研究的真实性、科学性和实效性。

（二）问卷调查概况

在实地调查中，2014 年 6—8 月，本研究组以广西壮族自治区桂林市、北流市两地 2 所小学、2 所初中、2 所高中和一所高校以及南宁市、柳州市按不同年级、性别、身份等作为问卷调查对象，运用自行设计的书面调查问卷进行调查，共发放问卷 650 份，回收 630 份，回收率 96.9%。在网络调查中，面向全国进行了在线调查，共有 150 人通过电脑链接、手机、互填问卷的方式提交了答卷，来自 19 个省（市、自治区），具体分布情况如图 3-2、图 3-3 所示。

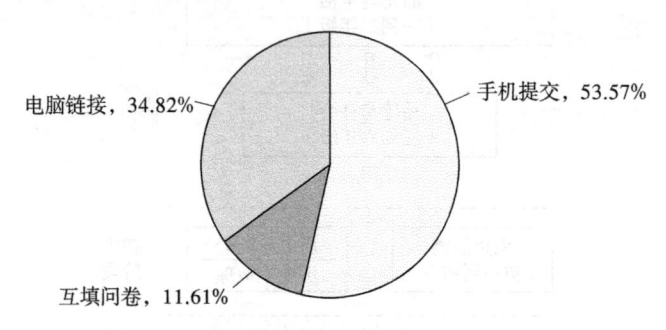

图 3-2　网络调查答题方式来源情况（统计网络截图）

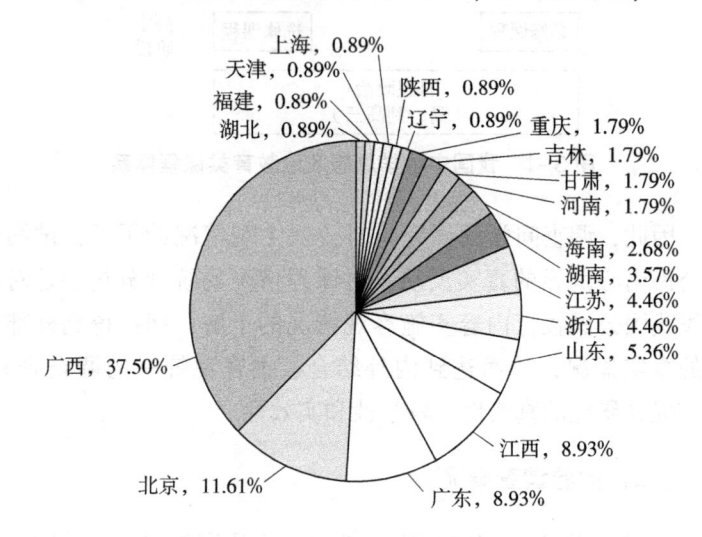

图 3-3　网络调查对象位置分析（截图）

两者相加，共发放问卷 800 份，收回问卷 780 份，收回率

97.5%；剔除少量无效问卷后，实际可使用问卷为 772 份，有效问卷占问卷发放的 96.5%，占回收问卷的 98.9%。样本调查途径、问卷发放、回收统计表及问卷调查对象概况分别如图 3-4 及表 3-1 至表 3-3 所示。

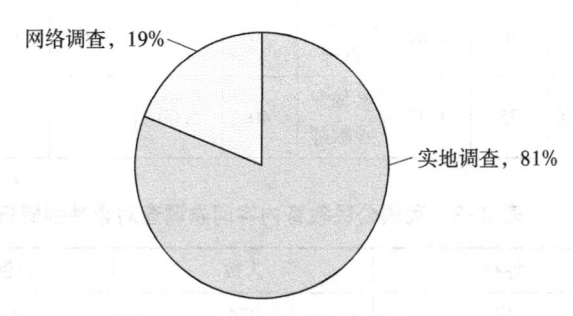

图 3-4 问卷调查途径示例

表 3-1 我国公民教育内容问卷调查发放和回收统计

序号	类别	实发份数/份	实收份数/份	有效份数/份	有效问卷回收率/%
1	小学	50	49	48	96.0
2	初中	170	166	165	97.1
3	高中	180	175	174	96.6
4	高校	200	200	199	99.5
5	抽样	200	190	186	93.0
	合计	800	780	772	96.5

表 3-2 我国公民教育内容问卷调查对象的年龄、身份构成

年龄	人数	百分比/%	身份	人数	百分比/%	身份	人数	百分比/%
11~20	368	46.00	工人	44	5.50	行政人员	47	5.87
21~30	257	32.10	农民	15	1.80	商人	28	3.50

续表

年龄	人数	百分比/%	身份	人数	百分比/%	身份	人数	百分比/%
31~40	72	9.00	班主任	50	6.25	学生	488	61.00
41~50	40	5.00	德育教师	50	6.25	其他	10	1.25
51岁起	35	4.37	其他专业教师	40	5.00			

表3-3 我国公民教育内容问卷调查对象性别概况

性别	人数	比例/%
男	374	48.4
女	398	51.6
合计	772	100

二、中国公民认同存在的问题

随着全球化、现代化时代的到来，在公民素质养成、基础文明方面出现了一些不容忽视的问题。例如，在公共生活中少数人出现享乐主义、利己主义、炫富问题；城镇化进程中，"新市民"的接纳与社会融合问题；国际事务中少部分人出现的狭隘民族主义情绪；在国人走向世界的过程中，由于缺乏对多元文化的认识和尊重，个别人把一些陋习带到国外，损害了国民形象和国家利益等。

（一）主导政治消解下的国家认同存在的问题

从认同政治的角度说，国家认同是具有差异性族群成员通过相互承认结成"国家"这种政治共同体作为自己情感和身份归属的自觉认知。国家认同是一种具有政治性、普遍性、理性选择的一种认同形式。这些属性，是由现代国家中国家认同的对象属性、主体身份和国家认同得以形成的方式，以及以宪法为基础的法律与制度体系的形式与地位决定的。❶ 在国家认同中，必须建立占主导或统治地位的主导政治价值观，对社会其他政治文化起到引导和规范作用。从政治共同体的角度看，随着恐怖主义、环境安全等问题的出现，传统民族国家的治理体系和治理方式显得无力，公民便对国家治理效能期待产生不确定，超国家主义便对公民的国家认同形成分流和消解。另外，网络化、信息化社会环境下，各种消费主义、享乐主义、自由主义、个人主义等不良价值观等，模糊了人们的价值标准。而在这样的环境下，官方主导的政治如果没有发声或者发声不及时，不能满足公民对国家政治文化的需要，原来占主导地位的政治价值观就会不知不觉被西方的生活方式和价值观念所弱化或侵蚀，必然会动摇和削弱我们已有的主导政治价值。

(二) 公民权益实现下的社会认同存在的问题

社会实现政治稳定，是以公民的认同和支持为基础的。公共利益得不到保护和公民个人合法利益无法满足，都会影响公民认同的形成。

首先，民生问题是关键。民生问题成为考验我们党和政府执政能力和水平的关键指标，也是能赢得广大人民信任和支持的重要因素，如房价、医疗、交通、就业、收入等问题不解决，公民意见就会很大，隔阂对立就会产生，公民难以形成基本的社会共识，公民认同就难以达成。特别是进入新时代后，我国

---

❶ 周光辉，刘向东. 全球化时代发展中国家的国家认同危机及治理 [J]. 中国社会科学，2013 (9)：40-54.

社会的主要矛盾已经发生转变,人民对美好生活的向往和诉求更加高,对政府解决民生问题的要求就更高。其次,沟通渠道要保持通畅。如果公民的正当利益需求长期得不到实现,而某些地方政府又不能有效沟通和引导,就会使基层社会矛盾不断加剧,不满情绪日益膨胀。最后,腐败违纪等损害公民合法权益现象会影响公民的政治信念。当今中国,随着经济的发展和反腐败高压持续推进,腐败问题便成为关注度比较高的内容。党的十八大以来,党中央高度重视党风廉政建设和反腐败问题,持之以恒正风肃纪。根据新华社报道,2013年6月至2014年9月,以为民务实清廉为主题的党的群众路线教育实践活动深入开展以来,中央向"门难进、脸难看、事难办"说"不"。13.7万多项行政审批事项被取消、下放,减少13.7%。查处"吃拿卡要""慵懒散拖"问题5万多起、6万多人。❶ 这是党中央在党的十八大之后初期,针对民生领域和一些影响政府公信力的一些"四风"突出问题向人民交出的一份满意的答卷,得到了广大人民的赞誉和广泛认同。同时,为了惩治腐败,我们党和政府贯彻落实中央八项规定精神、纠正"四风"不放,一个节点一个节点抓,坚持"老虎""苍蝇"一起打。党的十八大到党的十九大,中共中央纪委共立案审查省军级以上党员干部及其他中管干部440余人❷,党的二十大后,在2023年中央纪委

---

❶ 中国共产党新闻网. 反"四风"交出成绩单"三公"经费压缩530亿[EB/OL].(2014-10-08)[2014-10-16]. http://theory.people.com.cn/n/2014/1008/c49150-25786015.html.

❷ 新华网. 中国人权法治化保障的新进展[EB/OL].(2017-12-15)[2024-05-20]. http://www.xinhuanet.com//politics/2017-12/15/c_1122115610_3.htm.

第三章　中国公民教育内容的现实问题与原因解读

国家监委立案审查调查中管干部达到了 87 人。❶ 从省部级高官被查处的高度、密度、深度和速度来看，以习近平同志为核心的党中央的反腐败力度非常大，决心坚定，让人民群众看到了变化和希望，极大地增进了公民的社会认同。再次，社会帮扶要跟上。近几年，中国非政府组织得到了快速的发展，尤其是在社会公益事业、自愿性服务中，发挥了巨大的作用。但是，我国非政府组织的数量还不能很好适应社会发展的要求。截至 2013 年年底，全国共有社会组织 54.7 万个，基金会只有 3 549 个，占 0.65%，略显不足（见表 3-4）。而根据 2023 年 10 月份公布的《2022 年民政事业发展公报》显示，截至 2022 年年底，全国共有社会组织 89.1 万个，具有公开募捐资格的基金会只有 2 214 个，不具有公开募捐资格的基金会有 7 105 个，❷ 基金会占比有所上升，但具有公开募捐资格的基金会占比较低。

表 3-4　社会组织数量

指标	年份							
	2006	2007	2008	2009	2010	2011	2012	2013
社会团体/万个	19.2	21.2	23	23.9	24.5	25.5	27.1	28.9
基金会/个	1 144	1 340	1 597	1 843	2 200	2 614	3 029	3 549
民办非企业/万个	16.1	17.4	18.2	19	19.8	20.4	22.5	25.5

来源：民政部 2013 年社会服务发展统计公报。

---

❶ 新华每日电讯. 深入学习贯彻习近平总书记关于党的自我革命的重要思想 纵深推进新征程纪检监察工作高质量发展［EB/OL］.（2024-01-08）［2024-05-20］. http://www.xinhuanet.com/mrdx/2024-02/26/c_1310765444.htm.

❷ 民政部. 2022 年民政事业发展公报［EB/OL］.［2024-05-20］. https://www.mca.gov.cn/n156/n2679/c1662004999979995221/attr/306352.pdf.

此外,社会捐赠帮扶还需持续发力。2008年汶川地震发生后,社会各界和广大公民捐款捐物呈现"井喷"态势,使我国的捐赠事业迈上了新的台阶,但之后有所放缓(见表3-5)。根据2023年10月份公布的《2022年民政事业发展公报》显示,2018年至2022年社会组织捐赠收入分别是919.7亿元、873.2亿元、1 059.1亿元、1 192.5亿元、1 085.3亿元,有两次起伏❶,除去物价上涨因素,实质增长率不高,稳定性还不够强。

表3-5 接收社会捐款和衣被

指标	年份							
	2006	2007	2008	2009	2010	2011	2012	2013
接收社会捐款/亿元	83.1	132.8	744.5	507.2	596.8	490.1	572.5	566.4
接收社会捐赠衣被/万件	7 123.6	8 756.8	115 816.3	12 476.6	2 750.2	2 918.5	12 538.2	10 405.0

来源:民政部2013年社会服务发展统计公报。

(三)身份模糊情况下身份认同存在的问题

基于马克思主义理论关于人的本质"人是一切社会关系的总和"论述,那么公民也存在社会关系性,公民身份也是在主体与其他主体或客体的相互关系中形成的。生活就是一个大舞台,每个人都在舞台中扮演不同的角色,我国宪法规定,凡具有中华人民共和国国籍的人都是中国的公民,这是从法律上确

---

❶ 民政部. 2022年民政事业发展公报[EB/OL]. [2024-05-20]. https://www.mca.gov.cn/n156/n2679/c1662004999979995221/attr/306352.pdf.

立了人们的公民角色，给予公民角色应有的社会地位，赋予了权利和义务的内容。然而，中国部分公民对"公民"这一身份所应有的角色无法完全融入了解，更无法在社会扮演应有的角色作用。通过分析和比较不同时期的回答身份认同问题变化趋势的调查结果，可以看出我国身份认同现状。2001年，有学者做了调研：78.5%的农民工认同农民身份，4%说不清，10.9%不认同农民身份。❶ 2007年，农民工有18.6%完全不认同农民身份，35.3%在农民身份上认同模糊，只有46.1%明确认同农民身份，摒弃和模糊认同农民身份的占53.9%，超过明确认同农民身份的7.8个百分点。❷ 从以上数据可以看出，随着时代发展，有些农民工逐渐对自身的身份趋于模糊，甚至不认可农民身份的比例在增大。身份的模糊，往往会导致对法律和道德上的权利义务产生模糊的认知。就学生而言，学生的公民身份也要在学生公共生活中形塑。有学者研究表明，"学生公共生活匮乏使公民教育的关系性存在缺失"，而且学生公共生活的匮乏主要表现在学生公共生活空间的局限和学生对公共事务关照的方式有限❸，从而学生公共意识的开启和公共性品质的培养缺少实践的培育，积极公民的身份意识还有待开垦。与此同时，随着网络时代和社区生活范式的到来，人与人之间变得冷漠，自觉或不自觉将自身身份隐退的惯性便容易形成。在虚拟的网络世界中网络身份是可以随时变化的，冷漠或陌生的几率增加；在社区生活中，左邻右舍可能来自不同的地方、单位，进出关门、

---

❶ 王春光. 新生代农村流动人口的社会认同与城乡融合的关系 [J]. 社会学研究, 2001 (3): 63-76.

❷ 彭远春. 论农民工身份认同及其影响因素——对武汉市杨园社区餐饮服务员的调查分析 [J]. 人口研究, 2007 (2): 81-90.

❸ 高峰青. 当代学生良序公共生活的匮乏及构建途径——基于学校公民教育视角 [J]. 教育理论与实践, 2019, 39 (16): 40-43.

不相往来、互不认识,不知道对方的任何情况,公民主体的真实身份便被隐藏起来,公共空间意识开始弱化。身体和身份的隐退,使人与人之间的社会交往发生了异变。"没有了身体的约束,人性和道德也就失去了担保,人性中的恶就会堂而皇之地到处游逛。"❶ 这种身份认同困境则意味着自我身份感的丧失,即自我价值感和存在意义感的丧失,个体的公共精神和公民品质减弱,这将严重影响公民的自我评价、自我实现和自我发展。当今,网络成为公民参与社会、政治的重要形式,但由于法律的不完善以及责任、义务和道德在网络中得以隐形,网络便会被人肆意利用,可能成为不正当使用的工具,公民责任感、公共道德、公民意识就会消减和模糊。

(四) 价值冲击下的价值认同存在的问题

公民的价值观影响其行为选择,当下,我国公民在理想与现实、传统与现代、东方与西方、个人与社会等矛盾冲突中,价值观如无法及时厘清和坚定,就会出现无所适从的状态。究其原因,在于部分公民自身对中国传统价值观的不自信,妄自菲薄、思想动摇,甚至被"洗脑",而现行的社会主义核心价值观,明确倡导的时间还不是很长,实现全体公民深刻理解和广泛接受并积极践行还需要持续发力。一般认为,东方文化培育了互依型的自我,而西方文化培育了独立性的自我。❷ 辩证地看,两种自我意识各有利弊,各长其长,各短其短,本可以相互借鉴整合,但在西方腐朽思想的冲击下,一部分人渐渐摒弃了传统优良的自我价值观念,而对西方的一些文化糟粕趋之若鹜,对国家倡导的价值观念不予重视和践行。近几年来,随着

---

❶ 高德胜. 道德教育的时代遭遇 [M]. 北京:教育科学出版社,2008:55.
❷ 朱滢. 文化与自我 [M]. 北京:北京师范大学出版社,2007:48.

社会文明和价值观的进步，社会对犯错的包容性进一步增强，从人的发展来看，无疑是一种进步，毕竟不能因为一时犯错就将别人一棍子打死。《中国共产党纪律处分条例》中规定的党的纪律处分工作应当遵循的原则之一是：惩前毖后、治病救人。强调处理违反党纪的党组织和党员，应当实行惩戒与教育相结合，做到宽严相济。也就使一些犯小错的同志有了改过自新的机会。但我们也要警惕一些不良团体或个人利用漏洞，为谋取个人私利，制造不符合社会主流价值观的事件，如一些主播或不良分子利用短视频在抖音、快手、微博等新媒体充当"黑嘴"、着手敲诈勒索、进行造谣传谣等。在网络时代，我们还要预防或惩治通过短视频制造"炫富""扬丑"等"热点"，博取流量来变现的现象，更多地提倡和弘扬正能量，始终在青少年群众中传递正确的价值观，提高公民的道德水准和法治观念，推动经济社会健康发展。例如，国家网信办开展的"清朗"系列专项行动，坚持正确价值取向，要求切实履行好平台主体责任，对于违规自媒体帐号，一经发现，平台将第一时间进行严肃查处并封禁关停，该项行动得到了行业的积极响应和民众的广泛支持。

（五）传统滞后和道德建设下的文化认同存在的问题

在人类文明发展的历史长河中，不同国别、不同地域、不同时代的文化冲突与融合变得习以为常，虽然融合是大势所趋，但冲突在文化认同的过程中也无法避免。当传统社会在进步和发展中向现代转型过程中，文化冲突与文化认同危机相随出现。一方面，从内部来说，改革开放前，中华优秀传统文化被"文革"冲击，丧失了很多生机和活力。另一方面，从外部影响来说，全球化浪潮以及中国近现代以来的文化变迁在改革开放的当代中国也共同激荡着人们的文化选择，人们在价值评价和行为选择上变得有些无所适从。例如，尊老爱幼是中华民族传统美德，在公共交通上给弱势群体让座是社会中习以为常的现象，但也有部分群众以"个人权利自主"为由提出异议，认为这是一种不具备强制力的道德义务，引发了一些误解。其实，健康有能力的乘客给老弱病残孕等需要帮助的乘客让座，既是一种道德义务，又是一种法律义务。我国的城市中普遍制定了本地的城市公共交通管理规定，规定了承运人应当为老、弱、病、残、孕等特殊乘客提供必要的帮助。乘客乘坐公交车辆应当遵守有关法律、法规和乘车规则的规定，遇到老、弱、病、残、孕等特殊乘客时，应当主动让座。从法律角度讲，这些规定是地方性法规，规范了承运人和乘客之间的行为，是具有法律效力的。因此，健康有能力的乘客给需要帮助的乘客让位，既是道德要求，还是法律义务。"不敢扶""不敢救"现象在一定程度上反映了法律的滞后性，另外，让"救死扶伤"的传统美德在现实生活中受到较大质疑。《中华人民共和国民法典》中第一百八十三、第一百八十四条关于见义勇为的规定了因救助他人受损而获得相应补偿和自愿紧急施救造成受助人损害免责的内容，使实施见义勇为者免去经济利益受损的顾虑；《中华人民共和国刑法》第二十条关于"正当防卫"的规定和2020年印发的《最高人民法院 最高人民检察院 公安部关于依法适用正当防卫制度的指导意见》打消了公民受刑事追责的顾虑，切实维护了公民的正当防卫权利，也鼓励见义勇为，弘扬社会正气和社会主义核心价值观，也大大地回应了质疑。这些现象也从侧面提醒我们要重新反思传统文化和道德，既要弘扬优秀传统文化，又要吸收新的现代文化。

当代中国的认同困境为我国公民教育的复兴提供了历史契

机，通过公民教育解决中国公民认同问题值得当代理论界认真思考。

三、中国公民教育内容现状

我国思想政治教育的指导思想一般在党中央、国务院和教育部颁布的指导性文件中得到反映。20世纪90年代，国家教委颁布的大中小学德育大纲作为关于思想政治教育的权威文件成为学校开展思想政治教育工作的指导文件。2004年，中共中央、国务院发布《关于进一步加强和改进未成年人思想道德建设的若干意见》和《关于进一步加强和改进大学生思想政治教育的意见》，为新时期学校思想政治教育指明了方向。随后，2005年，教育部出台了《关于整体规划大中小学德育体系的意见》（教社政〔2005〕11号），推动了国家对各级学校的思想政治教育教材进行了大的改动，取得了较大的成效。2018年前相关指导性文件规定思想政治教育内容体系也主要根据该意见进行制定，具体如下。

第一，小学阶段教育的主要内容是开展热爱学习、立志成才教育，开展孝亲敬长、爱集体、爱家乡教育，开展做人做事基本道理和文明行为习惯养成教育，开展热爱劳动和爱护环境教育，开展尊重国旗、国徽、热爱祖国文化的爱祖国教育，开展社会生活基本常识和安全教育。

第二，中学阶段教育的主要内容是：开展爱国主义、集体主义、社会主义教育，开展中华民族优良传统和中国革命传统教育，开展法治教育和民主、科学教育，开展基本国情和时事教育，开展民族团结教育、国防教育和廉洁教育，开展青春期卫生常识和心理健康教育，开展社会公德和劳动技能教育。中等职业学校还要加强职业道德、劳动纪律和职业规范教育。

第三,大学阶段教育的主要内容是:加强马克思列宁主义、毛泽东思想、邓小平理论、"三个代表"重要思想、科学发展观和习近平新时代中国特色社会主义思想教育,加强党的基本理论、基本路线、基本纲领、基本经验教育,加强中国革命、建设和改革开放的历史教育,加强基本国情和形势政策教育,加强民族精神和时代精神教育,加强社会公德、职业道德和家庭美德教育,加强法治和诚信教育,加强人文素质和科学精神教育,加强心理健康和就业创业教育。

党的十九大之后,党中央进一步加强思想政治教育工作,教育部也相继出台相关文件加强大中小学的思想政治理论课建设工作。2018年,教育部印发《新时代高校思想政治理论课教学工作基本要求》;2020年,教育部也相继出台《普通高中思想政治课程标准(2017年版2020年修订)》和《中等职业学校思想政治课程标准(2020年版)》;2021年,教育部公布《《高等学校思想政治理论课建设标准》(2021本)》;2022年,教育部公布《义务教育道德与法治课程标准(2022年版)》。这些文件的颁布,使公民教育内容的比例和形式都得到了完善,进一步提升了思想政治课程的思想性、科学性、时代性、系统性、指导性,进一步推动人才培养模式的改革创新,德智体美劳全面发展的社会主义建设者和接班人的培养效果进一步凸显。

同时,我们通过对2018年前相关指导性文件规定的学校思想政治教育内容考证可见,该思想政治教育内容体系主要涵盖思想教育、政治教育、法治教育、道德教育和心理教育等五个方面。而现实又告诉我们,该思想政治教育一方面是内容偏重"政治化",另一方面是学习顺序安排不够科学。在学校教育中,相关内容的学习大体上按如下情况安排：我们从幼儿园开始就进行共产主义教育、理想信念教育，要求他们树立远大的理想，高唱儿歌"我们都是共产主义接班人"；在小学就进行社会主义教育；在中学接受爱国主义教育；在大学接受集体主义教育。根据人的成长规律和心理发展过程，少年儿童正处在身心发展和身体成长阶段，一方面接受能力有限，另一方面，又是秉性养成的最佳时段，即俗语的"三岁定六十"，包括良好生活习惯、学习习惯、思维习惯的养成。我们的教育内容竟是让他们去理解和树立人类最终的理想实现共产主义的内容，缺乏对他们良好的生活习惯、端正的学习态度、思维模式、正确的行为这些公民养成教育内容的培养。其实，集体主义、爱国主义、社会主义、共产主义的四个内容的教育是一个由浅入深，由简到繁，由低级到高级的过程，分别更适合由低年级到高年级的学习。顺序颠倒，理解和消化的效果也不好。有研究者指出，2014 年前的思想政治教育内容问题还主要表现在内容较为单一、陈旧，未能应时代发展的要求和人的价值诉求进行及时更新；过分突出意识形态教育；有些思想政治教育内容晦涩难懂，超出了部分人的认知和接受范围，再加上教育主体解释不透、不深，极有可能使人们失去了对思想政治教育内容的认同。❶ 不仅如此，在现实效果上，相对于公民教育的要求而言，根据本书调查统计，发现公民教育内容还存在着以下不足，见表3-6。

---

❶ 王易. 朱小娟. 思想政治教育认同初探 [J]. 思想理论教育导刊, 2013 (5): 97-103.

表 3-6 学校德育/思想政治教育内容不足情况调查统计

选题		选项						
		主题不突出	结构不合理	数量太多	数量太少	公民教育思想不够	目标与内容不匹配	其他
德育/思想政治教育内容有哪些不足	人数	612	605	549	375	599	465	5
	比例	79.2%	78.3%	71.1%	48.5%	77.5%	60.2%	0.6%

从表 3-6 可以看出，调查对象在"学校德育/思想政治教育内容有哪些不足"选项中，得票高低顺序为：主题不突出、结构不合理、公民教育思想不够、数量太多、目标与内容不匹配、数量太少、其他。比例分别为 79.2%、78.3%、77.5%、71.1%、60.2%、48.5%、0.6%。其中数量太多，说明公民认同目前思想政治教育内容较多，恰恰说明思想政治的内容在公民教育内容体系过程中比率较大，而公民教育的其他内容偏少了；同时，也有研究者调查发现，公民教育与思想品德学科的教学内容结合最紧密，占 80%，语文 7%，历史 3%，音乐 3%，美术 2%，体育 2%，英语 1%，地理 1%，英语 1%。[1] 而主题、结构也从一个侧面说明现行思想政治教育的内容需要重构，也是公民教育内容建构的一个契机。因此，我国目前公民教育内容的主要困境有以下几点。

（一）公民教育内容、数量不够多

培养现代化的合格社会主义公民到底需要什么样的品质呢？

---

[1] 陈晓婷. 初中公民教育的问题和对策研究 [D]. 深圳：深圳大学，2018.

第三章 中国公民教育内容的现实问题与原因解读

这是我们公民教育内容体系必须解决的问题。"但是现实是我国还没有专门的公民教育内容"。《小学德育大纲》规定了十大教育内容，就是没有专门的公民教育的内容。❶《中学德育大纲》规定，除了在初中阶段的"社会主义民主和遵纪守法教育"中有一小点"我国公民基本权利与义务的教育"外，基本上没有专门的公民教育内容。在《中国普通高等学校德育大纲（试行）》中，也规定了十大教育内容，仍然没有专门的公民教育内容。《关于整体规划大中小学德育体系的意见》中的教育内容规定，没有提及公民教育，也没有提公民，"公"字的表述只提到一处，即"公德"。《新时代高校思想政治理论课教学工作基本要求》和《高等学校思想政治理论课建设标准》在内容上主要强调了坚持不懈传播马克思主义科学理论，要求全面推动习近平新时代中国特色社会主义思想进教材进课堂进学生头脑，并对课程建设各方面进行规范。党的十八大以来，以习近平同志为核心的党中央高度重视思想政治理论课建设，作出一系列重大决策部署，思想政治理论课内容已经在改进中不断加强，课堂教学效果显著改善。进入新时代，对思想政治理论课发挥育人主渠道作用提出了新的更高要求。虽然文件中的相关表述已经有了一些如开展社会公德和劳动技能教育、加强心理健康和就业创业教育等提法，但作用还不够明显，离习近平总书记关于"显性教育和隐性教育相统一"的要求还有差距。

为深入了解公民教育内容的比重，对公民教育内容数量问题，本书以"您认为学校德育/思想政治教育内容中关于公民教育内容的数量如何"为问题，开展调查，调查结果见表3-7。

---

❶ 义务教育道德与法治课程标准（2022年版）规定的课程内容进步很大，明确要培养核心素养，包括政治认同、道德修养、法治观念、健全人格、责任意识，特别强调了政治认同是必备思想前提，但在实现公民认同的其他方面还有待加强。

表 3-7 公民教育内容数量调查统计情况

统计内容	选项			
	很多	合适	很少	说不清
数量统计/个	135	112	256	269
比例	17.4%	14.5%	33.1%	34.8%

在772个有效样本中，对公民教育内容数量认为"很多"的人有135人，占样本人数的17.4%，对公民教育内容数量认为"很少"的人有256人，占样本人数的33.1%，两者比例共是50.5%。说明有一半左右的人认为公民教育内容数量是有问题的。对公民教育内容数量认为"合适"的人有112人，仅占样本人数的14.5%。但是，对公民教育内容数量认为"说不清"的人占多数，占样本人数的34.8%，可能是对公民教育真的不了解，为了客观真实，做了这个选择。对"说不清"的姑且不计，认为目前公民教育内容数量不合适的占了大多数，而且认为数量少的比数量多的比例多了一倍多。因此，从主观上，大家认为公民教育内容的数量还是不足的。

(二) 课程内容结构不够合理

公民教育的内容结构上，芦蕾博士博士论文《我国中小学公民教育目标与内容重构研究》对人民教育出版社出版的全国性教材做出了统计分析，主要从认知纬度、价值观纬度、技能纬度三个方面，按照"课"为基本的分析单位，对每课中涉及的公民教育内容进行维度划分，从而反映出教材内容在这些维度上的分布状况。

以小学阶段为例，主要以4册"品德与生活"，共56个单位；8册"品德与社会"，共122个单位，合计178个单位展开

第三章 中国公民教育内容的现实问题与原因解读

分析。从整体来看,公民道德占主要比例,其次为公民意识、政治意识形态也有相应内容,但在公民技能上体现出培养不足,❶ 具体如图 3-5 和图 3-6 所示。

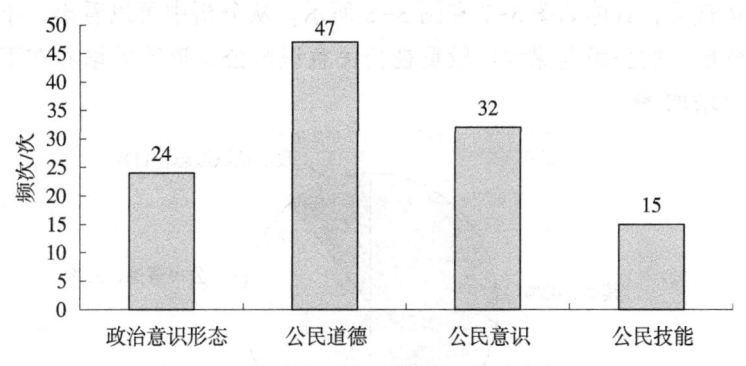

图 3-5 小学教材在内容维度的分布状况

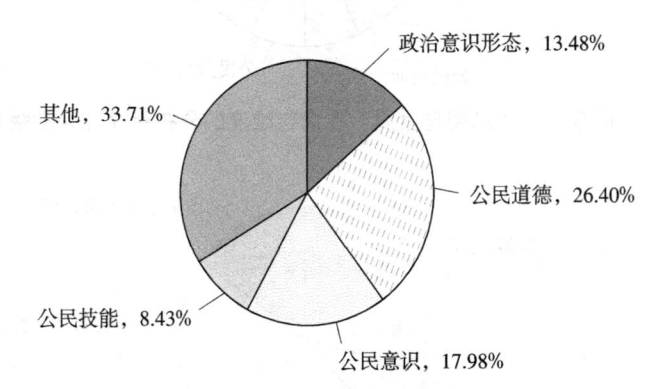

图 3-6 小学教材在内容维度的分布状况

---

❶ 芦蕾. 我国中小学公民教育目标与内容重构研究 [D]. 大连:辽宁师范大学,2012.

在单独的课程分布上，分别对"品德与生活"和"品德与社会"的教育内容的颁布状况进行了数据分析，分别为政治意识形态、公民道德体现、公民意识体现、公民技能体现、其他体现等，具体如图3-7和图3-8所示。从分析中可以看出，小学阶段的公民类课程比较重视公民意识与公民道德的培养在不断增加。❶

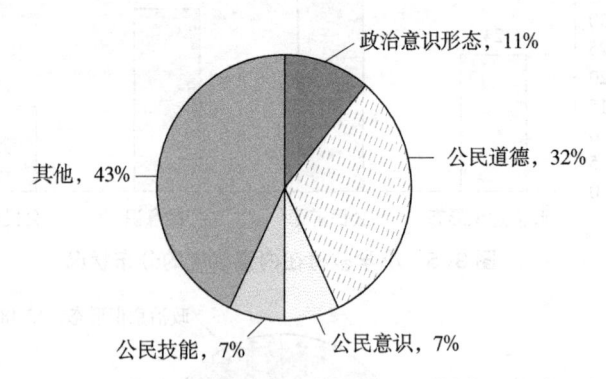

图3-7 "品德与生活"在内容维度的分布状况（人教版）

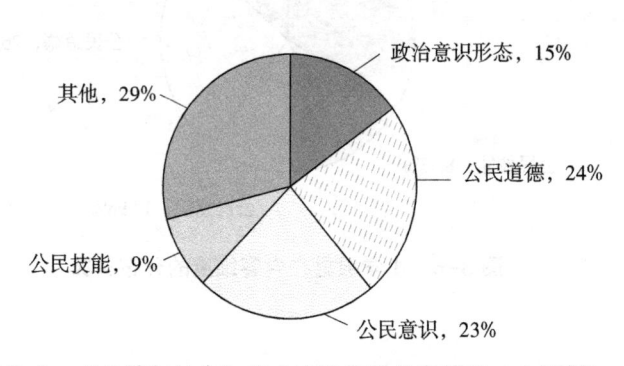

图3-8 "品德与社会"在内容维度的分布状况（人教版）

---

❶ 芦蕾. 我国中小学公民教育目标与内容重构研究 [D]. 大连：辽宁师范大学，2012.

第三章 中国公民教育内容的现实问题与原因解读

可见，全国教材关于政治意识形态的内容都在不断上升，到六年级占比最高；公民道德维度的内容则比较稳定，在一年级比例最高；公民意识维度内容有不断增长的趋势，到六年级占的比例最高；公民技能维度的内容则一直较低。❶

从以上数据分析可知，在小学阶段，公民类课程在公民教育内容上，都注重以认知与价值观的培养，将知识与价值观培养放在了重要位置，尤其是公民政治的培养占大多数，政治意识、理想信念内容占据了其他内容的成分，对于参与、主体、责任等公民意识和公民品行的养成部分的培养不足，对于技能与行为内容的缺乏，使公民教育内容构成不合理，与整个公民教育目标体系吻合度不高。

根据芦蕾博士的调查，在高中阶段，公民教育内容主要以思想政治课程为载体，十分注重加强学生的政治知识和价值观念培养，以政治教育为主，从知识维度上宣扬政治合法性和合理性，在构建个体与集体的德行价值宣扬上更为提倡，在个体对于国家与社会的认同价值观上培养不足，没有体现出密切相连的关联性。❷ 另外，芦蕾博士的调研分析中，认为公民教育内容的结构出现了纬度分布不合理等情况。

对公民教育内容的开设情况，本书通过对思想政治教育内容进行问题设计，对调查对象开展了调查，具体情况见表3-8。

---

❶ 芦蕾. 我国中小学公民教育目标与内容重构研究 [D]. 大连：辽宁师范大学，2012.
❷ 芦蕾. 我国中小学公民教育目标与内容重构研究 [D]. 大连：辽宁师范大学，2012.

表 3-8 思想政治教育内容开设情况调查统计

选题		选项								
		思想政治	历史知识	行为规范	身心健康	法律法规	"三观"	就业技能	权利义务	其他
开展的思想政治教育内容	人数	767	357	356	220	656	756			0
	比例/%	99.3	46.2	46.1	28.4	84.9	97.9			0
最经常开展的思想政治教育内容	人数	762	330	681	235	639	765	188	178	0
	比例/%	98.7	42.7	88.2	30.4	82.7	99.1	24.3	23.0	0

从表可以看出，调查对象在"开展的思想政治教育内容"选项中，认为开设的内容排在前三名的有：思想政治、"三观"（人生观、世界观、价值观）、法律法规，其他比例都不高。在"最经常开展的思想政治教育内容"选项中，选择排在前三名的有："三观"、思想政治、道德，比例分别为 99.1%、98.7%、88.2%，排在后三位的恰恰是反映公民教育内容的：身心健康、就业技能、权利义务，比例分别为 30.4%、24.3%、23.0%。两者比较，都无一例外地认为目前我国的思想政治教育主要是开展"三观"、思想政治、道德、法律法规教育等（在第一个选项中，笔者在选项中用与"道德"相差不多的但有些偏公民教育内容的"行为规范"，调查对象较少进行选择，一定程度证明"道德教育"的认知深入人心），而涉及公民教育内容的课程则相对较少。客观上进一步说明我国课程中公民内容的结构呈现

存在一定问题。内容结构的不合理,使公民在不同阶段应获得的公民教育内容得不到合理满足,而在有些阶段则显得过多或者不符合实际,造成了部分公民认同的一定程度上的混乱。

(三) 课程内容主题不够突出

实施的公民教育内容主要涉及政治、经济、历史、法律等众多学科的知识的分布与判定。很多学者也在质疑,将更多的重心放在道德与政治意识的宣扬上是否应当?目前的思想政治教育培养目标是否已经达到?公民知识、培养公民能力和养成公民态度是否已经被学生顺利获得?这些问题在现行的课程内容体系中,都是值得进行反思的。总体来说,目前的思想政治教育课程内容体系能将多个学科的内容综合在一起,促成公民教育与德育、社科教育及思想政治教育的结合,也使公民教育的内容显得非常丰富。这种内容体系虽然优点明显,但缺点也较明显,其政治、道德的丰富内容,使得公民教育主题不够突出,缺乏公民教育的针对性,不利于公民意识和人格的培养。首先,在内容选择上,我们的课程内容中更容易强调公民的义务,忽视公民的权利,权利与义务不够统一。其次,在教材内容的安排上,往往缺乏背景性知识的介绍,落入就事说事,主题不突出、不明晰,不能借事说理,在涉及策略应用时,很难提供良好的指导与借鉴,内容深度明显不足,变成简单说教。

例如,虽然我国目前思想政治教育教材包含了较多的基本道德规范的一些内容,《关于深化新时代学校思想政治理论课改革创新的若干意见》提出了以"道德修养"为重点的课程内容建设,《义务教育道德与法治课程标准(2022年版)》将"道德修养"作为"核心素养"和"学段目标"进行规定,但没有将"公民道德"明确为学校思想政治教育的主题。这就使学生对于这基本道德规范的认识，局限于零星、片段的理解，缺乏对公民道德的整体系统把握，并对其中的平等、普遍、基础等特性不够了解，对其重要性更加认识不足，影响了履行基本公民道德规范的主动性和自觉性。而教材对于民主与法治的阐述却存在不足，有研究者对原高中思想政治教材中的"政治生活"正文部分出现的"民主"和"法治"词汇进行了很好的词频统计和分析。❶ 统计发现，"民主"一词出现的频率最高，达到了183个，远远高于"法治"的5次。根据党中央和国家有关政策和最新的课程标准要求，"法治"的比重逐渐增多。其实民主与法治是一对孪生兄弟，不从整体上把握，就容易使人产生错觉，造成思维混乱。因此，主题的不完整，会造成认知的模糊，认知的模糊必然会造成认同的混乱，导致公民认同的效果得不到体现。

其实，鲜明的主题是必要的。有些国家在公民教育内容组织上，从小就注重公民意识的培养并将公民内容与实际生活内容相互结合。❷ 在教学内容的组织上，往往以主题轴的形式串联，横向上明确内容与这些主题之间的联系，纵向上贯穿低年级到高年级主题线。每个主题下所包括的若干学习"主题"，既不单是学科范畴，也不限于生活范畴，而是与多学科知识融为一体。❸ 这种按照主题的方式将教学内容有效组织起来，突出每个部分的核心理念，更为清晰地将内容与主题进行联系，强调了学科内容的有效整合。

---

❶ 刘洋. 对我国现行高中思想政治教材《政治生活》的分析——基于公民教育的视角 [D]. 北京：北京师范大学，2011.

❷ 叶飞. 参与式公民学习与公民教育的实践建构 [J]. 中国教育学刊，2011 (10).

❸ 高峡. 突显综合特征的公民教育素养 [J]. 全球教育展望，2003 (10)：35-40.

（四）课程内容更新不够及时

2001年，我国在初中阶段的思想品德与高中阶段政治课中增加了公民教育内容，但是把公民教育看作对已有思想政治教育的补充；2005年，教育部对高校思想政治理论课进行整体改革，对公民教育起到了指导和推动作用，但由于课程侧重点不同，就难以使公民教育在高校有任何实质性的变化，公民教育知识仍是融入思想政治教育的内容当中。❶

曾经较长一段时间以来，在我国学校德育中，只有"法制教育"，缺乏"法治教育"，我国在中小学德育大纲和《关于整体规划大中小学德育体系的意见》中，表述均为"法制"而非"法治"。这样的表述，实质上忽视了学生作为公民主体的民主、自由等权利，实际上突出和强调的是学生作为客体应遵守纪律、规范承担责任和义务。国内一些公民教育研究者也还习惯将要构建的公民教育内容表述为"法律教育"。❷ 一般而言，"法制"是法律制度的简称。"法制"体现的是"立法者"的主体价值，强调法律的制定和制定的法律。而法治则有两层含义，"已成立的法律获得普遍的服从，而大家服从的法律本身应该是制定得良好的法律"，❸ 显然，这里指的公民"普遍的服从"一是强调每个公民从内心到行为的"普遍服从"，二是强调每一个公民的"普遍服从"；而判断的"良好的法律"，一是从制定开始便是良法，二是需要公民判定其是良法。所以，无论"普遍的服从"还是"良好的法律"，都充分表明法治突出的是"公民"的主体价值。因而，法治教育不仅仅是改变教育公民盲目、被动服

---

❶ 虞花荣. 公民教育的当代价值与反思 [J]. 教育科学论坛，2011（1）：8-10.
❷ 靳志高. 当代中国的公民教育研究 [D]. 北京：北京大学，2006：86.
❸ 冯契. 哲学大辞典 [M]. 上海：上海辞书出版社，1992：1060.

从法律，也不限于告诉公民现在国家有哪些法律、法律的内容是什么，关键在于教育公民如何主动地参与法律实践，反对个人意志或职权凌驾于法律之上的行为；如何运用法律捍卫自己的权利和法律的尊严；如何遵守法律，按法律的指引行事等做积极公民的行为。由此可见，法治教育表达了受教育者的主体性和自主性要求，它强调受教育者的自觉守法意识，而不是被动服从法律条文。❶法治是现代文明社会追求的原则与理想，是公平、正义等价值要素的统一体，它向具体法制提出了运作的应有目标。❷因此，以"法制教育"身份代替了"法治教育"身份，很难成为培养公民守法精神的教育。

在公民教育内容中，每样内容均应有他的身份，并与其内容相一致，不能随意扩大或缩小，更不能以此代彼。不然就会造成认识上的混乱，从而会打乱公民认同的过程。因此，在2018年之后，教育部颁布的各类思想政治课的有关意见和标准中，已经注意到这一问题，全部统一修改为"法治"，"思想道德修养与法律基础"也改名为"思想道德与法治"，一定程度解决了认识的问题，但要达成完全共识，还需要一定时间。

（五）公民教育思想开发不够深入

目前，在我国的课程体系中，承担公民教育功能的主要是思想政治教育，公民教育内容和思想也只能应当在思想政治教育课程中体现。蓝维教授指出，学校的公民教育在途径的选择上应该是多样的、综合的，并且认为多样的公民教育途径应该包括专门的公民教育课程和综合性的课程；应该在学校中建立

---

❶ 刘军宁. 经济民主与经济自由 [M]. 北京：新知三联书店，1997：119.
❷ 朱庞正. "法制"与"法治"——一种法律文化学探讨 [J]. 南京师范大学学报，1995（4）：33-37.

民主的氛围，使学生体验到民主的精神，并且通过合法社团提供实践民主的机会。❶ 然而根据芦蕾博士的调研分析，目前，我国小学、初中、高中三个阶段的公民教育都存在公民行为与技能和世界公民培养不足的情况，公民教育思想和内容还有待开发。

首先，从公民技能维度内容体现来看，对于学生能力养成呈现不足。小学阶段，公民技能主要集中在低年级的培养上，高年级不多，主要涉及与别人进行合作等，主要集中在环境保护的手段采取上❷，如图3-9所示。

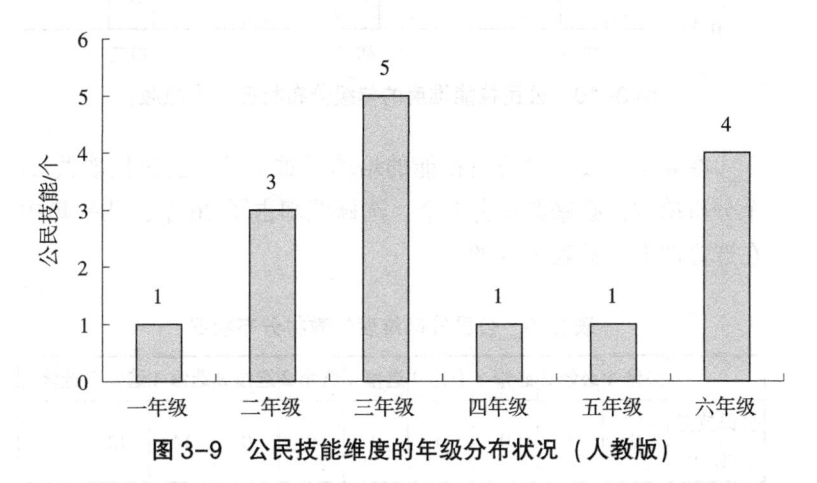

图3-9 公民技能维度的年级分布状况（人教版）

在初中阶段，从内容分布来看，公民技能相关内容比例很小，公民技能培养不足。从总体来看，教材对公民技能的养成

---

❶ 蓝维，等. 公民教育：理论、历史与实践探索［M］. 北京：人民出版社，2007：421.
❷ 芦蕾. 我国中小学公民教育目标与内容重构研究［D］. 大连：辽宁师范大学，2012：75.

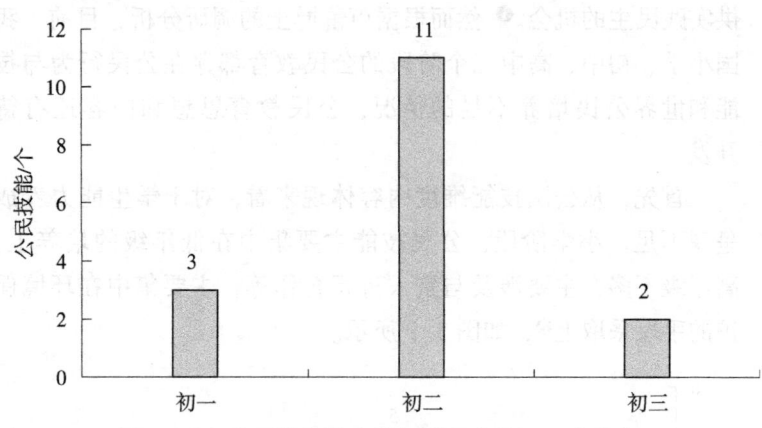

要求不多，技能内容比较单一，具体见图 3-10。[1]

图 3-10 公民技能维度的年级分布状况（人教版）

初一: 3; 初二: 11; 初三: 2

在高中阶段，对公民技能的培养严重不足。公民技能共 27 个分析单位，必修课只占 1 个，选修课却占了 26 个，几乎集中在选修课上，见表 3-9。[2]

表 3-9 公民技能维度的教材分布状况

	必修1	必修2	必修3	必修4	选修1	选修2	选修3	选修4	选修5	选修6
公民技能维度/个	0	1	0	0	0	0	0	14	12	0

在这三个阶段，课程更多注重道德品行养成，学校关注政治意识培养，部分学生习惯死记硬背，个别教师采用"灌输式"教育，对知识与认知目标的要求比较生硬，难以养成公民的基

---

[1] 芦蕾. 我国中小学公民教育目标与内容重构研究 [D]. 大连：辽宁师范大学，2012：80.

[2] 芦蕾. 我国中小学公民教育目标与内容重构研究 [D]. 大连：辽宁师范大学，2012：84.

本技能与能力。而在这些阶段深入挖掘和开发公民技能内容，有利于公民行为习惯的形成，从而有利于公民认同的养成。

在大学阶段，在2018年后思想政治教育有了更高的地位，实施也更加规范到位，但思想政治教育就是单纯的思想政治教育，虽然学生可通过参加教师统一组织的实践教学得到一定的沉浸式体验，但主要内容依然是五门思想政治教育课程限定的内容，而专业课通过专业实习和专业训练可以得到培养，因此，除了专业技能外，公民其他基本技能培养的机会较少。学生的集体主义观念，处理人际关系的能力、自我保护能力、就业能力也显得不足，需要在高校教育开发或者补课。

本书对公民技能开展情况显示，整体上，开展生存技能和就业技能的情况也不容乐观，具体见表3-10。

表3-10 公民技能教育开展情况调查统计

选题		经常	很少	从不	说不清
生存技能	人数/个	117	397	155	103
	比例/%	15.2	51.4	20.1	13.3
就业技能	人数/个	134	240	341	57
	比例/%	17.3	31.1	44.2	7.4

从表可以看出，调查对象在"生存技能"选项中，认知情况为"经常"的比例为15.2%，认知情况为"很少"的比例为51.4%，"从不"的为20.1%，"说不清"的为13.3%。在"就业技能"选项中，认知情况为"经常"的比例为17.3%，认知情况为"很少"的比例为31.1%，"没有"的为44.2%，"说不清"的为7.4%。这两项里面，"很少"和"没有"或"从不"相加，均超过了70%，"经常"的均不超过20%。其中就业技能开展得不够普遍，接近一半的人选择增加这一项，主要分布在

11~20岁年龄阶段,以中学和大学低年级为主。这也证明了就业技能在高校毕业生中开展得多,其他阶段开展得很少。因此,在公民技能教育方面,我们还得继续采取措施加强。

其次,在世界公民教育培养内容上也显得不足。❶ 世界公民教育要求公民有全球视野与全球意识,既要履行本国公民的基本义务,又要从全世界的高度去积极主动承担公民的责任,因此,世界公民教育也是以国家公民教育的框架和基础上的外延。芦蕾博士通过对教材的内容分析认为,在公民意识培养中,中小学都缺乏世界公民价值观和全球意识内容。从具体的公民内容构成来看,小学阶段有涉及开放意识与多元民族文化内容,初中阶段有涉及全球化、多元文化的理念,高中阶段有涉及和平与世界理念,但要么是在具体内容体现上不多,要么是阐述分析不够。目前,我国中小学公民教育内容还没有走出本国范围,仅仅立足于本土与国家的公民建设,对于个人与世界维度的联系论述较少,对世界公民、全球公民意识,在多元文化、公共精神等培养上重视不够。❷ 在现代化社会发展中,中国提出了构建人类命运共同体理念,为全球治理提供新的智慧,我国公民教育内容要根据本国的历史和实际,在注重培养学生本土意识和文化自信的基础上,从全球化、多元化的角度来思考本国问题,强调与国际化接轨,突出全球化意识,逐渐强化环境、经济、文化交流,走出本土与国家的范围限制,突出个人与世界维度关系的处理,从国家公民到世界公民内容的强化。

---

❶ "世界公民教育"(World Citizenship Education)由1950年联合国教科文组织在官方中正式出现,后经历时代变迁,"世界公民教育"和"全球公民教育"在学术研究中同时存在,随着联合国教科文组织的倡议改成"Global Citizenship Education",目前"全球公民教育"的提法逐渐增多。

❷ 芦蕾. 我国中小学公民教育目标与内容重构研究[D]. 大连:辽宁师范大学,2012:76-86.

第三章 中国公民教育内容的现实问题与原因解读

四、中国公民教育认同内容体系未能形成的主要原因

(一) 社会环境对公民教育理解的偏差导致客观情况认同不够

经过一段时间的发展,公民教育越来越受到国家层面和研究者的重视。以"公民教育"为主题从独秀搜索发现,2013年前在图书、期刊、学位论文、报纸等各类公开发行的著作为3618篇(本),其中,2011—2013年在我国期刊上发表该内容的学术论文较前几年有较大的提高,如图3-11所示。

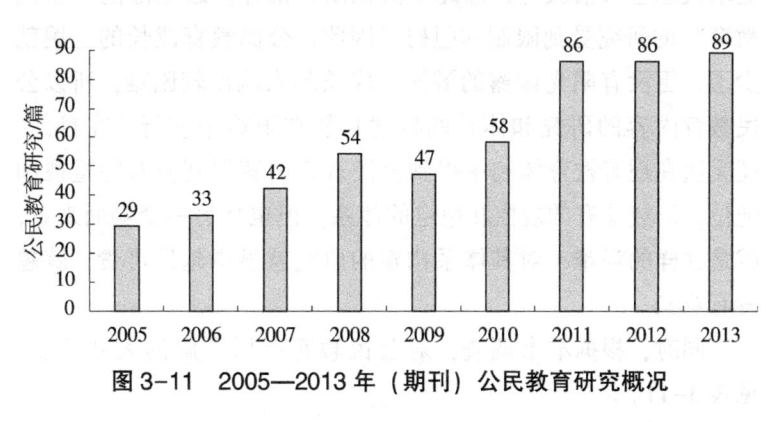

图3-11 2005—2013年(期刊)公民教育研究概况

但从总体数量来看,10年仅3 600多篇(本)和年不到百篇的期刊研究数量比起社会科学研究浩瀚大海中来说,简直是沧海一粟、九牛一毛;从研究趋势来看,2011—2013年每年的研究数量差不多,增长平缓。为了更精准了解最新研究情况,本书以"公民教育"为搜索词,设置"篇名"或"关键词",时间跨度为2020年1月1日至2024年5月1日,在知网上进行"精确"搜索,共获得总库条目408条,其中期刊204条,学位论文128条,会议6条,图书3条;而以"公民教育"为搜索词,设置"篇名"和"关键词",时间跨度为2020年1月1日

至 2024 年 5 月 1 日，在知网上进行"精确"搜索，共获得总库条目 137 条，其中期刊 77 条，学位论文 31 条，会议 2 条，图书 0 条。用独秀搜索进行搜索的总数据差别也不大。这就说明，我们学界对公民教育的理解和重视还是不够的。同时，由于我国目前在国家法律法规、国家层面的政策文件上均没有直接提到"公民教育"，国家文件一般称之为"国民教育""公民意识教育"；另外，还有一些思想政治教育学科研究者和实践者对公民教育存在误解，认为承认公民教育就是反对思想政治教育、就是取代思想政治教育，因此坚决抵制和批评。这些都使"公民教育"的研究受到限制和阻碍。因此，公民教育成长的土壤就少了，更没有阳光雨露的滋润，成长起来就比较困难，所以公民教育内容的研究和体系的构建只能在艰难中前行。在目前，还无法在现有教育体制中得到公民教育内容得到应有的重视和地位，形成应有的规模和稳定的体系。但也从另一个侧面来看，越是这样的艰难，对其体系构建的研究就显得越发可贵，就越发有意义。

同时，根据本书调查，对公民教育有所了解的人并不多，见表 3-11。

表 3-11 对"公民教育"了解程度的调查统计

选题		选项		
		不清楚	比较了解	了解不多
对"公民教育"的了解程度	人数/人	405	101	266
	比例/%	52.5	13.1	34.4

在 772 名被访者中，对"公民教育"不清楚的人有 405 人，占样本人数的 52.5%，对"公民教育"了解不多的人有 266 人，占样本人数的 34.4%，两者比例共是 86.9%。说明有较多的人

第三章　中国公民教育内容的现实问题与原因解读

对"公民教育"是不了解或了解不多的。对"公民教育"比较了解的人有101人，占样本人数的13.1%，即使加上对"公民教育"了解不多的人的34.4%，所占比例也没有超过一半。因此，目前，公民对公民教育的了解和认识还处于初步发展阶段，普及和认同还需较长的时间和更大的努力。

同时，本书通过对2020年1月1日至2024年5月1日关于对"公民教育"的研究趋势分析发现，这几年，学者更加倾向对海外各国公民教育情况进行研究（如美国、英国、法国、新加坡、芬兰、爱尔兰等国家），倾向著名人物公民教育思想的研究，倾向新趋势的研究（如社区公民教育、数字公民教育、基于人类命运共同体的全球公民教育等），而直面问题、进行实证研究的进行得较少。当前，进行实例分析也主要是围绕全球公民教育实例，培养目标、课程建设、教学方法、师资队伍及基础资源建设等方面的经验不足。现有研究显示，中国学者宜强化微观层面的教育实证探究，以科学的研究方法和精准的视角，缩短理论、顶层设计与具体实践的距离。❶因此，这就进一步说明大家更意识到"公民教育"的理论建构和经验借鉴还需要进一步挖掘，在本土化上还需要得到更多的共识。

（二）中国公民的公民意识不强导致主观意识认同不深

公民意识具体是指公民对自己在国家中地位作用、权利义务、社会责任等的综合认知，反映公民对待个人与国家、社会、他人之间的价值和规范等。它同公民身份关系是紧密联系，是对公民身份关系的主观性映像，它既反映公民身份关系变化的内容和结构，同时也反作用于公民身份关系的实践。

---

❶ 李雨薇，朱耀云. 中国全球公民教育研究——洞察与分析（2003—2019年）[J]. 跨文化研究论丛，2021（1）：92-105，145.

我国已经进入现代化建设新时期，对公民的素质和能力提出了更高的要求，现代公民只有具备与社会发展相适应的自由竞争、独立自主、积极参与等公民意识和公民能力，才能有效适应现代社会的发展。❶ 其中，政治参与在实践中决定和制约公民意识，同时也受公民意识的直接或间接的影响，成为推进政治认同不断深入发展的内在动力。根据2011年房宁主编的《中国政治参与报告》研究结果，对2003—2010年中国公民政治参与水平作出初步评估，认为分值为2.115分，达不到合格的分数（满分为5分），而且5个指标水平的差距和不平衡十分明显，其中反映直接参与的指标"接触式参与"分数最低，仅为0.078。虽然其评估方法和方式及科学性、准确性有待商榷，但其结果也不禁让人感叹，对培养公民对自身的认同等方面的公民意识的道路任重而道远，具体见表3-12。

表3-12 中国公民政治参与综合评估

一级指标	分值	赋分
选举参与	1	0.529
人民团体与自治组织参与	1	0.452
政策参与	1	0.503
接触式参与	1	0.078
政治参与意识与政治参与评价	1	0.553
合计	5	2.115

资料来源：房宁. 中国政治参与报告（2011）[M]. 北京：社会科学文献出版社，2011：62.

公民意识程度不高，导致公民主体本身意识不到公民教育

---

❶ 程德慧. 公民意识教育：当前学校德育创新发展的新视域[J]. 学校党建与思想教育，2014（11）：36-37，42.

内容的重要性，意识不到重要性，自然不放在心上，研究就得不到重视，公民教育内容的体系就难以形成。随着党的二十大以党代会报告的形式强调发展全过程人民民主，使得对公民正确行使民主权利提出了更高的要求，公民民主意识和积极参与的要求也越来越高。全过程人民民主是全链条、全方位、全覆盖的民主，越来越多的场合或环节需要公民的主动参与，那么公民意识的培养就变得更加迫切。

第四章

新时代中国公民教育内容的构建

在全球化和现代化不可逆转的潮流冲击下，我国公民教育内容在现阶段遭遇了较大的困境，公民教育的发展也较为缓慢，公民认同实现还需要有很长的路走，反思和构建公民教育内容势在必行。本书通过调查发现，公民选择当前德育/思想政治教育最需解决的内容中，大部分指向了公民教育的相关内容，见表4-1。

表4-1 德育/思想政治教育内容当前最需解决的内容调查统计

选项	就业能力	爱国主义	心理健康	公民基本道德及行为规范	集体主义	理想信念	环境保护	权利义务	自我保护	人际交往	其他
人数	555	363	543	586	305	315	593	558	602	482	3
比例/%	71.9	47.0	70.3	75.9	39.5	40.8	76.8	72.2	77.9	62.4	0.3

从表4-1中可以看出，调查对象选项中，认为最需解决的内容排在前五名的有自我保护、环境保护、公民基本道德及行

为规范、权利义务、就业能力,比例分别为77.9%、76.8%、75.9%、72.2%、71.9%,这些都统一指向了公民教育的相关内容。而排在后面三位的爱国主义、理想信念、集体主义的比例分别为47.0%、40.8%、39.5%("其他"选项忽略不计)。这些一直作为我国德育/思想政治教育经常开展的内容,取得较好的成效。无疑构建公民教育内容是摆在广大研究者和教育家们的一项重要任务。

一、公民认同内在张力与中国公民教育内容构建理论依据的内在逻辑

(一)基于公民认同的中国公民教育内容构建理论依据

2001年10月,中共中央发布通知,要求各地区、各部门一定要把公民道德建设放在突出位置来抓,认真贯彻执行《公民道德建设实施纲要》。其中"增强人们的自立意识、竞争意识、效率意识、民主法治意识和开拓创新精神""坚持尊重个人合法权益与承担社会责任相统一"等思想给公民教育提供了借鉴,也把加强公民道德建设的意义提升到促进整个民族素质的不断提高,全面推进建设中国特色社会主义伟大事业的高度;2007年,党的十七大报告提出,加强公民意识教育,树立社会主义民主法治、自由平等、公平正义的理念。❶ 这表明,加强公民意识教育已成为当代中国扩大人民民主、弘扬法治精神、建设社会主义政治文明的一项重要内容。2010年,《国家中长期教育改革和发展规划纲要(2010—2020年)》正式发布,提出要"加强公民意识教育,树立社会主义民主法治、自由平等、公平正

---

❶ 中共党史和文献研究院. 全面建成小康社会重要文献选编(上)[M]. 北京:人民出版社,2022:588.

义理念，培养社会主义合格公民。"表明公民意识教育将作为我国今后重点进行的教育，为公民教育注入了新鲜的血液。2012年，党的十八大提出"三个倡导""三个层面"的24字内容的社会主义核心价值观，2013年年底，中共中央办公厅下发培育和践行社会主义核心价值观的意见，进一步促进了公民价值认同。2019年10月，中共中央、国务院印发《新时代公民道德建设实施纲要》，进一步明确新时代公民道德建设的内容和任务要求，对于推动公民道德教育程度达到一个新的高度。这些党和国家文件出台，为我们研究公民教育内容有了合法和现实依据。同时，马克思主义也为公民教育内容在中国的实施提供了深厚的理论依据。

1. 社会存在决定社会意识

物质与意识的问题是哲学的基本问题。马克思主义指出："全部哲学，特别是近代哲学的重大的基本问题，是思维和存在的关系问题。"[1] 唯物主义观点认为，物质是第一性的，物质先于精神世界存在，是第一自然，是人类首先认识的对象；意识是第二性的，由物质派生又依附物质，是人类存在的第二自然，排在物质之后。物质决定意识在社会中表现为社会存在决定社会意识。马克思认为："物质生活的生产方式制约着整个社会生活、政治生活和精神生活的过程。社会的物质生产力发展到一定阶段，便同他们在其中一直运动的现存各种生产关系发生矛盾，意识是社会发展到一定历史阶段的产物，这种认识需要并依赖于社会存在。不是人们的意识决定存在，相反，却是社会

---

[1] 卡尔·马克思，弗里德里希·恩格斯. 马克思恩格斯文集（第四卷）[M]. 北京：人民出版社，2009：277.

第四章　新时代中国公民教育内容的构建

存在决定人们的意识。"❶ 同时，人们的社会意识又客观地反映社会存在，但不是消极地反映，而是具有能动性，是客观存在的主观成像，能够能动地反作用于社会存在。马克思主义关于社会存在与社会意识的辩证关系理论，对我国公民教育研究的理论指导意义，在于揭示了社会意识、人们的思想意识产生的最一般规律。社会意识指以反映社会现实为内容并存在于人们头脑中的观念；社会存在却是在人的意识之外、不以人们的观念为转移的客观存在的社会现实，不管你想与不想，它都在那里。公民认同是以思想认识为基础的，虽然也受其他因素影响，但是人的思想意识在其中是起关键作用。因此，公民认同什么？以什么样的行为作为自己的参照标准？都是受特定社会环境和历史因素影响。公民教育作为一种全面的对人的影响活动，是人存在社会的全部影响因素共同作用的结果，它的思想认识根源来自公民的社会现实。现实中，公民教育内容受到客观社会存在的复杂性制约和影响，导致人们的思想观念出现多面性和复杂性。马克思主义认为："一定社会的经济生产方式和交换方式，以及由此产生的社会结构是该时代的政治和精神文化确立的基础，这是特定社会历史的显著特征。"❷ 公民教育内容是在社会现实中的人的相互影响下继续历史的传承。在特定生产方式中进行生产活动的人，必然会产生特定的社会关系和政治关系，一定社会的社会结构和政治结构也是与特定的生产活动相联系的。❸ 这种复杂的关联要求我们必须勇敢面对当代中国面临

---

❶ 卡尔·马克思，弗里德里希·恩格斯. 马克思恩格斯文集（第二卷）[M]. 北京：人民出版社，2009：591.

❷ 卡尔·马克思，弗里德里希·恩格斯. 马克思恩格斯文集（第一卷）[M]. 北京：人民出版社，2009：9.

❸ 卡尔·马克思，弗里德里希·恩格斯. 马克思恩格斯文集（第一卷）[M]. 北京：人民出版社，2009：523.

的国际和国内复杂环境来研究和探讨公民认同的内容、目标和实现方法等,不能脱离当代中国社会的现实环境去凭空捏造公民教育内容,空谈公民认同的形成,否则便会误国殃民。

首先,公民教育内容要根源于人的社会属性。马克思主义认为:"人不但具有自然属性,更重要的是具有社会属性,这是人的根本属性。意识一开始就是社会的产物,而且只要人们存在着,它就仍然是这种产物。"[1] 人的本质属性决定人必然与社会关系相联系,世界上不存在能独立、抽象的、脱离一定社会关系的人。马克思主义认为"每个个人和每一代所遇到的现成的东西:生产力、资金和社会交往形式的总和,是哲学家们想象为'实体'和'人的本质'的东西的现实基础"[2]。这种"现实的基础"便是物质资料的生产,而人们在这样的物质资料生产中也就不断生产出复杂的人际关系。正因为人的思想、行为由社会关系决定,人的思想的复杂性来自社会关系的复杂性,而社会关系的复杂性、多样性就决定了人的思想的多面性和复杂性。但不管多复杂,在分析人的思想和行为的时候,必须把公民教育内容放在具体的社会历史环境中,放在复杂的社会关系中去分析和理解,才能在公民教育中反映公民认同的现状,实现公民认同的目标。

其次,公民教育内容要随着社会阶段的变化而发展变化。人总是处在各种社会关系之中,扮演着各自的社会角色,并具有特定的身份,特定的地位。这就决定了人们的思想认识要超越其所处的社会位置是非常困难的,总体上,社会存在与社会

---

[1] 卡尔·马克思,弗里德里希·恩格斯. 马克思恩格斯文集(第一卷)[M]. 北京:人民出版社,2009:533.

[2] 卡尔·马克思,弗里德里希·恩格斯. 马克思恩格斯文集(第一卷)[M]. 北京:人民出版社,2009:545.

意识是同步的。但从具体的某一阶段上看，社会存在与社会意识并不完全同步，具有不平衡性，具体表现为社会意识"超前"或"滞后"于社会存在。而个别"超前"或"滞后"于社会发展不代表整个社会意识可以脱离社会存在，不能夸大二者的不同步和不平衡。因此，不管是同步抑或不同步，社会意识都是伴随着社会的发展而不断变化。《共产党宣言》称道："人们的观念、观点和概念，一句话，人们的意识，随着人们的生活条件、人们的社会关系、人们的社会存在的改变而改变。"❶ 那么，体现社会意识的公民教育内容也就必然要根据社会发展的情况及时变化和更新，与当前的社会现实情况相匹配，而公民认同也就必然随着公民教育内容的变化呈现不同。

我国公民教育内容的地位和作用，根源于社会意识与社会存在的辩证统一。公民教育作为维护社会和谐稳定发展的重要利器，它对形成、转变人们的思想观念起着极其重要的作用，而人们的思想观念的形成或转变又会作用于社会存在，使精神力量变成物质的力量，促进社会的稳定和发展。公民教育内容本身就是社会意识的部分，它的形成必须根植于社会存在，亦受所处的社会关系、历史阶段、社会实践等因素制约，但公民教育内容通过公民教育的实施，转化为精神力量后，必定反作用于社会存在，推动社会实践和社会进步。

2. 人的全面发展理论

人的全面发展理论在马克思主义哲学中占有重要地位，是马克思主义的根本诉求，是人类的理想追求和人的发展的终极目标。

---

❶ 卡尔·马克思，弗里德里希·恩格斯. 马克思恩格斯文集（第二卷）[M]. 北京：人民出版社，2009：50.

首先，马克思主义对人的本质进行了深刻的解释。马克思、恩格斯在《关于费尔巴哈的提纲》中全面揭示了人的本质，提出了人的全面发展思想：人的本质并不是单个人所固有的抽象物，在其现实性上，它是一切社会关系的总和。❶ 人的本质制约和决定了人的全面发展，而人的全面发展则充分体现人的本质特性。马克思主义认为，人的发展与生产实践的发展是一致的，社会生产什么，怎样生产，决定了个人是什么样的，与社会的生产实践具有一致性，即人的发展取决于社会生产的物质条件。因此，他们一方面从作为生产力要素的人去研究人的发展，另一方面，又从人作为一定社会关系的人去研究人的发展，从而使该学说有了坚实的科学基础，具有真理性和科学性。马克思还认为，实践是人的本质的体现。实践不仅表现为人与自然进行物质变换的外在实践上，而且体现在改造主观世界的内在实践上，改造主观世界的内在实践就是主体进行公民认同的过程。在主观世界改造中，主体获得了内在规定性，建立起人类存在方式的思想，把自己和动物区别开来，实现自身的发展。实现人的全面而自由发展，是马克思主义为之奋斗的最高理想和目标。马克思、恩格斯始终认为未来社会是"一个更高级的、以每个人的全面而自由的发展为基本原则的社会形式"。❷ 在人类社会不同的发展阶段，受生产力发展水平的制约，人的发展状况是不同的。马克思主义以社会形态划分和描述人类社会发展的不同历史阶段并依次更替。从社会历史发展的角度看，人的发展可以划分为三个阶段：以人的依赖关系为基础的阶段、以

---

❶ 卡尔·马克思，弗里德里希·恩格斯. 马克思恩格斯文集（第一卷）[M]. 北京：人民出版社，2009：505.

❷ 卡尔·马克思，弗里德里希·恩格斯. 马克思恩格斯文集（第五卷）[M]. 北京：人民出版社，2009：683.

物的依赖性为基础的人的独立性阶段、人的全面发展阶段。在这三个阶段，人的发展各有特点，呈现出不断由低级向高级的发展趋势。❶

其次，马克思主义揭示了人的全面发展的主要内容。马克思强调了人应当是一个"完整的人""全面发展的人"。马克思主义所指的人的全面发展，是相对于社会发展而言的，不仅是单个人的发展，是全体社会成员普遍都得到发展；也不仅是单个人某方面的发展，而是包括个人体力、智力、个性和交往能力等多方面和谐、自由、充分发展。体力指人的身体素质；智力主要指人的思维能力，是一种复杂而高级的认知能力和创造能力；个性是指人的性格与心理，以及感情、意志等；交往能力则主要是人在社会关系方面的能力体现。人是社会的人，处在交织的社会关系中，人的全面发展只有置于社会实践中才能实现。既要重视智力和体力获得充分的自由地发展这一重要内容，又要重视人的"劳动能力""生存能力"；但又要注意，不能把人的全面发展仅仅局限于"劳动能力""生存能力"的全面发展或智力的单方面充分发展及个性充分发展。我们要把人的全面发展的最终目标确定为社会全体成员即全人类的全面发展，亦即人的自由发展和彻底解放。

最后，马克思主义指出了人的全面发展方向。人的全面发展理论是马克思主义的本质要求，也是社会发展的必然趋势。马克思主义认为全体社会成员的智力和体力在生产过程中的多方面地、充分自由地、协调地发展，给人的全面发展描绘了一张目标蓝图。马克思主义提出，为了实现伟大的历史使命和社会的进步，必须培养和造就一批德、智、体、美、劳全面协调

---

❶ 卡尔·马克思，弗里德里希·恩格斯. 马克思恩格斯文集（第八卷）[M]. 北京：人民出版社，2009：52.

发展的人。全面发展的人，就是全面发展了自己的德、智、体、美、劳等一切素质的人，而要成为全面发展的人，教育与实践是两个最主要路径，最重要的就是加强教育。这里所说的人的全面发展是社会成员的全面发展，我国的公民教育其职能和目的就在于促进人的全面发展，培养建设社会主义和共产主义的良好公民。人的全面发展，不是单方面的发展，不是单项能力的突出，而是全方位的提高，必须对人进行多方面的教育。因此，我们的公民教育内容涵盖的范围包括理想信念、道德品质、价值观念、生存发展技能等各个方面。这些方面不是孤立存在的，而是有联系和交叉的，需要合理安排各类公民教育内容的组合结构，使之相互融合、渗透，达到相辅相成，促进教育对象身心和谐发展、全面发展。

3. 内因决定外因

马克思主义认为事物发展的根本动力在于矛盾，事物的发展是在矛盾的斗争性和同一性的共同推动下发展的。唯物辩证法认为，任何事物的发展都是内因与外因共同作用的结果。但事物发展的根本原因，是事物的内部矛盾性结果，即内因，而且任何事物的发展都有内因。每一事物的发展与外部的事物发生关联，并受其影响，这种事物的外部矛盾叫外因，在事物的发展过程中起着重要作用，但不是最关键和最主要的作用，是事物发展的第二位。事物的发展，往往是事物内部矛盾、外部矛盾双方共同作用，推动着事物由量的变化发展转化为质的飞跃的结果。事物发展不可能只有内因而没有外因，也不可能只有外因而没有内因。任何一个事物的发展，不但其内部矛盾存在着多方面的相互作用，而且这个事物又同其他事物构成矛盾和相互作用。正是它们的相互作用、相互影响，事物才不断向前发展。事物的发展虽然是内外因共同作用的结果，但内外因的地位和作用各有不同。

（1）内因是事物发展的根据，排在第一位。

毛泽东说过：单纯的外部原因只能引起事物的机械的运动，不能说明有性质上的变化。而且，即使是外力作用的机械运动，也要通过事物内部的矛盾性。同样，社会的发展，主要是由于内因而不是由于外因。[1] 因为内因是事物存在的基础，是事物自身运动变化的源泉和发展的根本动力，它不仅决定事物的存在和性质，也决定着事物发展的基本趋势和方向。事物会不会发展、怎样发展、发展效果如何，主要由事物的内因所决定。公民教育要取得好效果，科学的公民教育内容很重要，但关键还是要靠受教育主体，即受教育主体自身的基础条件、主观能动性、思想意识等内部因素才是最根本原因。

（2）外因是事物发展的必要条件，排在第二位。

事物的发展既需要内因，也需要外因。因为事物是普遍联系的，任何事物和其他事物之间都存在相互联系、相互影响的关系，不能孤立地存在于这个社会，或多或少总要受周围事物影响或发生联系。所以，事物的发展无法脱离外因的作用，仅有内因不需要外因并不能实现事物的发展和转变。例如，公民的进步发展主要是由他自身的内部矛盾所引起，公民面临的好的社会环境、好的学校和家庭教育等外部条件也在其中起着非常大的作用，但其只能起着重要作用，而不是决定性作用，不能决定事物的发展。

（3）外因通过内因而起作用。

唯物辩证法把内因视为事物发展的第一位的同时，也并不否认外因对事物发展起作用，而且把外因放在非常重要的地位。

---

[1] 毛泽东. 毛泽东选集（第一卷）[M]. 北京：人民出版社，1991：301.

外因对事物发展的作用，并不是分别地、独立地对事物内部矛盾进行影响，即外因需要通过内因来起作用，离开了内因这个根本原因，外因就找不到着力点，起不到应有的作用。例如，再好的公民教育内容如果不能在公民身上施教，公民教育内容的作用和效果便得不到实现。因此在公民教育过程中，要重视内因的作用，考虑公民的需要，根据公民的个体特点，因材施教，以不同的教育方式，开展公民教育内容实施活动，同时，也要重视外因的作用，利用好的条件，改变不好的条件，构建科学的公民教育内容，并通过公民这个内因上实践，实现个人的发展，达到实现公民认同的目标。

我们强调公民认同，是重视公民自身内因作用，使公民通过自身公民认同，推动个人和社会的共同发展。我们提倡通过构建公民教育内容，促进公民实现公民认同，通过公民教育这个"外因"的作用来促进公民这个"内因"，从而相互促进、相互发展，共同推进国家现代化的形成。

当然，公民教育内容的丰富性，不是一两个理论指导的结果。马克思主义理论也是博大精深、理论丰富。因此，往往会有马克思主义多个理论来指导我们的公民教育内容构建，如马克思主义的国家观、系统观等，有待我们在实践中加以借鉴和应用。另外，我国现行德育、思想政治教育的丰富实践，部分也蕴含了公民教育内容，给公民教育内容的构建提供了实践上的借鉴和经验上补充。

（二）公民认同与公民教育目标与内容的相互契合

1. 公民教育内容符合公民认同客体特征要求

公民教育为公民主体认同客体提供了手段和途径，通过这种手段和途径实现主客体之间的互动，而公民教育内容作为受教育者接受的东西，必然要求其符合客观性、科学性、真理性、先进性等特点。客观性，指公民教育内容应来源于客观实际，根植于社会实践，是事实的真实，同时又要反映社会实践，指导实践，而不是凭空捏造、随意想象虚构而来；科学性，要求公民教育内容正确反映了社会现实，代表了现代社会的发展方向，而不是错误的反映、落后的观点、滞后的方法；真理性，要求公民教育内容是符合科学发展规律的，根据其内容进行实践，是可以得到检验的，而且是符合实际的，与现实具有一致性，可以说服人的，而不是理论与结果的相左或相对，无法解释、无法检验的"荒谬"；先进性，要求公民教育内容体现统治阶级的先进性，如中国共产党"三个代表"重要思想，始终代表中国先进生产力的发展要求——体现推动先进生产力发展的要求，始终代表中国先进文化的前进方向——体现发展面向现代化，面向世界，面向未来的社会主义文化要求，促进全民族的全面发展，始终代表中国最广大人民的根本利益——必须坚持把人民的根本利益作为出发点和归宿。

因此，公民教育内容的要求与特征与公民认同的客体特征一脉相承，更具一致性，真正体现了公民认同的要求，完全符合公民认同客体的标准。

2. 公民教育内容构建的目标与公民认同目标有共同指向

有学者根据公民教育的目标进行分类，将公民教育分为：有关公民的教育、通过公民的教育、为了公民的教育等三个不同的层次和类型。[1] 实质上是培养合格的公民。而公民教育目标的实现有赖于公民教育内容的实施，因此，公民教育内容构建的最主要的目标在于实现公民教育，公民认同的根本目标是塑

---

[1] 姬振旗. 公民教育概念辨析 [J]. 河北法学, 2008 (1): 59-61.

造合格的公民，最终目标是实现社会和谐稳定发展，与公民教育的所有目标及分类同样具有一致性。有关公民的教育实质是培养合格公民所需具备政治、历史、法治知识和理解；合格的公民不仅要具备丰富的知识，还需有应用这些知识的能力和行为习惯，即通过公民的教育，实现公民知识的强化和应用，促成公民认同的实现。不管是公民的教育还是公民认同，归根结底是为了实现社会和谐稳定发展，最终归依于公民的全面发展。因此，公民教育内容无法离开公民教育的范围，决定了其本身的目标与公民教育相通且具有一致性，也必然是为了实现公民认同服务。当然，公民教育内容的构建目标也不是纯粹照搬外国的公民教育内容构建模式，而是要构建符合中国特色社会主义的公民教育内容。

二、新时代中国公民教育的基本内容构建原则

通过对公民教育、公民认同基本内涵分析，为公民教育内容的构建提供了理论的支撑，当代中国的现代化状况和200多年的发达国家公民教育发展史及实践为我们构建新时代中国公民教育内容提供了理论和实践借鉴，同时也为中国公民教育内容建构提供了基本出发点。

（一）具有明确的马克思主义立场

立场问题是公民教育的一个根本问题，它集中反映了公民教育理论与实践的出发点和基本点。我国是社会主义国家，我国的公民教育内容必须坚持以马克思主义为指导，首要的是要坚持马克思主义的立场，基于马克思主义的立场分析和解决问题。公民教育的马克思主义立场，主要体现在以无产阶级的阶级立场、辩证唯物主义和历史唯物主义的哲学立场分析问题并

解决问题。阶级立场一直都是马克思主义坚守的阵地，无论是从国家的起源或阶级斗争还是到公民个体的本质，马克思主义理论都没有脱离过阶级立场，都是强调公民的阶级属性。在现代化国家中也是这样，公民对自己所属的阶级的社会性质和政治立场必须具有理性的自觉意识。马克思主义的政治立场，首先就是阶级立场，进行阶级分析。习近平总书记指出："我国人民民主与西方所谓的'宪政'本质上是不同的。中国共产党领导是中国特色社会主义最本质的特征，我们治国理政的本根，就是中国共产党领导和社会主义制度。"虽然中华民族是一个兼容并蓄、海纳百川的民族，善于不断学习和借鉴，但绝不做别人的附庸。一个国家选择什么样的教育内容，是由这个国家的阶级需要和经济社会发展水平决定的。现代公民教育内容，绝不是全盘西方化、资本主义化。辩证唯物主义和历史唯物主义的哲学立场，为我们无产阶级解放事业提供了思想指导和理论支持，为我们解决公民教育的理论和实践提供了依据和方法，用辩证唯物主义和历史唯物主义的哲学立场来构建的公民教育内容才真正具有科学性和先进性，才能用来指导我们有中国特色的社会主义市场经济建设实践。中国公民教育内容构建坚持马克思主义立场，坚持社会主义政治制度，坚持社会主义民主发展，是增强我国公民坚持马克思主义的自觉性，内化马克思主义中国化理论成果，是在实践中不断发展马克思主义，培养更多的马克思主义合格公民。这也是中国公民教育与西方公民教育本质的区别，更是我们的中国特色。

（二）突出公民主体地位

无论是对公民认同还是公民教育的探讨中，公民个体的主体性都居于重要位置，这种主体性不仅体现在权利方面，还体现在公民的责任上。近代以来，资产阶级首先将公民是权利的主体确立起来，曾经将权利与公民的身份结合了起来，❶标志着公民个体主体性的形成。但在西方的公民教育历史中，较长的时间内由于过度强调个人权利，形成了消极的自由观，带来了一系列问题。随着国家治理的兴起和全球化时代的来临，"责任"成为全球公民、世界公民的最起码要求，即要求人们"在做出满足自己需要和愿望的个人决定时，对自己、对他人、对社会，以致对影响人类生存的生态环境等有全盘考虑并承担起相应的责任"。❷权利教育从而转向责任教育，使公民个体的权利和义务都得到强调，使公民的主体性更加完善。

道德是内心的法律，更多的是依靠公民自身自觉的遵守，而传统的道德教育模式以规范和约束为特征，在这种模式中，受教育者主体性如何体现呢？传统的教育机构和教育方式难以给予或实现，受教育者难以意识和体会到，受教育者更难以带着积极自觉的心态去主动认知、选择、追求道德和规范，更多的是盲目地吸收、被动地服从和消极地接受生产流水线中灌输制造出来的同一性。王枬教授指出，这种无主体性的受教育者，充其量也只不过是一个处在他律水平的被动服从者。❸公民这种被动的了解和服从，可以说是，虽有道德躯壳，却无道德灵魂。这种缺乏主体性的无意识行为，并不是我们道德教育追求的最终意义所在，更不是公民教育的目标追求。

因此，公民教育要进一步完善这种教育模式，使传统道德更好地内化到公民心灵深处。从公民的主体性出发，不仅要告

---

❶ T. H. 马歇尔，安东尼·吉登斯，等. 公民身份与社会阶级 [M]. 郭忠华，刘训练，译. 南京：江苏人民出版社，2007：7-9.

❷ 林春逸. 刘力. 从"权利公民"到"责任公民"——当代西方公民教育理念的嬗变 [J]. 扬州大学学报，2005（6）：34-37.

❸ 王枬. 论道德需要与道德教育 [J]. 教育科学，1998（2）：45-48.

诉"是什么",还应告诉"为什么",让公民在明白的基础上作出自己的判断和选择。同时,公民的义务或责任必须同时强调,没有不承担义务的权利,在享受权利的同时,要主动勇敢地承担社会责任和其他应尽的义务。

(三) 以激发公民认同为基础

公民认同是公民教育内容实施要达成的目标,公民教育内容的实施有利于公民认同的实现。国家和社会的现代化,要求公民认同当下的国家,认同当下的政治体制,认同当下的发展路径,才能使全体公民形成共同的力量,心往一处聚,力往一方使,不偏离、不停滞、不拖后、不反对,国家才能实现长治久安,社会才能和谐发展,公民才能和平共处,综合国力才能稳步上升。换言之,国家和社会的现代化需要公民认同,而实现公民认同,需要公民教育去促进,即公民教育要以激发公民认同为基础。因而,公民教育内容的建构,作为公民教育的重要部分,理所当然并义不容辞担当起激发公民认同的重担,公民教育的内容要结合公民认同的要求去建构,其落脚点和归宿均应符合公民认同的基本要求,不以公民认同为目标的公民教育内容是没有实质上的意义,只有以激发公民认同为基础,才能更好地实现公民认同,从而也为国家和社会的现代化做出应有的贡献。

(四) 注重发展性

公民教育内容不仅根源于现实,还应有超前的眼光。前瞻性的目标与内容体系的建构对公民教育具有非常重要的意义。[1]

---

[1] 赵晖. 社会转型与公民教育——中国公民教育目标与内容体系建构 [M]. 北京:人民教育出版社,2007:160.

公民的发展总体上具有阶段性和层次性,有一个逐渐从抽象认识到具体实践的过程。学生心理发展的内涵包括多方面,既包括知识、能力的发展,又包括情感的发展。公民教育旨在培养适应社会生活的良好公民,也就是使未成熟的社会成员养成良好的社会生活习惯,包括行为习惯和心理倾向。这就存在着一个受教育者把外在的要求内化为自身需要的过程,其中的直接影响因素是受教育者的心理发展状况。因此,公民教育内容只有遵循公民的阶段特征和认知发展规律,才能有助于公民的理解、接受、实践,从而成长发展,即尊重公民的心理发展规律才能有效实施公民教育。学生有一种与生俱来的以自我为中心的探索欲和好奇心,要充分适应和利用这种心理特点,[1] 在公民教育内容的设置上,要根据学生身心发展的规律设置,因而,要从最简单的、最容易的到复杂的、有深度的内容,应该选取那些对公民来说具有现实意义的,与生活、与实际相联系的内容。公民由于更接近生活现实,也就更容易理解接受。

另外,公民教育内容还要根据社会的发展趋势和对公民素质的要求,进行适度的"超前"设计。科根和德里考特运用特尔斐预测法(Delphi Technique),针对世界多国的专家学者进行调查,分析21世纪前二十五年的全球趋势以及公民教育相应的政策。研究指出,21世纪的公民教育应培养个人、社会、空间、时间四个维度的公民素质。个人维度强调促进个人应具备的公民伦理;社会维度强调在不同文化环境共同处理公民事务的能力;空间维度强调培养了解与解决本土、国家、世界问题的能

---

[1] 张春莉. 关于中小学生身心发展规律与课程改革的几点思考 [J]. 学科教育,2000(5).

力；时间维度，强调解决现今面临的公民问题。[1] 面对未来全球化和多元化的发展趋势，在根据发展性原则设计公民教育内容时，以上四个维度为我们提供了坚实的借鉴思想。

(五) 民族性与世界性相交融

只有民族的才是世界的，只有文化的才是永久的，每个民族的文化都是世界文化的有机体。文化也因其特有的民族性，才更富有生命力，才能立足于世界，才能繁荣于人类。文化就本质而言，是民族的历史积淀，在全球化浪潮中，各民族文化仍然多姿多彩、多元化发展。正是这种世界性的民族文化相互交融，产生了多种多样的美丽，如无限苍穹的灿烂繁星般美好。我国公民教育内容实质上也是一种中华民族优秀文化的传承，从文化发展的外部条件来说，它不可能独立于世界文化的发展之外，它总是民族性与世界性、时代性的结合，离开世界文明的大趋势，对他人的文化作为"异类文化"加以排斥的内容必然是不成功的内容。

因此，在构建符合我国社会发展实际的公民教育内容时，必须考虑两方面：一方面，要从本民族实际出发，着重吸收中华民族的优秀传统文化，继承和发展有中国特色的公民教育内容。公民教育内容对旧的教育内容进行协调和重构时，既要融入民族特色的内容，又要适合于国家发展的实际状况，创造属于本国的文化意识形态。公民教育内容需要遵循适应学校教育、适应地方民族状况、适应我国的基本国情。另一方面，又要以开放的精神和视角，紧随时代进步的潮流，以科学的态度对待我国悠久丰富的教育资源，吸其精华，去其糟粕，又要结合时

---

[1] COGAN J, DERRICOTT R. Citizenship for the 21st Century: An International Perspective on Education [J]. Kogan Page, 1998: 115-124.

代的需要和变化，在借鉴国外优秀成果的基础上，接受当代世界各国公民教育的文明成果，对传统德育思想进行创造性改造，与时俱进构建有中国特色的公民教育内容。总之，在国家公民教育内容的建构中，应该将国家特色发展出来，将现代意识加入到其中，融入世界公民教育内容的精华，建立符合我国实际的现代公民教育内容。

三、新时代公民教育内容的基本特征

（一）公民教育的内容由多学科成果构成

公民教育涉及的范围很广，任何一个学科的内容均无法在自身的领域实现公民教育。公民教育的内容可以来自政治学、教育学、经济学、法学、历史学，也可以来自社会学、伦理学、心理学、文化人类学等学科的研究成果。作为公民教育的受教育者，作为一个主体性公民，其从认知到接受、理解、融入、行动的过程是很复杂的，也正如公民认同过程的复杂性一样。这种复杂性导致单一学科对公民主体的知识容量是不够的。同时，公民需要的多层次性，也要求公民在认同的各个阶段有不同知识和能力需求，即使在同一阶段，也会有不同层次的需要来满足，从而导致了公民对不同学科知识和理论的需要。只有这些需要得到了满足，公民主体才能从一个阶段进入另一个阶段，从一个低的层次跨入高的层级，最终达到合格公民的要求，从而实现公民认同。

（二）公民教育内容是知识和实践的有机结合

公民是否合格要用实际行为来验证。公民教育不但要传播知识，更要使其内化为公民的行为和习惯。公民认同既要内化于心，又要外化于行，即通过公民的行为加以体现与反映。不

然，再好的内容，没有实践，也是空中楼阁、琼楼玉宇，可望可想却遥不可及，再好的声音也出不来。习近平总书记强调：老师应该有言为士则、行为世范的自觉，不断提高自身道德修养，以模范行为影响和带动学生，做学生为学、为事、为人的大先生，成为被社会尊重的楷模，成为世人效法的榜样。教师不仅要精通专业知识、做好"经师"，还要涵养德行、成为"人师"，努力做"经师"和"人师"的统一者。❶ 习近平总书记一方面强调了教育者的言传身教，要成为"经师"和"人师"的结合体，还强调了学生从教育中懂得"为学、为事、为人"，做到知识与实践的相统一。20世纪以后，美国公民教育也更加注重培养公民的社会适应能力，帮助公民积极地参与到各项社群活动中，提高公民的社会参与能力。❷ 因此，公民教育内容既要融入知识性、科学性，更要融入实践性、行动性。只有两者的紧密结合，公民教育的目标、公民认同的目标才有可能实现，也是国家开展公民教育的初衷。

(三) 公民教育内容是现代化的表征

现代化的核心在于公民的现代化，没有公民的现代化就没有真正实现现代化。那么公民的现代化有什么标准？怎么样才符合公民现代化呢？有学者给出了如下标准：从客观标准角度看，人的现代化由一系列衡量指数，如衣、食、住、行等的水准构成，这些方面又必须以经济的现代化作为基础。但是，如果从人的主体性角度看，实现人的现代化，就是推进人从传统

---

❶ 光明日报. 习近平在中国人民大学考察时强调 坚持党的领导传承红色基因扎根中国大地 走出一条建设中国特色世界一流大学新路 [N]. 光明日报，2022-04-26 (01).

❷ 田芝健，等. 现代化的核心是人的现代化 [EB/OL]. (2013-01-28) [2014-10-16]. http://news.xinhuanet.com/politics/2013-01/28/c_124287360.htm.

向现代的转型,即推进包括人的思想观念、素质能力、行为方式、社会关系等方面的现代转型。❶ 客观的标准容易给人以直观的表现,但公民的思想观念、素质能力等的现代化标准更难实现,难以用物质的形式直接表现。世界现代化发展的进程表明,推动人的素质能力现代化更优于物质的投资。因此,作为现代公民教育内容,在作为塑造公民素质能力的过程中,必须是现代化的象征。也就是说,其内容是与现代化相关,根植于现代社会,反映现代观念。进一步而言,人的思想观念、行为方式等方面的转型,究竟是往什么方向转型,才符合现代化的要求? 本书对此也有过论述,如有权利和义务意识、参与意识、主体意识等。因此,公民教育内容必须也应当体现这些特征。

公民教育内容现代化既是经济现代化的先导,也是政治和文化现代化的前提,还是公民和社会现代化的科学食粮和人文基础。通过培养公民的各种现代化素质和能力,普及和强化公民权责与公德意识,推进运用科学技能的实践,塑造公民健康的多元现代主体性人格,形成公民普遍的现代观念,使人的生产方式、生活方式同现代化要求协调一致,促进公民、社会与自然的和谐发展,从而实现公民认同,是社会现代化和公民现代化的内在需要。

四、新时代中国公民教育内容构建目标向度

(一) 构建目标向度

虽然,公民教育的目标与公民教育内容构建目标是两个不

---

❶ 田芝健. 现代化的核心是人的现代化 [EB/OL]. (2013-01-28) [2014-10-16]. https://epaper.gmw.cn/gmrb/html/2013-01/28/nw.D110000gmrb_20130128_1-07.htm?div=-1.

同问题，前者是整个公民教育的走向，后者是以实现公民教育目标为构建走向，最终为公民教育服务，但两者存在着根本上的联系。实质上，公民教育内容构建就是以符合中国公民教育基本要求为构建目标，这些基本要求包括符合马克思主义、根据中国实际、传承创新、与时俱进等。具体来说，构建目标有以下三个方面。

1. 实现公民认同：公民教育内容构建的根本目标

从公民教育的内涵我们可以看出，公民教育的目标有两个，一是促进公民认同，二是为国家培养合格的国家成员——合格的公民。核心目标是培养具有行使公民权利、承担公民义务、参与公共事务能力的公民，实质是培养符合统治阶级意志的合格公民。任何一个国家都离不开拥护其政治价值的公民，国家的合格政治公民要求能够认同其政治文化和价值观念，促进公民在民主法治的框架下积极参与国家治理和社会治理，从而形成与政治相适应的个体行为规范。公民教育内容作为公民教育体系中的重要部分，根据统一性原则，其目标与公民教育目标是一致的。现代公民强调独立个体的主体性，从这个意义上来说，或者说，公民教育内容的目标应该是帮助受教育者实现对国家、身份、文化、价值观等方面的认同或与统治阶级意志相一致，从而使公民主体具备独立思考和处理个人与家庭、集体、社会、国家乃至世界的关系的能力，有行使公民权利和履行公民义务上的实践能力与行为习惯，也使公民成为积极的公民权责主体，符合现代化的要求。简言之，公民教育内容构建的根本目标在于实现公民认同。

2. 培养合格的公民：公民教育内容构建的最终目标

公民是国家的主人，公民强则国家强。当今世界，各国的竞争，核心是公民的竞争，我国只有培育造就合格的公民并建立健全良好的社会，才能在竞争中立于不败之地。处在社会转型期的中国正经历着一场深刻的社会变革，作为后发的现代化国家，中国的现代化之路曲折而漫长。市场经济、民主政治、法治国家是一个现代化国家的基本架构，而合格公民的养成乃是现代化国家的前提和基础。培养合格公民，是世界各国现代教育的基本价值和培养目标。在中国，现代化的实现，经济的发展、制度的构建固然重要，但社会的成功转型，在某种程度上取决于公民培养的效果。当代中国合格公民的培养不仅是社会主义法治国家和市场经济的重要条件，而且是时代发展的必然选择。培育合格公民有助于推进社会主义法治建设，有助于发展和完善社会主义市场经济；有助于实现中国社会现代化转型，有助于促进我国民主政治建设，有助于个人的全面发展和社会的整体进步。

　　第二章曾经说到，现代化的实现，取决于合格公民的培育。在改革开放的深入开展和全面深化改革的推动下，公民的自由、平等现代公民意识得到了培育，有力推动了中国现代文明建设。中国现阶段的公民在一定程度上离合格公民还有一定的差距，起码从数量上来说应该是不足的。因此，2007年，党的十七大报告提出"加强公民意识教育，树立社会主义民主法治、自由平等、公平正义理念"。2010年颁布的《国家中长期教育改革和发展规划纲要（2010—2020年）》（以下简称《纲要》），在延续了"建设者和接班人"表述的同时，与时俱进地加入了新的教育内容和培养目标，提出"加强公民意识教育，树立社会主义民主法治、自由平等、公平正义理念，培养社会主义合格公民"。《纲要》将"培养社会主义合格公民"列为我国教育改革的目标，明确了公民教育的基本价值取向，不仅为我国未来10年推动教育向纵深发展提供战略规划，更为我国教育发展的核心理念确定基本方向和目标。经过十多年的发展,"培养社会主义合格公民"的目标得到逐步实现,具有现代公民意识的社会主义合格公民越来越多,为国家迈进新时代,朝着更高的目标前进打下了坚实的基础。

教育的终极目的就是关乎人格的完善与人性的发展,培养合格公民的核心理念符合教育的基本属性,公民教育内容的终极目标无疑是培养合格的公民。合格的公民是什么?国家公民、权责公民、美德公民、积极公民,这些在前面已经有论述。那么,合格公民又需要什么样的教育内容?本书将在后面再进一步论述。

3. 多维度整合:公民教育内容构建的微观目标

这里还需要强调的是,培养合格公民不宜纸上谈兵,公民教育内容更不能是画中花朵,仅仅局限于知识的传授不是真正的公民教育,仅仅局限于道德的灌输是空洞的说教,仅仅局限于价值观的培育更是空中楼阁,真正的公民教育内容需要知行合一,理论与实践结合。因此,这里还要简单讨论一下公民教育内容构建更微观的目标。

(1) 培育具有民族认同感的公民。

国家认同是公民认同的前提,而我国是多民族国家,在实施公民教育内容过程中,民族国家的认同问题是其实践不容忽视的目标。虽然在单一民族国家,民族认同往往与国家认同重叠;而在多民族国家,国家认同又高于民族认同。但我国学者研究认为,就我国公民而言,对于国家和中华民族的认同不存在很大的障碍,相关数据也已证实。❶ 因此,本书所说的民族认

---

❶ 刘丹. 全球化时代的认同问题和公民教育研究 [M]. 北京:北京师范大学出版社, 2013:147–149.

同与国家认同是同义使用的，这里所说的民族指中华民族。

　　随着全球化到来，公民的认同已经由传统的多民族国家的单一认同越来越向着多元认同的方向发展。民族认同对现代公民来说是不可缺少的。如前所述，公民总是某个具体的民族国家的公民，因此，对所属民族国家的认同自然是作为公民必须具备的素质。在经济与文化全球化的大背景下，特别是加入世界贸易组织后，中国面临着来自各方面的挑战与冲击，将民族认同感确立为公民教育内容中的一个培养目标，培养能够从世界高度审视、理解中华民族的民族性和民族文化的公民是时代的需求。只有通过培养公民的民族认同感，才能巩固内聚力和向心力，才能确保中华民族在世界上以同一个声音说话，以同一股力量推动国家健康、稳步地发展。中国是一个统一的多民族国家，在公民教育中强调民族认同，也将有利于促进整个中华民族的团结与发展。另外，祖国的统一大业尚未完成，培养公民具有民族认同感，在这一时期又具有特殊的意义与作用。因此，在中国的公民教育中以培养民族认同感为目标，既是国家内部团结一致、外部独立发展的需要，又是国家实现真正统一的精神动力。❶

　　（2）培养具有公民意识的公民。

　　公民意识作为一种现代意识，是社会意识的一种存在形式，是作为民主法治社会中的基本单元的公民对自身身份、权利、义务，包括自己应当遵循的价值、伦理和道德观念的理性认识和自觉。它表现为公民对国家政治、经济、法律等活动心理认同和综合认知，具体体现为身份意识、参与意识、监督意识、责任意识、法治意识等。在现代社会中，改善硬件、引进技术

---

　　❶ 赵晖. 社会转型与公民教育——中国公民教育目标与内容体系建构 [M]. 北京：人民教育出版社，2007：165.

之类的事情比较容易，而改变公民的心理、思想、习惯却很难，人的素质也是无法引进的。我国社会主义市场经济发展既要求社会成员有成熟的政治意识、高度的社会责任感、高尚的道德情操和健全的人生品格，也要求公民拥有积极进取的精神并严格遵守法律与规则，并在社会活动中对个体行为负责。然而，市场经济日益成熟的今天，我们的一些社会成员却暴露出公民意识和公民素质落后于时代发展，给国家、社会、他人带来不利的影响。在古希腊有一句著名的箴言："认识你自己。"也点明了公民意识的重要性。公民在社会中所扮演的角色，拥有的权利，承担的义务，以及如何行使权利和履行义务等，都需要综合认知。因此，公民意识对于我国真正实现现代化，实现中国梦具有相当重要的作用。公民教育内容就要为培养公民意识提供客观基础。

（3）培养具有社会主义核心价值观的公民。

价值观是人们进行价值判断的标准，也是人们行为的价值导向，维持一个社会的公共生活需要一套共识性的价值观念。社会主义核心价值观是我国社会的思想信念和意识主流方向，坚定的理想信念、先进的思想意识决定和引领着社会发展的方向。中华民族伟大复兴的中国梦事业在先进思想意识的引领下，一旦转变成为全体公民的思想意识和具体行动，就会成为不可抗拒的变革社会的力量，创造出伟大的世界奇迹。这种观念和思想意识可以为人们的价值选择指明方向、表明目的，引导人们的行为，形成一种巨大的社会凝聚力、向心力。因此，为了使人能够成长为积极、负责任及能为社会作出贡献的公民，必须首先考虑使其接受社会主义核心价值观。

（4）培养具有主动参与意识与能力的公民。

通过分析可知，公民的实践和参与是现代公民和公民教育的基本特征之一。通过第一章的透视，我们也知道，共和、社群、自由、多元文化主义等西方公民教育思潮，也都认可公民的参与意识和能力的重要性，公民的参与意识和能力越来越成为公民资格的一个重要维度。在实践中，培养参与型公民已经成为世界公民教育目标的共同指向。[1]

党的十八届三中全会明确提出了"进一步全面深化改革的总目标是完善和发展中国特色社会主义制度，推进国家治理体系和治理能力现代化"的论断。这是党的文件首次如此鲜明提出"治理"这一概念，并放在如此突出地位。以前，作为党政机关，我们谈得更多的是"管理"，现在谈"治理"，这不仅仅是名称和概念上的变化，而是蕴含着理念、方法和制度等多个层面的深刻变革和创新。治理所涉及范围比政府管理范围更宽广，不仅包括政府的管理，还包括了非政府组织和公民行为。在治理中，公共的、团体的、个人的和非政府组织的行为者都可以参与其中。治理更能体现群体成员的共同意志，是各方面"好商量"的行为和结果，而不仅是政府的权威管理。"治理的建设不以支配为基础，而以调和为基础；治理同时涉及公、私部门；治理并不意味着一种正式制度，但确实有赖于持续的相互作用"。[2] 治理的理念要求从政府统治转向"良政"和"善治"。它是一种优化、良性、多元化、多角度的管理提升，内涵更丰富、更全面，意味着国家和社会需要政府和社会、公众多元共治；意味着社会法治意识的增强、公共精神的加强、政府权力的减退、市场理念的改变等，具有创新性和复杂性。这种国家治理方式的改变，一方面，需要有效的政治参与，小到基

---

[1] 徐贲. 通往尊严的公共生活 [M]. 北京：新星出版社，2009：424.
[2] 杨雪冬. 全球化：西方理论前沿 [M]. 北京：社会科学文献出版社，2002：199.

层领导的选举，大到国家方针政策的制定，民众都有直接或间接参与的权利和义务并且积极主动地介入政治，就国家方针政策进行评议，提出自己的意见和建议，以期影响政治决策。习近平总书记在庆祝全国人大成立 60 周年大会上的讲话中用八个能否，来评价一个国家政治制度是不是民主的、有效的，其中之一就是"社会各方面能否有效参与国家政治生活"。❶ 另一方面，还需要良好的社会参与，对社会的不良现象和问题主动提出批判的意见，坚守社会道德和法律底线，如社会的法治问题，2014 年 8 月 22 日，福建省高级人民法院终审判决念斌无罪。该案历时 8 年 9 次开庭审判，4 次被判处死刑立即执行。该案十多名律师正因为相信法治的力量、遵守职业操守，多年为法坚守，最终获得成功。可以说这是十多名律师主动为法治社会的推进贡献应有一份力量的见证，让人看到了中国法治进步的希望。因为伴随着世界的发展，越来越多的问题如环境污染问题、世界和平问题等，并非单一地由政府通过政治力量解决的，民间力量在这一方面越发显示出强大的优势。因此，培养公民社会参与的意识与能力，便是公民教育内容目标体系中的重要成员。当然，政治参与和社会参与二者并非截然分开的，在许多情况下，二者互相交融、相辅相成。因此，积极主动参与的意识和能力是现代人应具备的基本素质之一，同时也是现代公民教育的基本目标之一。

总之，"合格公民"就其概念本身而言，有着非常丰富且复杂的内涵，不仅含有认知、情感、心理、道德的因素，更重要的是还涉及实践的因素；而且，不同的国家对"合格公民"所强调的内容是不同的。虽然如此，以"合格公民"为实践目标指向的

---

❶ 中央宣传部，中央党史和文献研究院，中国外文局. 习近平谈治国理政（第四卷）[M]. 北京：外文出版社，2022：258.

公民教育在不同的国度仍有其共同的内容，使其成为在统治下社会生活中有效成员，而这一过程的主要焦点之一，就是提高公民认同。因为公民只有认同其所属的国家及社会共同体，他才能真正充分享有自己的公民权利，并以一种主动性的实践参与形式在政治、经济及社会生活中认真履行自己的公民义务。[1]

(二) 目标要素之间的结构关系

作为公民教育内容构建的两个目标——公民认同、合格公民，二者存在着客观的、必然的联系。公民认同是公民教育内容实施的根本目标，培养合格的公民是公民教育内容实施的最终目标，二者本身就存在同根性，即公民自身。公民认同是合格公民的前提，一名合格的公民应是国家公民、权责公民、美德公民、积极公民，而这只有先实现公民认同才有可能，公民教育内容不从公民认同出发，构筑的体系必然是空中楼阁、无水之源、无根之木，最终无法实现为国家造就合格公民的重任。合格公民是公民认同的归宿，是目标方向，为公民认同指明了道路。教育本身就是改造、造就人的实践活动，如果教育内容不是为了造就合格的公民，即使形成公民认同，这种认同也是歪曲的、错误的、有害的，将会严重危害社会主义现代化建设的方向和进程。同时，公民教育内容构建的微观目标，进一步围绕两个目标从不同的角度进行立体式的全方位补充，使公民教育内容更加符合合格公民的培养，符合公民教育的意旨。因此，公民教育内容结合三个目标进行的体系构建，将有利于公民教育的组织实施，更加有利于全体公民形成一致的认识与共同的追求，从而形成一种推动社会发展的磅礴动力。

---

[1] 刘丹. 全球化时代的认同问题与公民教育研究 [M]. 北京：北京师范大学出版社，2013.

五、新时代中国公民教育的主要内容构建

(一) 新时代中国公民教育的主要内容

当代中国的全面深化改革与创新驱动发展战略环境为公民教育提供了良好的社会条件，同时，这一环境也赋予了公民教育应该具有的时代内容，并且提供了实现的可能。那么，在构建公民教育内容的理论依据、原则、目标等要素的指引下，我国公民教育的时代内容应该是什么？本书研究发现，公民教育的内容因国家和民族的不同而各有偏重和特色，但万变不离其宗，其中存在着两个基本和共同的特点。首先，公民教育内容包含范围广泛，不仅包括国家政治和公民知识的传授，还包括价值观教育与实践活动等，众多学科领域的均参与其中。其次，公民教育内容不是一成不变的，也不受困于单个静止的时空内，活跃在个人、社会、时间与空间等不同方面。新时代中国公民认同构建理论而言，中国的公民认同整体上呈现出层次多样性与内容丰富性并存的样貌。[1] 而多元且富有特色的公民认同机理不仅为有效化解公民认同危机提供了实践范本，也为提供有效公民教育内容提供了路径选择。本书认为，虽然公民教育涉及的教育内容众多，但在构建中国公民教育内容体系时，首先要考虑中国公民教育发展的现状与不足，以新的公民教育目标为规矩和准则，进行合理的组织和取舍。其次要结合公民认同和公民教育的理论及对英美等发达国家近现代公民教育实践的考察。在此基础上建构的中国公民教育内容应该主要包括对国家、身份、文化、价值、社会层面的认同内容。

---

[1] 张海洋，段萌琦. 公民认同的发展逻辑探析——兼论新时代中国公民认同的构建理路 [J]. 理论导刊，2019 (11)：73-77，91.

1. 国家认同：政治经济教育升级

有些学者把政治教育视为一种使个体政治社会化的过程，当然这是一种广义的理解。在这种公民认同过程中，政治教育处于核心地位。在公民的培养中，政治教育更是占据首要地位，而这种政治教育则是国家认同教育。在某种意义上，公民教育首先是国家认同教育，而且本质上就是国家认同教育。❶ 在政治落后的国家，社会成员不关心政治是与社会、国家协调一致的；在民主政治的国家，社会成员关心政治是与社会、国家协调一致。在现代社会，政治统治地位的维护、政治权力结构、政治秩序的持续、稳定和发展，需要公民心理的认同和支持。❷ 同样，权力体系和政治模型的有效运转还有赖于公民认同❸，这都关系到公民对国家政治的了解和接受。所以，政治教育可以说是现代公民教育的一个有机组成部分。而且，公民教育主要与国家、政治和政治文化相联系，最终目标主要指向与国家和政治相关联的一切。因此，政治教育应该构成公民教育的主要内容和核心内容。而政治教育应该包括政治知识教育、政治态度、国家价值观教育和政治参与力教育等。

经济常常与政治联系在一起，密不可分，国家的核心任务便是发展国家经济。马克思和恩格斯对经济基础与上层建筑之间的相互关系进行了科学的论述，即经济基础决定上层建筑，上层建筑反作用于经济基础。马克思说："任何时候，我们总是要在生产条件的所有者同直接生产者的直接关系——这种关系

---

❶ 韩震. 全球化时代的公民教育与国家认同及文化认同［J］. 社会科学战线，2010（5）：221-228.

❷ 胡建华. 增强"四个意识"六讲［M］. 北京：人民出版社，2016：44.

❸ 汪习根. 中国特色社会主义法治道路的理论创新与实践探索（第二卷）［M］. 北京：人民出版社，2021：44.

的任何当时的形式必然总是同劳动方式和劳动社会生产力的一定的发展阶段相适应。"❶ 因此，两者的矛盾作用又是相互的，共同发展的，而不是单向的。"并非只有经济状况才是原因，这是在归根到底总是得到实现的经济必然性的基础上的相互作用。"❷ 在坚持"一个中心，两个基本点"政策的情况下，经济活动上系国家，下及民众，是社会生活的基础，公民经济素质的高低决定公民的生活水平，国家的经济发展和社会进步离不开高素质公民的共同作用。随着社会经济的不断进行，也要求国家公民教育要以新的观念、新的社会规范对未来社会成员的经济社会化给予正确的指导，使公民树立守法经营、履行法定经济义务的意识，培养公民的经济意识，形成经济思维，正确理解改革、发展与稳定之间的关系，正确处理国家利益与个人利益关系，以达成公民对国家经济制度的政策的广泛认同。

对公民进行政治经济教育，在现阶段思想政治教育中也有，但其内容与时代的发展相比还有一定的滞后，急需对内容进行升级。首先，对政治经济理论进行升级。改革开放以前的中国，需要巩固无产阶级政权。"阶级斗争""政治挂帅"充斥社会，计划经济形成特有的整体型利益结构，大部分政治与经济问题通过政治动员等方式解决。改革开放以后，中国实施了"以经济建设为中心"的社会管理方式重大转变，尊重市场经济发展规律，充分发挥市场这只看不见的"手"，在"小政府、大社会"思路指导下，社会一般成员的经济活动日渐多样化，"经济人"的生存状态及由此带来的劳动力大面积流动以及带来的观

---

❶ 卡尔·马克思，弗里德里希·恩格斯. 马克思恩格斯文集（第七卷）[M]. 北京：人民出版社，2009：894.

❷ 卡尔·马克思，弗里德里希·恩格斯. 马克思恩格斯文集（第十卷）[M]. 北京：人民出版社，2009：668.

念转变，使得普通公民的生活方式已经由原来的"固定地域""固定人员""固定单位"的"熟人"生活圈，逐渐转变为人员频繁流动变化的"陌生"生活圈，更普遍地呈现了一个多样化的社会。因此，在熟人社会里，以往依靠单纯的政治命令和动员可以轻易解决的事情，现在已经行不通了，需要综合运用经济、法制、道德等多种手段才能有效解决。也就是说，单一的行政管理已经不能覆盖全社会，需要综合运用德治、法治、自治、智治等方式方法进行耦合管理。面对国民的生存、生活、消费和思维方式发生的根本性变化，以政治体制改革和经济体制改革为核心的社会转型，传统政治教育单一的"政治"内涵已经无法涵盖今天纷繁复杂的社会生活，传统政治经济教育模式已受到巨大挑战。这一挑战之一就教育的内容来看，涉及的就是政治经济教育的理论容量不足。因此，在内容方面，政治经济教育表现出理论容量不足、实际教育效果欠佳等状况。在多样化、复杂化的社会中，我们要保持中华民族固有和独特内容，就必须把铸牢中华民族共同体意识内容融入政治教育内容。习近平总书记指出："要构建铸牢中华民族共同体意识宣传教育常态化机制，纳入干部教育、党员教育、国民教育体系，搞好社会宣传教育"。[1] 2023 年 9 月，习近平总书记提出了"新质生产力"这一新名词，其是有别于传统生产力的新型生产力，是符合新发展理念的先进生产力质态，将成为我国经济社会发展的重要内容，待时机成熟，也应及时融入基础内容。其次，是政治经济知识的数量和质量升级。当前，中国的思想政治教育内容，堆积了大量的政治经济内容，在各个阶段和层面都有不同的体现，其中包含了一些比较深奥的内容和一些作为普通公

---

[1] 中央宣传部，中央党史和文献研究院，中国外文局. 习近平谈治国理政（第四卷）[M]. 北京：外文出版社，2022：247.

民根本用不到或不需要知道的内容。本书第三章的数据分析中，也证明了这一点。这导致学生们背诵、学习了大量的政治经济知识，到最后却发现一些知识对普通人的日常生活帮助不大，或者容易遗忘，不仅挤占了公民教育的相关内容应有的比重，还造成学生的负担。因此，我们应对其内容进行数量上的精简，质量上的提升。

新时代中国的现代化发展趋向说明公民认同也是随着时代进步在不断前进的，要实现公民对国家的认同，政治经济教育不能脱离现实社会政治历史条件，即前者须根据后两者的变化而不断作出调整。处于现代化的大背景下，当前中国的政治经济教育将必然表现为从灌输式教育向参与型公民教育的转变。公民教育中涵盖的政治经济教育内容将突破原有内容单一的局限，融入更多的社会主义民主政治、社会主义市场经济、政治经济参与能力教育等知识和实践，这将是中国走向政治文明的必由之路，实现国家认同的必然要求，如将习近平新时代中国特色社会主义思想全面和深入融入政治经济教育中，正是促进公民认同的有效手段。

2. 身份认同：民主与法治教育同行

公民身份不是社会成员的自然属性，成为合格公民需要被法律所承认。成为合格公民的关键在于将公民身份内化为人格结构中的一部分，养成公民人格，表现为公民能够在心里将相关的法律规范内化为自身的行为方式和具体的行动中。❶ 同时，在制度层面，公民身份需要民主与法治的保障。

民主，主要指在统治阶级范围内，按照平等的原则和少数

---

❶ 周光辉，刘向东. 全球化时代发展中国家的国家认同危机及治理 [J]. 中国社会科学，2013（9）：40-54.

服从多数的原则来共同管理国家事务的国家制度，具有鲜明阶段性，与专政相对。学习民主知识和内容，用于公民参政议政能力的培养，有利于主动参与精神的培育及公民身份的外化。作为人类文明的基本价值，"民主已成为整个世界上头等重要的政治目标"❶。现代的民主含义非常丰富，它是一种管理体制，使国家的利益、集体的利益以多数决定，同时尊重个人和保护少数人的权利，避免政府权力集中在某一个人手里或某一个单位手里，避免"一言堂"，还充分保护公民个人的自由，如言论自由、宗教信仰自由等。习近平总书记在庆祝全国人大成立60周年和全国政协成立65周年的讲话中，提到"民主"有122次，其中，2014年9月21日，习近平在庆祝全国政协成立65周年大会上强调："民主不是装饰品，不是用来做摆设的，而是要用来解决人民要解决的问题的。中国共产党的一切执政活动，中华人民共和国的一切治理活动，都要尊重人民主体地位，尊重人民首创精神，拜人民为师。实行人民民主，保证人民当家作主，要求我们在治国理政时在人民内部各方面进行广泛商量。在中国特色社会主义制度下，有事好商量，众人的事情由众人商量，找到全社会意愿和要求的最大公约数，是人民民主的真谛。"❷ 使用"八个能否"来评价政治制度的民主性，体现了中国共产党实行人民当家作主和依法治国有机统一，开创"中国式民主"的制度自信。党的二十大报告则强调发展全过程人民民主，确定了中国民主道路上的"新航向"，具有非常重要的意义。

法治，前面在论述"法律"与"法治"时，已经初步说

---

❶ 科恩. 论民主 [M]. 聂崇信，等译. 北京：商务印书馆，1988：1.
❷ 仲音. 民主是要用来解决人民需要解决的问题的 [N]. 人民日报，2022-08-04（04）.

明。它作为一种治国的理念,与"人治"相对,主张国家的长治久安和兴旺发达,关键因素不在于领导人有多英明,而在于法律制度的有无与好坏。这是法治应有之义和精髓。同时,法治作为治国原则和方法,有其具体的要求:要有良好的法律;法律要有极大的权威;法律面前人人平等;必须建立在民主基础上;要有分权,包括司法独立、建立完善的权力制约机制和监督制度,反对权力过分集中在少数人手里。❶ 如果这些要求不能实现,在这个意义上,这个国家即使有完备的法律制度,也只能有法制而无法治。因此,法治教育比法律教育有更高的要求和更广阔的意义。党的十五大提出依法治国、建设社会主义法治国家的号召,强调依法治国是党领导人民治理国家的基本方略,是社会文明进步的重要标志,是国家长治久安的重要保障。这在中国社会发展历程中具有重大历史意义,它体现了法律在中国的地位不断上升。之后,"依法治国"写入宪法,成为最高行为准则。党的十六大,提出"要把坚持党的领导、人民当家作主和依法治国有机统一起来"。党的十七大,提出"加快建设社会主义法治国家"。党的十八大,提出"推进全面依法治国,法治是治国理政的基本方式"。党的十八届三中全会,又提出"建设法治中国",2014年党的十八届四中全会以"依法治国"为主题召开,强调法治国家治理体系和治理能力的重要依托,鲜明提出坚持走中国特色社会主义法治道路、建设中国特色社会主义法治体系的重大论断,是党的全会首次以依法治国为主题进行研究和部署。党的二十大,继续坚定法治路线,"坚持全面依法治国,推进法治中国建设",确定未来发展方向。因此,适应新时代的需求,法治越来越成为人们与社会之间或人

---

❶ 李步云. 论法治 [M]. 北京:社会科学文献出版社,2008:146-147.

们内部的普遍利益与特殊利益的调适器。建立法治国家，就是要实现由伦理（政治）社会向法治社会的转型。因此，国家与社会愈来愈成为一个以权利和义务为基本联系纽带的法治共同体，这就要求法律应具有至高无上的地位。❶ 在此背景下，法治教育已经成为公民教育不可或缺的内容。党的十八届四中全会也坚定指出，不仅要将法治教育纳入国民教育体系，还要从青少年就抓起，在中小学设立法治知识课程，也首次实现了从党中央的层面开始由以前单纯的"法律教育"向"法治教育"的转变。

教育在于塑造人的素质，法治教育则是通过教育的途径实现社会主体的法律意识、法治观念增强，法律素养的提高，塑造公民的法治素质。亚里士多德认为，"法律之所以能见成效，全靠公民服从，而遵守法律的习惯须经长期的培养"。❷ 法治素质并非公民天生就有或自发生成，其养成和发展是在教育和社会环境的影响下，以及在法治实践过程中逐步塑造和培育起来的。在这种逐步塑造和培育中，公民才会认同法治的知识，产生对法治的尊重，从而形成法治信仰。同样，法治信仰不仅需要公民对法治的认同、信赖和敬重，更需要将其贯彻于每一个行为选择中，落实到现实生活中。❸ 因此，从对法治的尊重、信仰，再到法治实践，均需要法治教育的塑造和培育。习近平总书记提出：要坚持法治教育从娃娃抓起，把法治教育纳入国民教育体系和精神文明创建内容，由易到难、循序渐进不断增强青少年的规则意识。❹ 因此，法治教育在依法治国、建设社会主义法治国家进程中至关重要。法治教育是指在"社会主义法治

---

❶ 马长山. 国家、市民社会与法治 [M]. 北京：商务印书馆，2002：261-262.
❷ 亚里士多德. 政治学 [M]. 吴寿彭，译. 北京：商务印书馆，1965：81.
❸ 汪习根，等. 中国特色社会主义法治道路的理论创新与实践探索（第三卷）[M]. 北京：人民出版社，2021：1355.
❹ 习近平. 论坚持全面依法治国 [M]. 北京：中央文献出版社，2020：115.

理念"指导下，通过对公民有目的、有计划、有组织地进行"依法治国"方略的宣传和教育，培养和发展公民法治观念及其用法治观念指导自己行为的一种活动。法治教育的关键在于让社会主义法治理念在公民的价值观念中发育成熟，让每一个公民都传承社会主义法治理念，自觉维护法治的基本原则和精神。❶

由此可见，民主意识和法治精神都是现代公民素质的重要组成部分，并且有机统一。没有民主与法治的同行，公民的权利就得不到实现和保护，全过程人民民主就难以实现，人的现代化和社会现代化就无从谈起。因此，要由目前的法律教育转为民主法治教育，把培养公民对现代法律的信仰和法治精神作为法治教育的根本目标，把公民维权意识（即利用法律维护自己的合法权益）和护法精神（即积极维护法律的极大权威和尊严）作为法治教育的落脚点，将对公民消极的守法要求转变为塑造积极的守法精神的公民意识的培养。所以，我们既要重视民主教育，又要重视法治教育，不能只要民主教育，不要法治教育，也不能用法制教育来替代法治教育，而是将民主与法治教育放到同等重要的地位，还要将法治的最新成果，如习近平法治思想和民法典等，纳入公民教育内容，为公民获得身份认同，实现公民认同保驾护航。2020年5月，习近平总书记在中共十九届中央政治局第二十次集体学习时，也强调"要把民法典纳入国民教育体系，加强对青少年民法典教育"❷。

---

❶ 石雁. 法治教育中的思想政治教育渗透［J］. 思想教育研究，2013（2）：86-89.

❷ 中央宣传部，中央党史和文献研究院，中国外文局. 习近平谈治国理政（第四卷）［M］. 北京：外文出版社，2022：284.

3. 文化认同：传统创新与公民道德教育创新

文化认同对社会的发展有着巨大的作用。当今，各种文明与文化之间的交流和矛盾、冲突与融合经常发生，形成交流交融交锋的局面，文化全球化的发展过程使文化日趋多样多元多变的情况下，文化认同越来越显示出其作为软实力甚至国家综合国力的重要一部分。先进精神文化是实现新兴大国之梦的必要条件。这是因为，精神文化所形成的无形的集体认同力和感召力对人的积极性创造性的影响和集聚，相对于自然资源、军事力量、经济或科技实力等有形要素来说，更有力量。党的十七大用"两个越来越"来论述文化的重要性，即"文化越来越成为民族凝聚力和创造力的重要源泉、越来越成为综合国力竞争的重要因素"。党的十八大指出：文化是民族的血脉，是人民的精神家园。党的二十大也专门论述了建设社会主义文化强国，突出了文化的重要作用和地位。因此，如何在文化强国建设中，使公民通过实现公民文化的模塑来实现文化认同就变得相当重要。"人们自我同一性的一个方面是强调文化的群体同一性，当个体从一个文化转向另一个文化时，自我同一性也得到矫正而适应新的环境，这个过程被称为文化的模塑，其中在态度、行为、价值和文化同一感都有相应的变化。"❶ 在全球化背景下，一个民族和国家对外来文化一般有两种态度，一种是自觉维护本民族本国的文化，坚决抵制外来文化；另一种是不同程度地进行吸收。例如，清政府的闭关自守政策就是对外来文化的抵制和轻视；改革开放以来，中西文化进行了更多的交流，中国传统文化中的一些观念也在逐渐地改变，尤其是在西方先进的物质文化的影响下，更容易导致对西方文化的接纳。但是"全

---

❶ 万增奎. 道德同一性的心理学研究 [M]. 上海：上海教育出版社，2009：146.

盘西化"也是不可取的,"去中国化"更是悲哀,更要反对。2014年五四青年节,习近平总书记与广大青年学生畅言青年的责任和担当时强调:"中华优秀传统文化已经成为中华民族的基因,植根在中国人内心,潜移默化影响着中国人的思想方式和行为方式。"❶ 2014年教师节,习近平总书记在北京师范大学参观"尊师重教、筑梦未来——庆祝第30个教师节主题展",听说语文、历史、思想政治三门课标是全国统一时,就直言:"我很不赞成把古代经典诗词和散文从课本中去掉,'去中国化'是很悲哀的。应该把这些经典嵌在学生脑子里,成为中华民族文化的基因。"❷ 习近平总书记的不赞成,必有所指;经典之说,必有所思。北京市率先响应习近平总书记的讲话,将更多的中华优秀经典诗词收录进新版课本;中央电视台、河南卫视等也创新节目形式,将中华优秀传统文化以歌舞、故事演绎、比赛等形式与广大观众见面,大获好评,印象深刻;还有西安大唐不夜城的节目,让大家沉浸式感受中华优秀传统文化。

2017年,中央下发《关于实施中华优秀传统文化传承发展工程的意见》,提出以中华文化核心思想理念、中华传统美德和中华人文精神为主要内容的优秀传统文化全方位融入国民教育各个领域、各个环节,与人民生产生活深度融合,使之成为长久生命力,真正实现活起来、传下去,使优秀的传统文化与公民教育融合、贴近,焕发青春活力。人类的文化不断相互印证,相互吸收,"我性"文化以对"他性"文化的不断解释而作为

---

❶ 习近平. 青年要自觉践行社会主义核心价值观——在北京大学师生座谈会上的讲话 [M]. 北京:人民出版社,2014:7.

❷ 人民网. 我很不赞成把古代经典诗词和散文从课本中去掉 [EB/OL]. (2014-09-09) [2014-10-16]. http://politics.people.com.cn/n/2014/0909/c1024-25628978.html.

自己存在的一种理由，反之亦然。❶ 在现代中国的文化认同问题上，我们不能采取绝对吸收和绝对排斥的"绝对论"。绝对的复古和全盘的西化都不是中国目前的实现文化认同所需要采取的措施。一国的政治文明的成熟，固然需要吸收借鉴其他国家的优秀文明，但根本还是要把这棵大树栽培在本国传统的土壤之上。我们一方面要根据中国特色社会主义实践，大胆吸收和借鉴人类文明的一切有益成果；另一方面要认真挖掘传统文化优势，实现"创造性转换"，使传统更好地为现代化服务。❷ 毛泽东主张"古为今用"和"洋为中用"，强调马克思主义与中国实际相结合，即马克思主义中国化，得到了广泛认同，并成为长期以来指导中国文化建设的方略。

在对公民进行文化认同教育时，我们一方面要大力宣扬民族的、本土的社会主义文化，推动中华优秀传统文化与马克思主义中国化之间的高度融合，在实事求是的思想路线基础上，创造性地运用马克思主义的基本原理解决中国的实际问题，防止照抄照搬和僵化对待。另一方面要进行多元化文化教育，尊重和了解世界各国文明和文化的特殊性和多样性，为世界和平发展作出贡献。党的二十大指出："坚守中华文化立场，提炼展示中华文明的精神标识和文化精髓，加快构建中国话语和中国叙事体系"，强调要深化文明交流互鉴。我国的公民教育的优势和特色，关键在于能否真正地对中华优秀传统文化进行弘扬、吸收与创造性地转化。事实上，将传统文化吸收为执政党的执政资源，业已成为我党的共识。刘云山在"欧洲学者眼中的中国共产党"研讨会上说："我们党推进马克思主义中国化，实际

---

❶ 斯图亚特·霍尔. 文化身份与族裔散居 [M]. 北京：中国社会科学出版社，2000：209.

❷ 靳志高. 当代中国的认同危机与公民教育 [J]. 教育探索，2005（6）.

上就是坚持马克思主义与中华传统文化的有机融合。"

　　道德之于个人、之于社会，都具有基础性意义，做人做事第一位就是崇德修身。中华民族的传统道德有着深厚和悠久的历史文化背景，其中的精神内涵、价值观念、行为规范等都是我国宝贵的精神财富和传承瑰宝。蔡元培先生说过："若无德，则虽体魄智力发达，适足助其为恶。"我们的用人标准为什么是德才兼备、以德为先，因为德是首要、是方向，一个人只有明大德、守公德、严私德，其才方能用得其所。道德是调整人与人之间及个人与社会之间关系的行为规范。在现代化国家，公民作为一个政治和社会的主体，强调的是公共原则和公众意识，体现的是公德、公益等公共德性。道德教育是公民教育的基本内容，道德是最基本的底线，遵守道德要求是人类生存和发展的必然选择。但道德是有历史性的，随着社会经济的不断发展，它也不是一成不变的，而是应该创新其内容，赋予其时代特征，更贴合实际。那么，公民教育中的道德教育究竟应该是怎样的一种教育呢？道德的层次有高低之分，"无私利他"的道德是一种高层次的道德，"利己利他"则较低级，前者多数人难以做到，后者一般人都能做到。❶ 较长时间以来，我国道德教育经常定位在"高大上"的理想，要普通学生甚至低龄学生向少数精英甚至伟人的道德标准和行为准则看齐。虽然目标可以定高远，但应符合受教育者的认知水平。十年多前，我国道德教育主要集中在 8 年级之前，脱离了学生成长规律和发展实际。也导致了普通公民需求的社会公德教育在普通公民中开展得不够，社会公德问题也比较严重。根据吴潜涛的调查，社会公德领域中存在较为严重的道德问题。具体见表 4-2。❷

---

❶ 崔永东. 道德与中西法治 [M]. 北京：人民出版社，2002：316.
❷ 吴潜涛. 当代中国公民道德状况调查 [M]. 北京：人民出版社，2010：53.

表 4-2 受访者认为我国社会中道德问题最严重的领域

领域	频数/人	百分比/%
社会公德	3 911	66.32
职业道德	1 296	21.98
家庭美德	435	7.38
其他	255	4.32
有效样本量	5 897	100.00

其中,有3911名受访者中,约占66.32%的人认为社会公德已成为社会中道德问题最严重领域。这些问题如果得不到及时有效解决,必然损害正常的经济和社会秩序,损害改革发展稳定的大局,应当引起全党和全社会高度重视。

在新的历史条件下,从公民道德建设入手,继承中华民族几千年形成的传统美德,借鉴世界各国道德建设的成功经验,努力建立与发展中国特色社会主义道德体系,对弘扬优秀传统文化、培育现代公民意识、形成追求高尚、激励先进的良好社会风气,促进整个民族素质的不断提高,全面推进建设中国特色社会主义伟大事业,具有十分重要的意义。2001年,中共中央印发《公民道德建设实施纲要》(以下简称《实施纲要》)。《实施纲要》继承了中华民族传统道德的精华,发扬了我们党领导人民在长期革命斗争与建设实践中形成的优良传统,借鉴了世界各国道德建设的成功经验和先进文明成果,顺应了时代要求,反映了群众愿望,体现了中国先进文化的前进方向,是我国公民道德建设的纲领性文件。《实施纲要》明确提出了"爱国守法、明礼诚信、团结友善、勤俭自强、敬业奉献"20字基本道德规范,阐明了社会主义道德建设的主要内容、基本要求和具体措施。其内容丰富、科学严谨,结合理论与实践深刻地论述了公民道德建设的重要性。但是，它的影响力在目前来说，还没得到很好的重视与认同。根据宋燕金博士对云南高校大学生的调查，云南高校大学生对《实施纲要》与"弘扬中华优秀传统文化"都具备了一定程度的认知水平，但认知水平都不高，具体见表4-3。

表4-3 文化认同的调查统计

选题		非常了解	了解	不确定	不太了解	很不了解	合计
《公民道德实施纲领》	人数/个	147	297	225	382	118	1 169
	比例/%	12.6	25.4	19.2	32.7	10.1	100
弘扬中华优秀传统文化	选项	非常重要	重要	不确定	不太重要	很不重要	合计
	人数/个	84	530	281	235	39	1169
	比例%	7.2	45.3	24.0	20.1	3.3	100

从上表中可以看出，云南高校大学生在"《实施纲要》"选项中，认知情况为"了解"的比例为38%（"非常了解"为12.6%，"了解"为25.4%），"不确定"的比例为19.2%，"不了解"的比例为42.8%。在"弘扬中华优秀传统文化"选项中，认为"重要"的比例占52.5%（"非常重要"为7.2%，"重要"为45.3%），"不确定"的比例为24%，认为"不重要"的比例占23.4%（"不太重要"为20.1%，"很不重要"为3.3%）。❶这里面，连大学生这个属于教育高层，即受过精英教育的祖国未来栋梁，对这两方面都认知不深，一定程度上说明目前我国对优秀传统文化和《实施纲要》的普及和认同还不够，这是值得我们深思和继续采取措施加强的。

---

❶ 宋燕金. 西南边疆多民族聚居地大学生主流文化认同教育研究［D］. 桂林：广西师范大学，2014.

因此，中共中央、国务院于2019年印发《新时代公民道德建设实施纲要》，充分肯定了《实施纲要》颁布以来取得的成果，但也指出了一些深层次问题还存在，并提出了系列举措，其中要求：坚持提升道德认知与推动道德实践相结合，尊重人民群众的主体地位。❶ 公民道德建设是弘扬和培育民族精神的关键所在。道德建设的过程，是教育和实践相结合的过程，是每个公民知行合一的过程。《实施纲要》是对我国传统道德教育内容的传承和创新，也为我们研究公民教育内容提供了理论支撑。2019年《新时代公民道德建设实施纲要》则专门设置"抓好网络空间道德建设"内容，指导新时代道德建设面临新问题的路径选择。因而，公民教育以公民道德作为基本内容，既是对生活于现代社会的公民的基本要求，也是倡导和实施公民教育的现实意义所在。而在中国当下，公民道德教育内容应以实施《新时代公民道德建设实施纲要》为统领深入开展。

总之，传统的精华不是太少，而是我们发现得太少，更是我们创新得不够。中国公民教育的文化认同教育既要注重外来理论的引用和借鉴，也要对自己优秀传统文化进行继承和发展，更要加强对两者的吸收与创新，使中国传统文化和道德重返现实世界，回归公民特性，观照公民内心，回应新时代召唤。

即使在新时代，人工智能时代颠覆了较多传统认知，社会问题还不断涌现，但我们仍要遵循数字公民教育的本土逻辑，坚持本土目标导向与问题导向相统一❷，培育中华优秀传统文化

---

❶ 中共中央，国务院. 新时代公民道德建设实施纲要［EB/OL］.（2019-10-27）［2023-08-08］. http://www.xinhuanet.com/politics/2019-10/27/c_1125158665.htm.

❷ 朱敬. 终身教育视角下我国数字公民教育的形态与逻辑［J］. 现代远距离教育，2021（4）：76-82.

关照下的数字文化、数字道德和数字文明等内容。❶

4. 价值认同：社会主义核心价值观教育融入

"价值"是从人们社会生活过程即物质生产过程形态的关系中产生的，是发展史的自然产物。❷从本书第二章对价值认同概念来看，价值认同是以差异为主体的立体的认同，并不是相同或者同一，并不否认价值的差异和层次。由于对客体价值的不同理解，产生了对客体是否有价值、价值大小、价值实现可能性等方面认识的不同。高度的价值认同无疑对团结一致、凝聚力量、共同行动起到重大作用，但客体在经济或社会中体现的价值的大小往往影响价值认同主体对客体价值认同的程度。价值认同具有鲜明的主体自我性，也就是对同一个事物往往会形成不同的价值判断。舍勒说："一切应然都必须奠基于价值之中，即：唯有价值才应当存在和不应当存在。"❸认同必然具有价值上的判断，是通过主体的理性批判和反思，客体被主体所认可的东西。一个社会中不同的个体和群体具有价值观的差异。价值观的差异是认同达成的障碍，表现在主体对于同一客体的不同认知，形成基于此的社会共识。人类社会发展的历史表明，对一个民族、一个国家来说，最持久、最深层的力量是全社会共同认可的核心价值观。核心价值观，承载着一个民族和国家的共同精神追求，既是个人的德，也是国家的德、社会的德。国无德不兴，人无德不立。如果一个民族、一个国家没有共同

---

❶ 翟月荧，孙晓宇. 数字化生存应提升全民数字技能［N］. 学习时报，2021-01-08（003）.

❷ 卡尔·马克思，弗里德里希·恩格斯. 马克思恩格斯文集（第五卷）［M］. 北京：人民出版社，2009：97.

❸ 马克斯·舍勒. 伦理学中的形式主义与质料的价值伦理学（上册）［M］. 倪梁康，译. 北京：三联书店，2004：98.

的核心价值观,莫衷一是,行无依归,那这个民族、这个国家就无法前进。❶

在我国,群体对现行价值观认同的程度如何？戚杰强博士曾做了一个调查。在 815 名被访者中,如果排除"不一定"态度的人,"确信"马克思主义的人占 79.8%,"不确信"马克思主义的人占 20.2%,见表 4-4。因此,如果仅仅相对于不信仰马克思主义的人而言,大部分人都信仰马克思主义。❷

表 4-4　马克思主义信仰程度分布

选项	数值		
	频率/人	有效百分比/%	累计百分比/%
20~39 分,非常不确信	19	2.3	2.3
40~59 分,比较不确信	64	7.9	10.2
60~79 分,不一定	404	49.6	59.8
80~99 分,比较确信	310	38	97.8
100 分,非常确信	18	2.2	100.0
合计	815	100.0	

我国是社会主义国家,我国的核心价值观必定根源于马克思主义,部分人对马克思主义信仰的不够确信,也在一定程度上说明我国目前的核心价值观还没有得到深度认同。我们深究原因,其中之一就是在我国社会主义现代化建设进程中,多元价值观与核心价值观矛盾冲突碰撞,促成社会多元价值取向,另外,我们的社会主义核心价值观正式发布的时间还不是很长,

---

❶ 习近平. 青年要自觉践行社会主义核心价值观 [EB/OL]. (2014-05-05) [2014-10-16]. http://www.xinhuanet.com/politics/2014-05/05/c_1110528066_2.htm.
❷ 戚杰强. 马克思主义信仰的影响因素实证研究 [D]. 桂林:广西师范大学, 2014.

要形成统一社会共识的集聚效应，还需要时间的积淀和教育的深入，主导价值观的形成需要更大的努力。

核心价值观是国家制度需要遵循和公民普遍认同的行动指南和基本原则，体现着这个国家和民族特有的文化精神追求和基本价值理念，是一个社会最根本、最必不可少的、最集中反映该社会价值取向的价值观，是社会成员进行价值评价、价值选择的依据，是社会赖以维系的精神支柱。历史上任何一个统治集团都会提炼并宣扬其核心价值观，用以号召、凝聚和引导全体社会成员。在具体实践中，只有对社会进行正确的价值导向，才能进一步巩固构建社会主义和谐社会的共识。为此，我们必须建设与社会主义市场经济相适应的社会主义核心价值观。

党的十八大在十七大提出的社会主义核心价值体系的基础上，提出了24字社会主义核心价值观，并把其分成3个层面：富强、民主、文明、和谐，是国家层面的价值目标和国家价值的集中概括；自由、平等、公正、法治，是社会层面的价值取向和政治价值的集中概括；爱国、敬业、诚信、友善，是公民个人层面的价值准则和道德价值的集中概括。当下，这样概括的社会主义核心价值观考虑了各层面，体现关键精神，简洁明了，是能够获得国家公民认同和充分信仰的价值系统。2013年12月底，中共中央办公厅印发《关于培育和践行社会主义核心价值观的意见》，对如何培育社会主义核心价值观提出了具体的意见。社会主义核心价值观认同是公民在相互交往的基础上，在价值取向和观念上形成的对社会主义核心价值观的认同和共识，是公民在社会生活中的价值定位和行为导向，表现为公民共同价值观念体系的形成。社会主义核心价值观是社会主义意识形态的本质体现，也是中华优秀传统文化继承与创新的独特体现。社会主义核心价值体系本身也是由一定社会崇尚和倡导的思想理论、理想信念、道德原则、精神风尚等因素构成的社会价值认同体系。❶ 对这三个问题的进一步解答，有利于公民对社会主义核心价值观和社会主义核心价值体系的准确把握，从而为公民积极弘扬社会主义核心价值观奠定坚实的基础。

　　社会主义核心价值观是中国特色社会主义理论的价值取向、目的追求和本质属性的反映，是人类社会新型的核心价值观，是指引全党全国人民全面建成小康社会和实现中华民族伟大复兴的中国梦的价值引领和价值遵循。它宏观上代表社会主义社会对应该提倡什么、反对什么的规范性判断，是社会主义思想文化体系的内核和灵魂；微观上是人们心中深层的信念、信仰、理想系统，在人的活动中发挥着价值导向、情感激发和价值标准的作用，构成人的人生观、世界观的主要内容。从而，其为中国特色社会主义伟大事业的长远、稳定发展提供精神力量的根本保证。科学性和民族性、价值性和主体性、大众化和生活化分别是社会主义核心价值观赢得公民认同的基本根据、基本动力、基本途径。❷ 公民认同对培育和实践社会主义核心价值观也具有不可替代作用。根据刘云山的论述，社会主义核心价值观是社会主义核心价值体系的内核和精神实质，是核心价值体系的抽象概括和高度提炼；社会主义核心价值体系是反映和体现社会主义本质特征和发展要求的、在整个社会价值体系中居于核心地位，与其他社会价值体系具有内在逻辑联系，对其他价值体系发挥重要主导或引导作用，是社会主义核心价值观的展开，是外在的表现。社会主义核心价值观与核心价值体系体

---

　　❶ 吴潜涛. 建设社会主义核心价值体系：准确理解社会主义核心价值体系的科学内涵 [N]. 人民日报, 2007-02-12.
　　❷ 张宜海. 社会主义核心价值观的公民认同路径探析 [J]. 道德与文明, 2014 (6): 74-76.

现了社会主义制度在思想和精神层面的质的规定性,是实现中华民族伟大复兴的中国梦的价值引领和社会主义道路的价值引领。更加突出了核心要素,更加注重了凝练表达,更加强化了实践导向,进一步明晰了社会主义核心价值体系的核心要素,使公民更容易理解和接受社会主义核心价值体系,从而形成共同的核心价值观,实现价值认同。价值认同总是在理解之后的,因此,培育社会主义核心价值观就是为了更好地使公民更好地理解社会主义核心价值体系,认同价值体系,两者不矛盾不冲突,而是互相促进。刘云山在2014年北京召开的培育和践行社会主义核心价值观座谈会上说:核心价值观的培育贵在知行统一,而知是前提、是基础,内心认同才能自觉践行,春风化雨才能润物无声。培育和践行核心价值观,一定要在增强认知认同上下功夫,使其家喻户晓、深入人心。❶ 习近平总书记在党的二十大报告中进一步强调:"社会主义核心价值观是凝聚人心、汇聚民力的强大力量。用社会主义核心价值观铸魂育人,完善思想政治工作体系,推进大中小学思想政治教育一体化建设。"❷

任何社会的核心价值观也只有内化到社会成员心中,实现社会和个人的价值认同的统一,才能在社会中确立其核心地位,发挥其主导功能。❸ 社会的核心价值观有助于人民对科学发展、社会和谐的认同,推动科学发展,实现每个人的发展,推进社

---

❶ 刘云山. 着力培育和践行社会主义核心价值观 [EB/OL]. (2014-01-16)[2023-08-08]. http://cpc.people.com.cn/big3/n/2014/0116/c64094-24136367.htm.

❷ 习近平. 高举中国特色社会主义伟大旗帜 全面建设社会主义现代化国家而团结奋斗——在中国共产党第二十次全国代表大会上的报告 [EB/OL]. (2022-10-26)[2023-08-08]. http://cpc.people.com.cn/big5/n/2014/0116/c64094-24136367.html?share_token=cbfb74e9-13ff-4a8a-987d-9791e8ccb4af.

❸ 唐凯麟. 把握社会主义核心价值体系的基础 牢固树立社会主义荣辱观 [N]. 光明日报, 2007-08-23.

会进步。积极培育和践行社会主义核心价值观能够找到全体社会成员在价值认同上的最大公约数，有效引领社会思潮，最广泛凝聚共识，形成团结奋斗的强大精神力量。这对我们这样一个处在社会转型和快速发展时期、拥有14亿人口、56个民族的发展中的大国来说，具有特殊重大意义。我们要切实把社会主义核心价值观融入公民教育和精神文明建设全过程，内化为公民的价值认同，在中华优秀传统文化与全球化互动中增强社会主义核心价值观的吸引力和凝聚力，在全社会最大限度地形成核心价值共识。习近平总书记指出：发挥社会主义核心价值观对国民教育、精神文明创建、精神文化产品创作生产传播的引领作用，把社会主义核心价值观融入社会发展各方面，转化为人们的情感认同和行为习惯。[1] 习近平总书记这里所说的"国民教育"可以说是"公民教育"，也进一步强调了社会主义核心价值观转化为情感认同的重要作用。

5. 社会认同：生存与发展教育相伴

公民首先是社会公民，在社会进程中，公民的需要有层次之分，根据马斯洛的需要层次理论，生存是最基本需要，发展是最高需要，这两者一在底层，一在顶端，一是最基本的需要，一是最向往所在，均在公民人生中占据重要地位。生存与发展教育是使公民适应社会环境与发展的主要手段，使公民能生活在社会当中，不与社会脱节，能与社会和谐相处，使公民成为社会的公民，达到社会认同。将公民放在社会的范围进行考量，才能真正地适应社会发展的要求，才能与社会发展步伐一致，也才能使公民在社会中实现社会认同。社会生存教育主要指生存技能教育、就业技能教育和生存环境教育；发展教育

---

[1] 习近平. 论党的宣传思想工作 [M]. 北京：中央文献出版社，2020：11–12.

主要指拓展教育，如全球视野教育等。就业技能教育应教会公民基本的就业本领，使每个公民平等地享有工作的权利和承担为国家做贡献的义务；生存技能教育应教会公民基本生存生活技能，如面对灾难的避险知识和技能。这两者比较容易理解，为公民所熟知，在这里不再展开论述。例如，上海某高校军训除传统项目外增加女子防身技能培训、逃生训练和医疗救护等科目受学生喜爱和社会热捧。同时，广西的一些高校在新生报到日各出奇招，关注和重视女大学生的人身安全问题，特别给每一名在读女学生发放女生手册或女生安全防范攻略，防患于未然。而环境教育和全球视野教育在我国的研究起步较晚，往往容易被忽视，下面有必要给予合理的论述。

环境教育是使公民树立可持续发展理念、尊重自然、保护环境的教育。20世纪60年代末期，美国率先把环境教育引入学校教育，1992年，联合国召开环境与发展大会。我国的环境教育开展得比较晚，我国政府在1983年把环境保护确定为一项基本国策。1992年，国务院把"加强环境教育，不断提高全民族的环境意识"确定为环境与发展十大对策之一。习近平总书记提出的"绿水青山就是金山银山"理念，阐述了经济发展和生态环境保护的关系，已经成为全党全社会的共识和行动。由于国家的重视和人们在环境问题上主动意识的增强，近年来中国的环境教育得到了迅速的发展。环境教育成为公民教育内容的组成部分，不仅仅是因为它是一个世界性的趋势，更重要的是，它代表着对人类共同命运的深切关注。

自然环境是人类赖以生存和发展的基础，公民有责任和义务保护与人类的生存、发展息息相关的自然界，维护生态平衡，保护自然环境。所以，环境教育不是被动性教育，而是主动性教育。它致力于使公民树立牢固的环境生态观念、环境资源的价值观念、经济与环境协调发展的观念、环境法治观念和环境道德观念。因此，环境教育也同样包含知识、态度及能力的养成等方面，包括普及环保知识，增强树立公民的环保意识和养成良好的环保习惯、环保能力等，认识到自然资源的衰竭和环境退化将严重阻碍经济的持续发展，并直接威胁人类的生存与发展。

给公民以全球视野也是公民认同对公民教育内容的基本要求。全球化的概念起源于地理大发现，更多地关注经济和社会领域，是人类不断冲破各种障碍，在全球范围内实现沟通、形成共识，采取共同行为的过程，美国《纽约时报》专栏作家、唯一一个曾三次获得普利策新闻奖的记者：托马斯·弗里德曼出版的《世界是平的》著作，被认为是全球化的基本读物，解释了世界的平坦化趋势是如何发生的，也描述了人们如今可以以前所未有的方式、以更平的方式互相联络、互相竞争、互相合作。而我们对在圆形的世界所习惯了的各种角色、习惯、政治等不得不进行深入调整，以适应平坦的时代，即进入"大整顿"时刻。全球化的概念起源于地理大发现，更多的关注在于经济和社会领域，是人类不断冲破各种障碍在全球范围内实现沟通、形成共识，采取共同行为的过程。说明了原本地球上的空间距离因全球化的到来而失去了原有之义。因此，随着各国政府、非政府组织、民众（包括集体的、个人）的联系日益紧密，各国强调培养具有全球视野和意识的公民教育应运而生。虽然有些学者对全球化持乐观态度，但伴随而来的一些事件也给一些国家和社会带来了焦虑和恐慌，如恐怖事件、国际犯罪和全球气候变暖现实等。进一步加强相互包容和合作分享，以便共同处理全球性重大问题越来越成为共识。目前，联合国已将全球公民教育列为2015—2030年世界实现包容、平等、优质

教育的首位目标。❶

在此背景下，对加快现代化建设步伐的中国来说，培养具有全球视野和意识的公民成为必然之举。在构建人类命运共同体的历史进程中，开展全球公民教育具有非常重要的意义。从党的十八大报告首次提出"倡导人类命运共同体意识"，到党的十九大报告进一步明确把"坚持推动构建人类命运共同体"作为新时代坚持和发展中国特色社会主义的一个基本方略，再到党的二十大报告强调"构建人类命运共同体是世界各国人民前途所在"，是我们站在全球的视野，不断地追求和弘扬全人类共同价值。因此，全球教育内容也应该纳入公民教育内容范畴，使我国公民在对本国国家认同的基础上，站在全球的视野，学习与其他国家人民交往的技能和行为规范，学习正确分析和预见国际关系、政治、经济、形势等及其对本国的影响，建立全人类共同的基本价值观，正确认识和处理经济竞争与合作、生态环境、多元文化共存、和平与持续发展等国际问题，培养热爱和平、关心人类共同发展的情操，实现社会认同，真正做到关心国际社会，情系全球发展的合格公民。

生存与发展教育内容是公民自身发展的必然要求，它与公民的生命相随相伴，是对公民主体的关注和重视，不仅关乎其生命，还关乎其成长，也关心其发展，随其一生，是真正的相依相伴。

另外，随着数字时代和人工智能时代的到来，超空间虚拟世界下的数字化生活改变了个体的社会交往形式，网络沉浸式交互体验正以前所未有的速度重塑个体的思维与行为方式，使

---

❶ 李雨薇，朱耀云．中国全球公民教育研究——洞察与分析（2003—2019年）[J]．跨文化研究论丛，2021（1）：92-105，145.

个人和个人、个人和社会之间的公共关系得以重构。❶。在网络的空间社会中，如何学会生存与发展需要引起足够的重视。

(二) 公民教育内容领域之间的关系

本书初步构建了中国公民教育内容体系的基本理论框架，并将主要内容进行了划分，但实际上它们是一个有机系统，联系密切，一体构建不是彼此孤立存在，在某些场合还可能重叠交叉。2019年，中共中央办公厅、国务院办公厅印发《关于深化新时代学校思想政治理论课改革创新的若干意见》就明确提出了"大中小学思政课一体化建设需要深化"，指明了现阶段思想政治理论课系统性、一体化程度不高的问题。2020年年底，中央宣传部、教育部制定的《新时代学校思想政治理论课改革创新实施方案》为贯彻落实党中央、国务院上述文件精神，从课程目标、内容、形式上作了一体化建设的要求和谋划。因此，以公民教育内容为重点的我国中小学思想政治教育课程的一体化建设目前已是国家教育重点发展方向。例如，义务教育阶段是"道德与法治"，高中是"思想政治"，大学是"思想政治理论课"（其中包括了思想道德与法治），编排上具有明显一体化特征。

从本书的公民教育内容构建逻辑上，政治经济的内容是"知"的范围，作为国家的公民应该知晓本国的国体、政体和基本的经济知识；权利义务内容是"情"的范围，这是最能使公民动之以情、感受最深的内容；道德与法治、社会主义核心价值观内容是"意"的范围，是深入人心，形成价值观、决定人生方向，左右理想信念的内容；生存与发展内容是"行"的范

---

❶ 冯建军，颜玉如. 虚拟公共领域中网络公民教育的新导向 [J]. 教育理论与实践，2022, 42 (31): 27-34.

围，是需要公民真正行动起来或者促使公民行动起来，共同为自身的发展和社会进步努力的内容。体系的构建，真正做到了"知—情—意—行"的完美合一，更有利于公民认同的形成。但这里的"知—情—意—行"不能与心理学上的含义完全等同。后者体现认同的整个心理过程，前者需有一定的渐进关系，但不存在必然关系，更多的是分类和归纳上的意义。国内学者还认为对公民教育内容与思想政治教育内容的不同之处，主要在于公民教育内容突出了以下三方面：态度价值、公民知识、技能训练。在本书公民教育内容构建体系中，也能体现这一特征。文化认同、价值认同部分属于公民态度价值养成的内容，国家认同、身份认同部分是公民知识生成部分，社会认同部分归于技能训练的内容，仍然形成有机整体，并与思想政治教育等学科内容相区别。

在这个有机的复合体中，传统创新与公民道德教育位于教育内容的底层，它构成公民教育大厦的基石，也是最基本的要求。传统创新与公民道德教育关系人的生存和生活方式，要解决的问题是培养"中国好公民"。中国正处于社会发展转型的关键时期，急需更多的"中国好公民"，发出更多"中国好声音"，而符合现代道德的"中国人"是成为一个新时代的"中国好公民"的前提，不然再好的"声音"也发不出来。因此，传统创新与公民道德教育是实施其他教育的基础。在道德教育基础之上是政治经济教育、社会主义核心价值观教育和民主法治教育。其中，实现国家认同的政治经济教育处于核心地位。因此，国家认同是公民认同的核心，对公民进行国家民族意识的培养是另外两者的"带头人"，没有对国家的认可，其价值观、人生观、文化观必定会出现偏差，但两者又为国家认同贡献自身力量，而且是不可或缺的，为国家认同的左臂右膀。因此，社会主义核心价值观教育和民主法治教育是整个教育内容的中坚力量。三者并列而置，位置不同，互不能缺。生存与发展教育相对容易受到忽视，但其作用不容忽视，是现代公民发展的较高要求。可以说，前面四个内容是公民自身认同的方面，而生存与发展教育属于社会认同方面，是公民处于社会的大环境中，自身生存与发展所需要掌握的技能，从而保护自我，紧跟时代的步伐，得到社会的接纳和认同，达到人生的顶峰，实现人生的价值，而现实中对这一方面的教育内容最为缺失和重要，从而成为现代公民教育内容急需补充的重要组成部分，就像金字塔这一内容体系的最上层。（如图4-1所示）

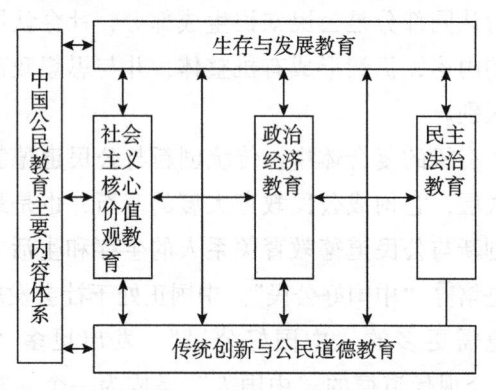

图4-1 中国公民教育主要内容关系

欣喜地看到，党和国家对公民教育的内容非常重视，本书所提出的内容构建设想在中共中央办公厅、国务院办公厅印发的《关于深化新时代学校思想政治理论课改革创新的若干意见》中得到较充分的体现，给本书的研究莫大的鼓舞，如在"统筹推进思政课课程内容建设"部分，要求系统开展马克思主义理论教育，系统进行中国特色社会主义和中国梦教育、社会主义核心价值观教育、法治教育、劳动教育、心理健康教育、中华优秀传统文化教育。同时，也给本书的研究的理论和观点还有进一步挖掘、丰富、应用的可能。

　　理论的生命在于实践，无法实践或实践不好的理论，难以长成参天大树，甚至会夭折。公民教育内容有赖于实施，公民教育内容的实施是实现公民认同的基础，能使人们懂得什么是对的，什么是错的，什么是可以做的，什么是不应该做的，什么是必须提倡的，什么是坚决反对的。《新时代学校思想政治理论课改革创新实施方案》要求我们根据学生成长规律，结合不同年龄段学生的认知特点，构建大中小学一体化思政课课程体系，就是要求我们在实施过程中，注重公民的"主体性"，根据主体规律和国情现实环境不断完善，结合多种方法，联动多方力量统筹推进课程标准的一体化建设，其实施起来的难度也不小。因此，公民教育内容大厦框架虽已构筑，但效果如何，公民享用得是否满意，是否接纳，尚需时间和实践的检验。

结　语

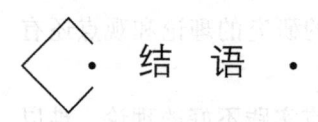

　　如果研究能没有缺陷当然是最完美不过，但现实的残酷和能力所限，使本书的研究还需以后进一步开展探讨。本研究是理论性探讨加上建构性研究，归根结底仍然是理论性研究，在实践探讨性上呈现出不足。本书也无意回避研究的局限。首先，在调查问卷的问题设计上，因公民对公民教育的了解程度不是太高，因而对公民教育内容针对性的设计就显得薄弱，绝大部分都是迂回解决，无法做到直接的反映。虽然，我国目前公民教育内容的载体和实现都在德育和思想政治教育之中，对其的调研亦能大体反映客观实际，但毕竟不是直接判断，多少在准确度上打了部分折扣。其次，调研的体量不够。本研究分析样本来源于两种途径：一是以广西四个城市为主要调研地，虽然辅助了网络的不定向调查，但人数也不足千人，部分阶层样本不多，不能很准确反映全国的客观情况；二是来源于他人的数据分析，虽然数据都很新，也经自己抽验，但不是自己亲历，无法做到真正的内心确信。最后，研究结论和推论不够完善，有待理论和实践的检验。无论是从理论到理论，还是从调查到结论，抑或问题到方法，正是外文资料掌握得不足和样本的代表性等问题，也会使研究结果得不到完美的诠释。

　　同时，对公民教育内容的构建，仅是内容的深入研究，它的效果或者说公民教育的实效性还是需要经过实施后方能检验

结 语

和实现。无论是现有的公民教育课程体系，还是构建后的公民教育内容和理论体系，最重要的是将其付诸实践中检验。在座谈中也了解到，公民对于公民教育内容实践存在着很多看法，对于师资问题、效度问题、社会问题、教学问题、方法采用等方面都认为有着较多的不足，本书暂时无法给予充分的解释和解决办法。

比公民教育内容的建构更重要的是如何推动新时代公民教育内容的实施，如何在实施中保障公民教育的效果，如何在公民教育的实施中顺利达到公民认同的目标。是在现有思想政治教育内容体系上进行更新和完善，还是构建公民教育体系，这成为亟须探讨与解决的问题，也是内容建构后需要研究的问题。这一个问题正因为重要，也就显得更加复杂，本书的研究只能是粗浅的。因为，公民培养已经不单纯是学校教育的任务，更是整个国家和社会的问题。进入新时代后，我国经济和社会更加快速地发展，社会的主要矛盾已悄然发生巨大转变，一些新情况新问题需要及时注意和给予解决，如数字公民教育、社区公民教育等特殊问题需要重点关注，才会使公民教育实现全覆盖，全体中国公民得以享受公民教育的普惠。然而，进行公民教育内容的构建仅仅是实施的前提与基础，只有在建构的基础上进一步探讨如何实施，才能有效地推动目标与内容的实施，才会有更实际的意义。因此，本书的研究也可权作抛砖引玉，期待同行和大师们进行更深入的研究和批评指正。

◆ 参考文献 ◆

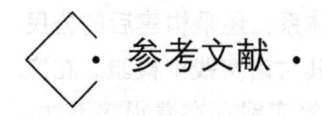

一、著作及学位论文类

[1] 卡尔·马克思,弗里德里希·恩格斯. 马克思恩格斯全集（第四十二卷）[M]. 北京：人民出版社，1979.

[2] 卡尔·马克思,弗里德里希·恩格斯. 马克思恩格斯文集（第一至五卷）[M]. 北京：人民出版社，1995.

[3] 卡尔·马克思,弗里德里希·恩格斯. 马克思恩格斯文集（第三卷）[M]. 北京：人民出版社，2002.

[4] 卡尔·马克思,弗里德里希·恩格斯. 马克思恩格斯文集（第一至十卷）[M]. 北京：人民出版社，2009.

[5] 中共中央马克思恩格斯列宁斯大林著作编译局. 列宁选集（1—4册）[M]. 北京：人民出版社，2012.

[6] 毛泽东. 毛泽东选集（第1—3卷）[M]. 北京：人民出版社，1991.

[7] 中共中央文献编辑委员会. 邓小平文选（第1—3卷）[M]. 北京：人民出版社，2004.

[8] 中央宣传部,中央党史和文献研究院,中国外文局. 习近平谈治国理政（第1—4卷）[M]. 北京：外文出版社，2014—2022.

[9] 中共中央文献研究室. 十五大以来重要文献选编 [M]. 北京：人民出版社, 2000.

[10] 中共中央文献研究室. 十六大以来重要文献选编 [M]. 北京：中央文献出版社, 2008.

[11] 中共中央文献研究室. 十七大以来重要文献选编 [M]. 北京：中央文献出版社, 2013.

[12] 中共中央文献研究室. 十八大以来重要文献选编 [M]. 北京：中央文献出版社, 2014.

[13] 教育部课题组. 深入学习习近平关于教育的重要论 [M]. 北京：人民出版社, 2019.

[14] 张玉斌, 等. 毛泽东思想、邓小平理论和"三个代表"重要思想概论 [M]. 西安：陕西人民出版社, 2006.

[15] 黑格尔. 法哲学原理 [M]. 范杨, 张企泰, 译. 北京：商务印书馆, 1961.

[16] 洛克. 政府论下篇 [M]. 翟菊农. 叶启芳, 译. 北京：商务印书馆, 1964.

[17] 卢梭. 社会契约论 [M]. 何兆武, 译. 北京：商务印书馆, 1980.

[18] 托马斯·阿奎那. 政治著作选 [M]. 马清槐, 译. 北京：商务印书馆, 1982.

[19] 陈孝禅. 普通心理学 [M]. 长沙：湖南人民出版社, 1983.

[20] 英格尔斯. 人的现代化 [M]. 殷陆军, 译. 成都：四川人民出版社, 1985.

[21] 柏拉图. 理想国 [M]. 郭斌和, 张竹明, 译. 北京：商务印书馆, 1996.

[22] 费穗宇, 张潘仕. 社会心理学词典 [M]. 石家庄：河北人民出版社, 1988.

[23] 科恩. 论民主 [M]. 聂崇信, 等译. 北京：商务印书馆,

1988.

[24] 夏征农. 辞海（1989年缩印本）[M]. 上海：上海辞书出版社，1989.

[25] 朱智贤. 心理学大词典 [M]. 北京：北京师范大学出版社，1989.

[26] 哈贝马斯. 交往与社会进化 [M]. 张博树，译. 重庆：重庆出版社，1989.

[27] 顾明远. 教育大词典 [M]. 上海：上海教育出版社，1986.

[28] 康德. 法的形而上学原理——权利的科学 [M]. 沈叔平，译. 北京：商务印书馆，1991.

[29] 冯契. 哲学大辞典 [M]. 上海：上海辞书出版社，1992.

[30] 张春兴. 青年的认同与过失 [M]. 台北：台湾东华书局，世界图书出版社，1993.

[31] 冯增俊. 当代西方学校道德教育 [M]. 广州：广东教育出版社，1993.

[32] 苗力田. 亚里士多德全集（第九卷）[M]. 北京：中国人民大学出版社，1994.

[33] A.麦金太尔. 德性之后 [M]. 龚郡，译. 北京：中国社会科学出版社，1995.

[34] 亚里士多德. 政治学 [M]. 吴寿彭，译. 北京：商务印书馆，1996.

[35] 西塞罗. 论共和国　论法律 [M]. 王焕生，译. 北京：中国政法大学出版社，1997.

[36] 刘军宁. 从法治国到法治. 经济民主与经济自由 [M]. 北京：新知三联书店，1997.

[37] 钟瑞添. 当代中国与人权 [M]. 桂林：广西师范大学出版社，1998.

[38] 周世中. 法的价值及其实现 [M]. 桂林：广西师范大学出版

社，1998.

[39] 张秀雄. 公民教育的理论与实施［M］. 台北：台北师大书苑有限公司，1998.

[40] 欧阳康. 社会认识论导论［M］. 北京：中国社会科学出版社，1990.

[41] 黄瑞雄. 两种文化的冲突与融合科学人文主义思潮研究［M］. 桂林：广西师范大学出版社，2000.

[42] 尤根·哈贝马斯. 重建历史唯物主义［M］. 郭官义，译. 北京：社会科学文献出版社，2000.

[43] 安东尼·吉登斯. 社会学［M］. 4版. 赵旭东，等译. 北京：北京大学出版社，2003.

[44] 袁运开. 简明中小学教育词典［M］. 上海：华东师范大学出版社，2000.

[45] 斯图亚特·霍尔. 文化身份与族裔散居［M］. 北京：中国社会科学出版社，2000.

[46] 汪霞. 国外中小学课程演进［M］. 济南：山东教育出版社，2000.

[47] 查尔斯·泰勒. 自我的根源——现代认同的形成［M］. 韩震，译. 南京：译林出版社，2001.

[48] 柏拉图. 法律篇［M］. 张智仁，何勤华，译. 上海：上海人民出版社，2001.

[49] 卢梭著. 爱弥儿（上卷）［M］. 李平沤，译. 北京：人民教育出版社，2001.

[50] 弗里德里希·沃特金斯. 西方政治传统——现代自由主义发展研究［M］. 黄辉，杨健，译. 长春：吉林人民出版社，2011.

[51] 吉姆·麦克盖根. 文化民粹主义［M］. 桂万先，译. 南京：南京大学出版社，2001.

[52] 高兆明. 制度公正论——变革时期道德失范研究 [M]. 上海：上海文艺出版社, 2001.

[53] 戴维·莫利. 认同的空间——全球媒介、电子世界景观和文化边界 [M]. 司艳, 译. 南京：南京大学出版社, 2003.

[54] 杨雪冬. 全球化：西方理论前沿 [M]. 北京：社会科学文献出版社, 2002.

[55] 戴维·米勒, 韦农·波格丹诺. 布莱克威尔政治百科全书（修订版）[M]. 邓正来, 译. 北京：中国政法大学出版社, 2002.

[56] 章士嵘. 西方思想史 [M]. 上海：东方出版中心, 2002.

[57] 马长山. 国家、市民社会与法治 [M]. 北京：商务印书馆, 2002.

[58] 崔永东. 道德与中西法治 [M]. 北京：人民出版社, 2002.

[59] 王建敏. 道德学习论 [M]. 杭州：浙江教育出版社, 2002.

[60] 张旭新. 新时期思想政治教育理论研究 [M]. 北京：红旗出版社, 2002.

[61] 谢岳. 法治与德治：现代国家的治理逻辑 [M]. 南昌：江西人民出版社, 2003.

[62] 以赛亚·柏林. 自由论 [M]. 胡传胜, 译. 南京：译林出版社, 2003.

[63] 亚里士多德. 政治学 [M]. 颜一, 秦典华, 译. 北京：中国人民大学出版社, 2003.

[64] 诺贝特·埃利亚斯. 个体的社会 [M]. 翟三江, 等译. 南京：译林出版社, 2003.

[65] 马克斯·舍勒. 伦理学中的形式主义与质料的价值伦理学（上册）[M]. 倪梁康, 译. 北京：三联书店, 2004.

[66] 宝成关. 政治学思想史 [M]. 长沙：湖南教育出版社, 2004.

[67] 杨天宇. 礼记译注 [M]. 上海：上海古籍出版社, 2004.

[68] 王彩波. 西方政治思想史——从柏拉图到约翰·密尔 [M]. 北京：中国社会科学出版社, 2003.

[69] 肖雪慧. 公民社会的诞生 [M]. 上海：上海三联书店, 2004.

[70] 焦国成. 公民道德论 [M]. 北京：人民出版社, 2004.

[71] 王成兵. 当代认同危机的人学解读 [M]. 北京：中国社会科学出版社, 2004.

[72] 谭培文. 马克思主义经典著作选编与导读 [M]. 北京：人民出版社, 2005.

[73] 秦树理. 国外公民教育概览 [M]. 郑州：郑州大学出版社, 2005.

[74] 尹继佐, 等. 二十世纪中国社会科学·哲学卷 [M]. 上海：上海人民出版社, 2005.

[75] 孙英春. 大众文化：全球传播的范式 [M]. 北京：中国传媒大学出版社, 2005.

[76] 李慧敏. 社会转型时期的自我认同与教育——以吉登斯自我认同理论为视角 [M]. 北京：高等教育出版社, 2005.

[77] 徐向东. 自由主义、社会契约与政治辩护 [M]. 北京：北京大学出版社, 2005.

[78] 徐大同. 西方政治思想史（第三卷）[M]. 天津：天津人民出版社, 2005.

[79] 林春逸. 发展伦理研究 [M]. 北京：社会科学文献出版社, 2006.

[80] 王啸. 全球化时代的中国公民教育 [M]. 福州：福建教育出版社, 2006.

[81] 葛荃. 中国政治文化教程 [M]. 北京：高等教育出版社, 2006.

[82] 曼纽尔·卡斯特. 认同的力量 [M]. 曹荣湘, 译. 北京：社会科学文献出版社, 2006.

[83] 王文岚. 社会科课程中的公民教育研究 [M]. 北京：中国社会科学出版社, 2006.

[84] 吕世伦, 周世中. 以人为本与社会主义法治 [M]. 北京：中国大百科全书出版社, 2006.

[85] 赵晖. 社会转型与公民教育——中国公民教育目标与内容体系建构 [M]. 北京：人民教育出版社, 2007.

[86] 肖瑛, 等. 社会认同 [M]. 上海：上海人民出版社, 2007.

[87] 顾成敏. 公民社会与公民教育 [M]. 北京：知识产权出版社, 2008.

[88] 朱滢. 文化与自我 [M]. 北京：北京师范大学出版社, 2007.

[89] 蓝维. 公民教育：理论、历史与实践探索 [M]. 北京：人民出版社, 2007.

[90] 丛日云. 西方政治文化传统 [M]. 长春：吉林出版集团有限责任公司, 2007.

[91] 高德胜. 道德教育的时代遭遇 [M]. 北京：教育科学出版社, 2008.

[92] 周国文. 公民思想的历史源流 [M]. 北京：中央编译出版社, 2008.

[93] 秦树理. 公民道德导论 [M]. 郑州：郑州大学出版社, 2008.

[94] 李步云. 论法治 [M]. 北京：社会科学文献出版社, 2008.

[95] 郭忠华, 刘训练. 公民身份与社会阶级 [M]. 南京：江苏人民出版社, 2008.

[96] 郑杭生. 中国人民大学中国社会发展研究报告 2009——走向更有共识的社会：社会认同的挑战及其应对 [M]. 北京：中

国人民大学出版社，2009.

[97] 万增奎. 道德同一性的心理学研究［M］. 上海：上海教育出版社，2009.

[98] 徐贲. 通往尊严的公共生活——全球正义和公民认同［M］. 北京：新星出版社，2009.

[99] 张耀灿，郑永廷，等. 现代思想政治教育学［M］. 北京：人民出版社，2006.

[100] 郑永廷. 思想政治教育方法论［M］. 北京：高等教育出版社，2010.

[101] 杨福禄. 和谐社会构建中的公民教育问题研究［M］. 济南：山东人民出版社，2010.

[102] 江国华. 宪法与公民教育［M］. 武汉：武汉大学出版社，2010.

[103] 吴潜涛. 当代中国公民道德状况调查［M］. 北京：人民出版社，2010.

[104] 德里克·希特. 公民身份——世界史、政治学与教育学中的公民理想［M］. 郭台辉，余慧元，译. 长春：吉林出版集团，2010.

[105] 檀传宝. 公民教育引论［M］. 北京：人民出版社，2011.

[106] 迈克尔·A.豪格，多米尼克·阿布拉姆斯. 社会认同过程［M］. 高明华，译. 北京：中国人民大学出版社，2011.

[107] 宇文利. 现代思想政治教育课程论［M］. 北京：北京大学出版社，2012.

[108] 刘丹. 全球化时代的认同问题与公民教育研究［M］. 北京：北京师范大学出版社，2013.

[109] 张宜海. 中小学生公民意识教育研究［M］. 北京：人民出版社，2013.

[110] 胡建华. 增强"四个意识"六讲［M］. 北京：人民出版

社，2016.

[111] 西格蒙德·弗洛伊德. 自我与本我［M］. 张焕民，译. 西安：陕西师范大学出版总社有限公司，2021.

[112] 汪习根，等. 中国特色社会主义法治道路的理论创新与实践探索（第一、二、三卷）［M］. 北京：人民出版社，2021.

[113] 苏志宏. 马克思主义大众化的公民认同研究［M］. 北京：中国社会科学出版社，2017.

[114] 陈昕彤. 公民认同与移民整合 欧盟移民和公民政策的演进与移民政治参与［M］. 成都：四川大学出版社，2017.

[115] 武进. 公民身份认同教育目标的构建［M］. 北京：北京大学出版社，2019.

[116] 叶飞. 治理理念与公民教育［M］. 杭州：浙江教育出版社，2019.

[117] 檀传宝，班建武，林可. 中国公民教育评论（2020）［M］. 北京：社会科学文献出版社，2020.

[118] 孙秀玲. 民族地区青少年公民意识教育实践模式构建研究［M］. 南京：南京大学出版社，2020.

[119] 胡建. 当代中国公民政治认同研究［M］. 北京：中国社会科学出版社，2020.

[120] 胡君进. 公民教育理论发展的谱系学研究：从柏拉图到卢梭［M］. 杭州：浙江教育出版社，2021.

[121] 刘争先. 公民教育与国家建构的互动关系研究：基于中国近代公民教育史的考察［M］. 杭州：浙江教育出版社，2021.

[122] 赵义良. 西方公民道德教育模式研究［M］. 北京：人民出版社，2021.

[123] 马长山. 法治国家的公民文化基础［M］. 北京：知识产权出版社，2021.

[124] 刘霞. 中国公民教育的本土实践——基于百年母语教科书的

文本分析 [M]. 福州：福建教育出版社，2021.

[125] 徐正烈. 公民教育研究与实践公民课堂：以学生的自主发展选择教学 [M]. 青岛：中国海洋大学出版社，2021

[126] 德里克·希特. 公民教育发展史 [M]. 饶从满，等译. 北京：商务印书馆，2023.

[127] 陈鸿莹：英国中小学公民教育的特质及其影响因素研究 [D]. 长春：东北师范大学，2004.

[128] 刘晓艳. 我国公民教育内容构建研究 [D]. 武汉：武汉大学，2005.

[129] 靳志高. 当代中国的公民教育研究 [D]. 北京：北京大学，2006.

[130] 张雪骄. 当代大学生公民教育内容体系建构研究 [D]. 长春：东北师范大学，2007.

[131] 薛中国. 当代中国政治认同的心理机制研究 [D]. 长春：吉林大学，2007.

[132] 张颖. 我国学校公民教育内容构建研究 [D]. 长春：东北师范大学，2007.

[133] 赵化刚. 马克思主义思想政治教育理论中国化探析 [D]. 天津：南开大学，2009.

[134] 刘洋. 对我国现行高中思想政治教材《政治生活》的分析——基于公民教育的视角 [D]. 北京：北京师范大学，2011.

[135] 李冰. 当代中国政治社会化中的公民认同研究 [D]. 石家庄：河北师范大学，2012.

[136] 芦蕾. 我国中小学公民教育目标与内容重构研究 [D]. 沈阳：辽宁师范大学，2012.

[137] 陈晓婷. 初中公民教育的问题和对策研究 [D]. 深圳：深圳大学，2018

[138] 杨敬凯. 基于学科核心素养的思想政治课公民教育研究 [D]. 沈阳：沈阳师范大学, 2019

[139] 孙玉红. 亚里士多德公民教育思想及其当代启示研究 [D]. 南京：南京师范大学, 2020

[140] 莫天荣. 多元文化主义公民教育研究 [D]. 武汉：华中师范大学, 2020

[141] 吴暇. 黑格尔"承认理论"视域下的公民教育思想研究 [D]. 吉林：吉林大学, 2020

[142] 马欣璇. 凯兴斯泰纳公民教育理论研究 [D]. 杭州：浙江大学, 2021

[143] 王怡. 美国大学校园契约组织公民教育实践历程研究 [D]. 重庆：西南大学, 2022

[144] 黄莺. 欧洲公民教育智库韦尔格兰中心研究 [D]. 北京：中国地质大学, 2022

[145] 李爽. 南京国民政府时期浙江省公民教育研究（1927-1945）[D]. 杭州：杭州师范大学, 2023

[146] 王雨晴. 杰斐逊公民教育思想在近代民主初创阶段的产生逻辑 [D]. 贵阳：贵州师范大学, 2023

二、期刊报纸

[1] 国家教委. 中学德育大纲 [J]. 人民教育, 1995 (4).

[2] 朱庞正. "法制"与"法治"——一种法律文化学探讨 [J]. 南京师范大学学报（社会科学版）, 1995 (4)：33-37.

[3] 何怀宏. 寻求共识——从《正义论》到《政治自由主义》[J]. 读书, 1996 (6)：20-28.

[4] 黄甫全. 学校公民教育：问题及其对策 [J]. 学术研究, 1997 (4)：75-79.

[5] 李锦旭. 从社会学看公民教育：曾荣光有关研究述评 [J]. 教

育研究，1998（6）.

[6] 俞可平. 当代西方政治哲学的流变：从新个人主义到新集体主义[J]. 社会科学战线，1998（5）：102-110.

[7] 刘国华. 学校公民教育刍议[J]. 学术研究，1998（2）：79-80.

[8] 路红，戴健林. 现代公民教育与中国传统社会心理[J]. 学术研究，1999（11）：87-91.

[9] 王智. 公民教育与政治教育[J]. 广东教育学院学报，1999（1）：3-6.

[10] 张秀雄. 构建适合台湾社会的公民身份观[J]. 公民训育学报（台湾），1999（8）.

[11] 张春莉. 关于中小学生身心发展规律与课程改革的几点思考[J]. 学科教育，2000（5）：17-20.

[12] 葛新斌. 公民教育：我国现代化历史进程中的深切呼唤[J]. 清华大学教育研究，2000（3）：106-112.

[13] 王春光. 新生代农村流动人口的社会认同与城乡融合的关系[J]. 社会学研究，2001（3）：63-76.

[14] 李萍，钟明华. 公民教育——传统德育的历史性转型[J]. 教育研究，2002（10）：66-69.

[15] 王向华. 国际道德与公民教育发展的基本趋势[J]. 北京理工大学学报（社会科学版），2002（3）：16-19.

[16] 郭水兰，全球化与民族——国家化矛盾运动探讨[J]. 广西社会科学，2002（2）：37-39.

[17] 万明钢，王文岚. 全球化背景中的公民与公民教育[J]. 西北师大学报（社会科学版），2003（1）：75-79.

[18] 李萍. 日本学校中的公民教育浅议[J]. 道德与文明，2003（1）：58-61.

[19] 黄钊. 关于"思想政治教育学"学科名称的再思考[J]. 思

想政治教育（人大复印资料），2003（5）：42-44.

[20] 赵晖. 当代世界公民教育的理念考察[J]. 外国教育研究，2003（9）：25-30.

[21] 高峡. 突显综合特征的公民教育素养[J]. 全球教育展望，2003（10）.

[22] 雷骥. 我国公民教育的基本内涵、特点和作用[J]. 郑州大学学报（哲学社会科学版），2004（3）：11-13.

[23] 王学风. 多元化视野下新加坡学校德育的特质[J]. 外国教育研究，2005（3）.

[24] 王文岚. 当代西方公民教育理论探微[J]. 兰州大学学报（社会科学版），2005（6）：104-109.

[25] 刘鑫淼. 中国公民教育的历史复兴及其当代意义[J]. 东北师大学报：哲学社科版，2005（2）：120-126.

[26] 林春逸，刘力. 从"权利公民"到"责任公民"[J]. 扬州大学学报，2005（6）：34-37.

[27] 靳志高. 当代中国的认同危机与公民教育[J]. 教育探索，2005（6）：14.

[28] 侯建雄. 公民教育：新时期大学生思想政治教育的新视角[J]. 黑龙江高教研究，2005（10）：82-84.

[29] 高峰. 法国学校公民浅析[J]. 首都师范大学学报，2005（2）：108-113.

[30] 靳志高. 全球化背景下的认同危机与公民认同教育[J]. 教育探索，2005（6）：39-41.

[31] 傅劲，陈华. 加强大学生公民教育[J]. 电子科技大学学报（社科版），2006（3）：90-92，107.

[32] 曾盛聪. 论中国现代化进程中的公民人格教育[J]. 探索，2006（3）：134-137，142.

[33] 中国驻纽约总领事馆教育组. 美国公民教育的现状及改进措

施[J]. 世界教育信息, 2006 (9): 14-16, 63.

[34] 刘军. 通过教育捍卫民主——美国中小学公民教育的国家标准[J]. 开发教育, 2006 (6): 129-133.

[35] 赵金山, 张书站. 构建社会主义和谐社会的社会认同机制[J]. 河北学刊, 2006 (5): 72-74.

[36] 李芳. 中国公民教育问题研究路径综述[J]. 理论学刊, 2006 (3): 122-124.

[37] 韦冬雪. 对"道德教育""德育"与"思想政治教育"概念之辨析[J]. 探索, 2007 (1): 120-123.

[38] 彭远春. 论农民工身份认同及其影响因素——对武汉市场杨园社区餐饮服务员的调查分析[J]. 人口研究, 2007 (2): 81-90.

[39] 张劲. 祁明. 试论大学生公民教育应该以"仁义"为重要内容[J]. 周口师范学院学报, 2007 (3): 130-132.

[40] 张健. 现代性场景与当代中国公民成长[J]. 陕西行政学院学报, 2007 (2): 11-14.

[41] 孙群智, 吴大兵, 冉启明. 论马克思主义公民观教育的内涵及意义[J]. 理论月刊, 2007 (8): 11-13.

[42] 曹爱琴. 毛泽东与马克思主义思想政治教育理论中国化[J]. 毛泽东思想研究, 2007 (2): 118-121.

[43] 姬振旗. 公民教育概念辨析[J]. 河北法学, 2008 (1): 59-61.

[44] 颜德如. 深化中国协商民主的公民认同: 一种观念史的研究路径[J]. 学习与探索, 2008 (3): 64-68.

[45] 叶飞. 公民教育与公民意识的培养——兼论公民教育在学校德育中的实施[J]. 思想理论教育, 2008 (5): 14-17.

[46] 黄崴, 黄晓婷. 近十年公民教育研究的回顾与展望[J]. 清华大学教育研究, 2009, 30 (1): 110-118.

[47] 陆树程,李瑾. 论当代大学生社会主义核心价值体系心理认同机制 [J]. 思想理论教育导刊, 2009 (1): 92-95.

[48] 都永浩. 民族认同与公民. 国家认同 [J]. 黑龙江民族丛刊, 2009 (6): 1-10.

[49] 梅萍,林更茂. 论社会主义核心价值体系与公民的价值认同 [J]. 中州学刊, 2009 (3): 1-4.

[50] 邓纯余. 马克思主义思想政治教育批判特性的当代审视 [J]. 学校党建与思想政治教育, 2010 (2): 19-21.

[51] 韩震. 全球化时代的公民教育与国家认同及文化认同 [J]. 社会科学战线, 2010 (5): 221-228.

[52] 谭培文. 以改善民生为利益机制推进社会主义核心价值认同 [J]. 马克思主义研究, 2010 (5): 133-138, 160.

[53] 檀传宝. 论公民教育是全部教育的转型——公民教育意义的现代化视角分析 [J]. 安徽师范大学学报（人文社会科学版）, 2010, 38 (5): 497-503.

[54] 高峰. 关于公民教育的马克思主义解读 [J]. 思想教育研究, 2010 (12): 8-11.

[55] 冯国芳. 中国马克思主义思想政治教育理论的新发展 [J]. 理论学刊, 2010 (5): 16-19.

[56] 魏伟. 社会主义公民教育研究综述 [J]. 南京航空航天大学学报, 2011, 13 (1): 64-68.

[57] 虞花荣. 公民教育的当代价值与反思 [J]. 教育科学论坛, 2011 (1): 8-10.

[58] 张澍军. 试论思想政治教育学科前沿的若干重大问题 [J]. 马克思主义研究, 2011 (1): 128-135.

[59] 王立洲. 当代中国人的文化认同危机及其重建——兼论社会主义核心价值体系建设的路径和方法 [J]. 求是, 2011 (4): 49-52.

[60] 李图强，李家福. 公民教育的理论与结构分析［J］. 教学与研究，2011（5）：56-62.

[61] 黄平. 对新时期大学生公民教育内容的探讨［J］. 教育与职业，2011（8）：51-53.

[62] 黄瑞雄，马宁. 科学与人文融合下的思想政治教育［J］. 学校党建与思想教育，2011（23）：39-41.

[63] 叶飞. 参与式公民学习与公民教育的实践建构［J］. 中国教育学刊，2011（10）：80-83.

[64] 冯建军. 公民身份认同与公民教育［J］. 中国人民大学教育学刊，2012（1）：5-20.

[65] 钟瑞添，张艺兵. 论中国传统文化与当代马克思主义大众化［J］. 科学社会主义，2012（5）：96-99.

[66] 谭培文. 和谐社会核心价值认同的辩证分析［J］. 道德与文明，2012（1）：92-97.

[67] 杨晶. 加强公民认同建构和谐官民关系［J］. 广州社会主义学院学报，2012，10（3）：27-30.

[68] 张明军，雷俊. 马克思主义语境下的公民社会及其现实意义［J］. 马克思主义研究，2012（7）：22-25.

[69] 魏伟. 马克思的公民观及其对社会主义公民教育的启示［J］. 北京交通大学学报，2012，11（4）：104-108.

[70] 石雁. 法治教育中的思想政治教育渗透［J］. 思想教育研究，2013（2）：86-89.

[71] 谭培文，张文雅，莫凡. 利益机制是推进社会主义核心价值认同的基本动力［J］. 理论学刊，2013（3）：78-81.

[72] 赵明玉，范微微. 现代民族国家建构视阈中的公民认同教育［J］. 比较教育研究，2013，35（7）：14-18.

[73] 周光辉，刘向东. 全球化时代发展中国家的国家认同危机及治理［J］. 中国社会科学，2013（9）：40-54.

[74] 王卓君,何华玲. 全球化时代的国家认同:危机与重构 [J]. 中国社会科学, 2013 (9):16-27.

[75] 吴俊. 政治伦理视域中的爱国主义与公民认同 [J]. 马克思主义与现实, 2013 (1):74-79.

[76] 王易,朱小娟. 思想政治教育认同初探 [J]. 思想理论教育导刊, 2013 (5).

[77] 陈述飞. 中国特色社会主义公民社会建构论要 [J]. 云南行政学院学报, 2013 (15):42-45.

[78] 任勇,杨岚凯. 公民教育与少数民族认同结构优化:以国家认同为中心 [J]. 社会科学研究, 2013 (1):42-47.

[79] 马宁奇. 马克思的市民社会理论与社会主义公民文化教育 [J]. 河南师范大学学报(哲学社会科学版), 2013, 40 (5):16-19.

[80] 杜飞进. 中国现代化的一个全新维度:论国家治理体系和治理能力现代化 [J]. 社会科学研究, 2014 (5):37-53.

[81] 向军. 论社会主义核心价值观及其培育 [J]. 中共中央党校学报, 2013, 17 (2):14-19.

[82] 王绍光. "公民社会"vs."人民社会""公民社会":新自由主义编造的粗糙神话 [J]. 人民论坛, 2013 (22):52-55.

[83] 王名. 多重视角透析公民社会 [J]. 人民论坛, 2013 (28):70-73.

[84] 李锋. 公民意识教育——思想政治课教学的价值根基 [J]. 教学与管理, 2013 (25):52-55.

[85] 詹小美,王仕民. 文化认同视域下的政治认同 [J]. 中国社会科学, 2013 (9):27-39.

[86] 习近平. 关于《中共中央关于全面深化改革若干重大问题的决定》的说明 [J]. 求是, 2013 (22).

[87] 唐凯麟,张静. 社会主义核心价值体系的公民认同和道德建

构研究［J］．伦理学研究，2014（1）：1-5．

[88] 冯建军．公民社会认同教育：重建公民社会共同体——兼论公民社会认同危机［J］．教育研究与实验，2014（2）：11-17．

[89] 王占魁．中国公民教育的历史语境与当代使命［J］．南京社会科学，2014（8）：130-137．

[90] 谭培文．社会主义自由的张力与限制［J］．中国社会科学，2014（6）：24-47，206-207．

[91] 刘争先．社会转型视野下的公民教育［J］．教育科学研究，2014（8）：35-40．

[92] 张文显．法治化是国家治理现代化的必由之路［J］．法制与社会发展，2014，20（5）：8-10．

[93] 刘晓彤．美国公民教育的三重路径及其启示［J］．学校党建与思想教育，2014（13）：92-94．

[94] 窦武．论公民需要的公民教育意蕴［J］．教育评论，2014（4）：98-100．

[95] 刘红臻．国家治理现代化的法学解读与阐释——"民主、法治与国家治理现代化学术研讨会"综述［J］．法制与社会发展，2014，20（5）：88-92．

[96] 李建华．公民认同：核心价值构建的现代政治伦理基础［J］．南昌大学学报（人文社会科学版），2014，45（3）：1-14．

[97] 项久雨．论思想政治教育的人本价值目标［J］．思想理论教育，2014（9）：60-65．

[98] 张若云，苏志宏．论邓小平社会主义优越性与公民认同理论［J］．新疆社会科学，2017（2）：15-20．

[99] 克里斯托夫·武尔夫，李海峰．全球公民教育：人类世背景下的寰宇社区教育［J］．北京大学教育评论，2022，20（2）：97-108，190．

[100] 冯建军. 网络公民教育：智能时代道德教育的新要求 [J]. 伦理学研究，2022（3）：1-9.

[101] 张宜海. 社会主义核心价值观的公民认同路径探析 [J]. 道德与文明，2014（6）：74-76.

[102] 张若云，苏志宏. 论邓小平社会主义优越性与公民认同理论 [J]. 新疆社会科学，2017（2）：15-20.

[103] 张建华. "民族认同"抑或"公民认同"：苏联的教训与当代俄罗斯的经验 [J]. 国外社会科学，2018（5）：93-101.

[104] 高玉琼，黄远东. 社会治理创新背景下高校公民教育的困境与反思 [J]. 教育评论，2019（1）：78-81.

[105] 饶舒琪. 全球公民教育：困惑及其澄清 [J]. 比较教育研究，2019（3）：24-30.

[106] 高峰青. 当代学生良序公共生活的匮乏及构建途径——基于学校公民教育视角 [J]. 教育理论与实践，2019（16）：40-43.

[107] 张晨，谢志辉. 我国公民教育中的政府行为研究 [J]. 教育评论，2019（7）：26-29.

[108] 张海洋，段萌琦. 公民认同的发展逻辑探析——兼论新时代中国公民认同的构建理路 [J]. 理论导刊，2019（11）：73-77，91.

[109] 鲍永玲. 欧洲国家民族认同之建构——以主导文化为核心的新移民文化政策 [J]. 学术界，2019（7）：171-177.

[110] 孙东屏. 公民教育视域下重大纪念日增进大学生国家认同的研究——以南京大屠杀死难者国家公祭日为例 [J]. 教育理论与实践，2019（27）：44-46.

[111] 崔司宇，饶从满. 全球化时代的爱尔兰公民教育：挑战、举措和反思 [J]. 比较教育学报，2020（3）：11-23.

[112] 吴希. 后殖民主义视域下对全球公民教育的批判与反

思[J]. 比较教育研究, 2020 (9): 90-96.

[113] 尹学朋, 王国宁. 公民认同需求梯度化: 铸牢少数民族学生中华民族共同体意识实现路径[J]. 广西民族研究, 2020 (6): 26-30.

[114] 李牧今. 论罗尔斯"公平的正义"理念下的公民教育思想[J]. 当代教育科学, 2020 (12): 74-79.

[115] 李雨薇, 朱耀云. 中国全球公民教育研究——洞察与分析 (2003—2019年) [J]. 跨文化研究论丛, 2021 (01): 92-105, 145.

[116] 王家欣, 王嘉茉, 施雨丹. 公民教育发展的目标转向与实践反思——以澳门中小学品德与公民教育科的课程实施为例[J]. 中国教育学刊, 2021 (8): 89-96.

[117] 孔德生, 谢宇格. 公民教育与思想政治教育结构之比较与借鉴[J]. 人民论坛·学术前沿, 2021 (8): 116-119.

[118] 王兆璟, 李琼. 后多元文化时代西方国家的公民教育: 困境与变革[J]. 社会科学战线, 2021 (7): 221-227.

[119] 陆一爽. 论民国公民教育的起源与变迁[J]. 苏州大学学报(法学版), 2021 (3): 23-31.

[120] 崔司宇, 饶从满. 迈向"为了公民身份的教育"——世纪之交以来的爱尔兰公民教育改革探析[J]. 教育学报, 2021, 17 (2): 195-208.

[121] 朱敬. 终身教育视角下我国数字公民教育的形态与逻辑[J]. 现代远距离教育, 2021 (4): 76-82.

[122] 冯建军. 网络公民教育: 智能时代道德教育的新要求[J]. 伦理学研究, 2022 (3): 1-9.

[123] 刘艺琨. 后疫情时代学校公民教育的实践路径[J]. 教育科学论坛, 2022 (11): 21-26.

[124] 窦武, 岑文静. 新时代思政课革新对公民教育思想的考量与

吸收 [J]. 中学政治教学参考, 2022 (12): 15-18.

[125] 克里斯托夫·武尔夫, 李海峰. 全球公民教育: 人类世背景下的寰宇社区教育 [J]. 北京大学教育评论, 2022, 20 (2): 97-108, 190.

[126] 韩利利, 唐克军. 冲突与整合: 以色列公民身份认同与学校公民教育 [J]. 外国教育研究, 2022, 49 (2): 98-115.

[127] 王媛. 公民教育的制度化: 美国联邦政府在美国化运动中的作用 [J]. 外国问题研究, 2022 (3): 58-66.

[128] 冯建军, 颜玉如. 虚拟公共领域中网络公民教育的新导向 [J]. 教育理论与实践, 2022, 42 (31): 27-34.

[129] 李奕斐. 公民教育视野中的西方多元文化主义政策——以政党竞选宣言为考察样本 [J]. 学习与探索, 2023 (8): 78-84.

[130] 宁莹莹. 基于变革理念的美国公民教育实践研究——以"公民行动"项目为例 [J]. 比较教育研究, 2023, 45 (4): 94-103, 114.

[131] 高奇琦. GPT技术下的自由悖论与公民教育——基于卢梭公民自由观点的分析 [J]. 理论与改革, 2023 (4): 117-130.

[132] 郑云翔, 钟金萍. 数字公民教育提升数字素养与技能: 模式、路径与实践 [J]. 中国电化教育, 2023 (11): 91-97.

[133] 李清煜. 全球公民教育的困惑、反思与超越——基于人类命运共同体视角 [J]. 比较教育研究, 2023, 45 (12): 13-21.

[134] 杜越, 祁占勇. 公民教育数字权的基本内涵与法律属性 [J]. 中国教育学刊, 2024 (1): 31-37.

[135] 徐月莹, 殷玉新. 全球公民教育的价值、趋势与挑战——基于《全球成人学习与教育报告(五)》的分析 [J]. 成人

教育，2024（5）：7-12.

［136］中国普通高等学校德育大纲（试行）［N］. 中国教育报，1995-12-21（3）.

［137］刘军，周志刚，周英，等. 走出传统德育的困境：《新公民读本》的探索［N］. 中国教育报，2005-12-29（6）.

［138］吴潜涛. 建设社会主义核心价值体系：准确理解社会主义核心价值体系的科学内涵［N］. 人民日报，2007-02-12.

［139］唐凯麟. 把握社会主义核心价值体系的基础　牢固树立社会主义荣辱观［N］. 光明日报，2007-08-23.

［140］以"社会共识"涵养公序良俗［N］. 人民日报，2011-04-07（14）.

［141］翟月荧，孙晓宇. 数字化生存应提升全民数字技能［N］. 学习时报，2021-01-08（003）

三、英文类

［1］MERRYFIELD M, JARCHOW E, PICKERT S. Prepare teachers to teach global perspectives：A handbook forteacher education［M］. Thousand Oaks, Calif：Corwin Press, 1997.

［2］JOHN C, RAY D. Citizenship for the 21stCentury：An International Perspective onEducation［M］. London：Routledge, 1998.

［3］RUTHERFORD J. Identity［M］. London：Lawrence & Wishart, 1999.

［4］FAULKS K. Citizenship［M］. London：Routledge, 2000.

［5］NUSSBAUM M. Education for Citizenship in an Era of Global Connection［J］. Philosophy and Education, 2002（21）.

［6］MCCONNELL L, FLAK E. Implementing Core Knowledge［J］. Common Knowledge, 1993.

［7］KIM S, PARKS, BSEffects of Participatory Learning Programs in

Middle and High School Civic Education [J]. Social Studies, 1996 (4).

[8] COGAN J, DERRICOTT R. Citizenship for the 21st Century: An International Perspective on Education [J]. Kogan Page, 1998.

附录一

关于公民教育、认同的国家社科基金项目课题立项和指南情况

附表一 2011—2013年国家社科基金项目课题立项情况（公民教育）

序号	年度	课题名称	课题类别	工作单位
1	2011	我国当代公民教育的取向发展及其现实性研究	国家青年	北华大学
2	2011	学校公共生活视野下的大学公民教育成效与路径研究	国家青年	三峡大学
3	2011	中国近代公民教育思想研究	一般项目	郑州大学
4	2012	中小学公民教育课程内容体系的国际比较研究	国家青年	江苏大学
5	2012	媒介时代的公民教育：基于媒介批判的立场	国家青年	北京师范大学
6	2013	基于社会主义核心价值观的新疆公民教育研究	西部项目	石河子大学

附表二 2011—2013年国家社科基金项目课题立项情况（认同）

序号	年度	课题名称	课题类别	工作单位
1	2011	边疆民族地区社会主义核心价值体系大众心理认同研究	西部项目	中共云南省委党校

续表

序号	年度	课题名称	课题类别	工作单位
2	2011	藏区社会主义核心价值体系认同与构建研究	西部项目	中共青海省委党校
3	2011	多元文化背景下社会主义核心价值体系认同研究	西部项目	曲靖师范学院马克思主义学院
4	2011	建设中华民族共有精神家园与新疆各民族国家认同研究	西部项目	新疆师范大学
5	2011	增强西部地区少数民族社会主义意识形态认同感及实施路径研究	西部项目	电子科技大学
6	2011	唐代的民族认同研究	西部项目	西北大学历史学院
7	2011	河湟地区族源叙事与民族认同问题研究	西部项目	青海师范大学
8	2011	国家认同在少数民族地区的建构研究	西部项目	内蒙古师范大学文学院
9	2011	贵州古代儒文化与民族认同研究	西部项目	贵州师范大学历史与政治学院
10	2011	西南地区蒙古族的民族认同研究	西部项目	云南民族大学人文学院
11	2011	民族认同与帝王谱系的构建——《帝王世纪》研究	西部项目	宁夏师范学院人文学院
12	2011	新时期蒙古族小说民族认同与文化思想研究	西部项目	内蒙古大学文学与新闻传播学院
13	2011	西部藏区少数民族大学生宗教信仰及价值认同研究	一般项目	青海师范大学

附录一 关于公民教育、认同的国家社科基金项目课题立项和指南情况

续表

序号	年度	课题名称	课题类别	工作单位
14	2011	大学生文化认同与社会主义核心价值体系教育研究	一般项目	福建师范大学
15	2011	社会主义核心价值体系在边疆民族地区的认同及建设研究	一般项目	云南民族大学
16	2011	马克思社会共同体和公民身份认同研究	一般项目	西北师范大学
17	2011	国家认同与青海藏区社会稳定研究	一般项目	青海民族大学
18	2011	新生代农民工的公民身份认同与政治行为方式之内在关系研究	一般项目	华南师范大学
19	2011	中华传统节日重塑与民族文化认同建构和国家软实力提升的新路径研究	一般项目	重庆市文化广播电视局
20	2011	社会主义核心价值体系在社会各阶层中的认同状况研究	一般项目	东北师范大学
21	2011	群体情绪、群体认同与行动倾向的关系研究	一般项目	中国社科院
22	2011	东北国企改制的组织认同重构的个案研究	一般项目	吉林大学
23	2011	国家认同的建构与民族社会稳定研究	一般项目	吉首大学
24	2011	西部地区少数民族农民工生计模式与身份认同研究	一般项目	西南大学
25	2011	"代北集团"与唐末五代的民族融合和民族认同研究	一般项目	鲁东大学
26	2011	辽宋夏金时期的民族认同研究	一般项目	大连大学
27	2011	明清乡村绅权建构与社会认同研究	一般项目	安徽师范大学

续表

序号	年度	课题名称	课题类别	工作单位
28	2011	民国地理学研究与现代中华民族认同研究	一般项目	北京理工大学
29	2011	民国时期新疆少数民族国家认同研究	一般项目	石河子大学
30	2011	西周东土族群认同研究	青年项目	浙江大学
31	2011	清代藏传佛教首领朝觐与国家认同研究	青年项目	北京师范大学
32	2011	当代少数民族小说对文化身份的认同、建构与审美转化研究	一般项目	西北师范大学
33	2011	跨文化的文学场：20世纪中英现代主义的对话与认同研究	一般项目	北京外国语大学
34	2011	教师身份认同研究：基于教师集群与个体生活构造的文化社会学考察	国家一般	杭州师范大学
35	2011	国家认同与青少年爱国主义教育的当代转向及实践模式研究	国家一般	华南师范大学
36	2011	少数民族学生国家认同和文化融合研究	国家一般	广西师范大学
37	2012	社会主义核心价值观的大众认同及其实现路径研究	一般项目	河南师范大学
38	2012	社会主义核心价值体系认同的文化回归研究	一般项目	中山大学
39	2012	社会主义核心价值体系视域下大学生宗教认同问题研究	一般项目	杭州师范大学
40	2012	社会主义核心价值体系认同研究	青年项目	武汉市委党校
41	2012	西南边疆少数民族大众的"马克思主义认同"问题及典型案例研究	青年项目	云南财经大学
42	2012	当代中国公民政治认同研究	青年项目	西华师范大学

附录一　关于公民教育、认同的国家社科基金项目课题立项和指南情况

续表

序号	年度	课题名称	课题类别	工作单位
43	2012	当代消费文化对身份认同影响的哲学研究	重点项目	北京师范大学
44	2012	价值论视域中文化认同的协同性研究	一般项目	山西大学
45	2012	文化认同与构建和谐社会的关系研究	青年项目	西南林业大学
46	2012	当代西方政治哲学视野中的国家认同问题研究	青年项目	北京师范大学
47	2012	基层民主治理中农民政治认同的制度分析	一般项目	西南财经大学
48	2012	两岸政治认同的形成机制研究	一般项目	江苏省委党校
49	2012	当代中国高科技职业阶层政治认同感研究	青年项目	复旦大学
50	2012	认同机制与重大群体事件的预防化解策略研究	青年项目	江西财经大学
51	2012	政党认同理论比较研究	青年项目	中国青年政治学院
52	2012	甘青藏区少数民族国家认同意识建构与社会稳定研究	一般项目	甘肃农业大学
53	2012	居住空间认同与传统民居文化遗产保护研究	一般项目	温州大学
54	2012	群体事件中的集体认同意识及合理疏导研究	青年项目	西南财经大学
55	2012	群体事件中的社会认同模式变迁与应对策略研究	青年项目	江苏省社科院
56	2012	社会认同视域中网络舆论的形成、演化及引导机制研究	青年项目	广西大学

续表

序号	年度	课题名称	课题类别	工作单位
57	2012	当前我国青年时尚及其文化认同研究	青年项目	华东师范大学
58	2012	新媒体时代青年酷儿的文化认同研究	青年项目	上海社科院
59	2012	中越边境越南难民的社会认同研究	青年项目	云南财经大学
60	2012	大陆台商社会适应与社会认同研究	青年项目	福建省委党校
61	2012	单位制度变迁与集体认同的重构研究	青年项目	北华大学
62	2012	族群认同与民族地区社会工作人才队伍建设问题研究	青年项目	贵州民族学院
63	2012	民族自治区的文化认同与国家认同调查研究	重点项目	中央党校
64	2012	中华民族认同形成研究：基于少数民族视角的历史考察	一般项目	西南民族大学
65	2012	从"苗"到"苗族"——近代民族集团的形成及其民族认同意识的重构过程	一般项目	贵州大学
66	2012	文化认同视域下的西夏藏传佛教研究	一般项目	河北师范大学
67	2012	西藏世居穆斯林族群认同研究	青年项目	中国藏学研究中心
68	2012	民族认同与中国历史教科书编写研究	一般项目	青岛科技大学
69	2012	金元以来山西洪洞大槐树现象中的华北族群认同研究	一般项目	山西大学
70	2012	闽台客家民间信仰的互动发展与文化认同研究	一般项目	福建省委党校

附录一 关于公民教育、认同的国家社科基金项目课题立项和指南情况

续表

序号	年度	课题名称	课题类别	工作单位
71	2012	后殖民理论下的身份认同话语研究	一般项目	湘潭大学
72	2012	国学视域下古代戏曲身份认同研究	一般项目	江西财经大学人文学院
73	2012	中国少数民族小说叙事及其对民族身份认同、构建研究	青年项目	江西师范大学
74	2012	现代化进程中当代美国犹太文学与美国民族认同的建构研究	一般项目	南京信息工程大学
75	2012	英美航海小说中的自我想象与国家认同研究	青年项目	宁波大学
76	2012	新疆多元语言文化中少数民族大学生语言认同研究	青年项目	石河子大学
77	2012	外语教育与新疆维吾尔族多元文化认同调查研究	青年项目	塔里木大学
78	2012	微博主的社会认同建构研究	青年项目	东华大学
79	2012	立体间性视野下企业社会责任文化及认同研究	青年项目	东北石油大学
80	2012	转型时期新疆公民文化教育与国家认同研究	国家一般	石河子大学
81	2012	大学青年教师的学术制度认同与学术发展	国家一般	华南师范大学
82	2012	少数民族中学生族群认同的发展与教育对策研究	国家一般	中央民族大学
83	2012	社会主义核心价值观的大众认同及其实现路径研究	一般项目	河南师范大学
84	2012	社会主义核心价值体系认同的文化回归研究	一般项目	中山大学

续表

序号	年度	课题名称	课题类别	工作单位
85	2013	跨国民族视阈下布里亚特人公民身份认同比较研究	西部项目	内蒙古师范大学
86	2013	近代西北回族的国家认同与民族认同研究	西部项目	甘肃省社会科学院
87	2013	藏区民族团结进步教育与社会价值认同研究	西部项目	中共青海省委党校
88	2013	边疆多民族社区族际共生认同传统的传承研究	西部项目	云南师范大学
89	2013	内蒙古农牧民工群体的社会网络与文化认同研究	西部项目	内蒙古师范大学
90	2013	文化认同视角下的清代《明史》修纂研究	西部项目	红河学院
91	2013	墓志视角下唐代非汉人的丧葬观念及其国家认同研究	西部项目	遵义师范学院
92	2013	新疆各民族国家认同研究	西部项目	新疆医科大学
93	2013	维吾尔族青少年国家认同路径研究	西部项目	新疆农业大学
94	2013	新疆少数民族大学生国家认同培育研究	西部项目	新疆师范大学
95	2013	网络环境下大学生政治认同培育研究	西部项目	重庆交通大学
96	2013	现代中国公共记忆与民族认同研究	西部项目	南京大学
97	2013	社会主义核心价值观的公民认同培育研究	重点项目	南京审计学院
98	2013	宗教认同研究	重点项目	中央民族大学
99	2013	中国特色社会主义理论体系大众认同研究	一般项目	南通大学

附录一 关于公民教育、认同的国家社科基金项目课题立项和指南情况

续表

序号	年度	课题名称	课题类别	工作单位
100	2013	青少年道德信仰认同模式与生成路向研究	一般项目	河南师范大学
101	2013	当代大学生政治认同问题研究	一般项目	中国地质大学（北京）
102	2013	大学生政治认同及对社会稳定的影响研究	一般项目	郑州大学
103	2013	少数民族大学生"四个认同"与公民意识教育研究	一般项目	中南民族大学
104	2013	公民身份认同与法治秩序生成	一般项目	哈尔滨工程大学
105	2013	新生代少数民族农民工的社会认同研究	一般项目	中南民族大学
106	2013	从民族精英身份认同解读内蒙古民族关系的知识社会学研究	一般项目	内蒙古师范大学
107	2013	集体行动的内在认同机制及其消解策略研究	一般项目	上海市委党校
108	2013	网络化时代的社会认同分化与整合机制研究	一般项目	安徽大学
109	2013	基于文化融合与创新发展的两岸文化关系与价值认同研究	一般项目	贵州师范大学
110	2013	历史上汉藏茶马贸易与"中国文化"认同、"国家"认同的文献考察研究	一般项目	西南大学
111	2013	西北多民族地区的民族认同与民族关系研究	一般项目	西北师范大学
112	2013	十六国北朝时期民族认同研究	一般项目	陕西师范大学

续表

序号	年度	课题名称	课题类别	工作单位
113	2013	我国朝鲜族历史发展与国家认同建构研究	一般项目	通化师范学院
114	2013	文化认同视阈下的汉唐简史注研究	一般项目	陇东学院
115	2013	宋明以来徽州的地域开发与文化认同研究	一般项目	安徽大学
116	2013	历史上壮族的国家认同与社会治理研究	一般项目	广西大学
117	2013	北朝时期民族认同及区域文化研究	一般项目	陕西师范大学
118	2013	语言变革与近现代中国知识人的认同危机及重建研究	一般项目	四川省社科院
119	2013	女性镜像与当代中国的主体认同（1940—2010）	一般项目	北京大学
120	2013	认同模式与中国小说的现代转型研究	一般项目	湖北大学
121	2013	《源氏物语》在中国的译介与文化认同研究	一般项目	四川外国语大学
122	2013	新媒体传播对新疆主体民族国家认同影响研究	一般项目	新疆财经大学
123	2013	中国特色社会主义道路的大众认同及其提升路径研究	青年项目	西南大学
124	2013	青年公务员社会主义核心价值观认同的内在差异与培育机制研究	青年项目	福建省委党校
125	2013	高校思想政治课教师马克思主义认同及其影响的实证研究	青年项目	广东工业大学
126	2013	农民政治认同与农村治理转型的互动关系研究	青年项目	河南大学
127	2013	新时期社会公民政治认同研究	青年项目	扬州大学

附录一 关于公民教育、认同的国家社科基金项目课题立项和指南情况

续表

序号	年度	课题名称	课题类别	工作单位
128	2013	西南少数民族的国家认同研究	青年项目	贵州师范大学
129	2013	新媒体使用与青年社会认同研究	青年项目	南京邮电大学
130	2013	身份认同与新生代农民工利益诉求的关系研究	青年项目	中国青少年研究中心
131	2013	华裔新生代跨国文化回溯与身份认同研究	青年项目	江西财经大学
132	2013	流动人口网络社区的文化认同研究	青年项目	浙江省委党校
133	2013	容美土司国家认同研究	青年项目	三峡大学
134	2013	夏商周服制的国家认同内涵与社会治理功能	青年项目	东北师范大学
135	2013	20世纪早期法国史学与民族认同研究（1918—1939）	青年项目	厦门大学
136	2013	基于社会认同视角的微博群体意见传播机制及控制策略研究	青年项目	山东理工大学
137	2013	引用认同和引证形象在引文分析中的应用研究	青年项目	郑州航空工业管理学院

附表三 2011—2013年国家社科基金项目课题指南情况（公民教育）

序号	年度	课题名称	所属学科
1	2011	品格与公民教育实践模式研究	教育学
2	2012	学生公民教育研究	教育学
3	2013	该年度只设重点招标课题指南，其他类别课题不设指南，由申请人自拟课题名称	

附表四 2011—2014年国家社科基金项目课题指南情况（认同）

序号	年度	课题名称	所属学科
1	2011	中国历史上的民族认同研究	中国历史
2	2012	农民工的政治认同与职业流动的关系研究	政治学
3	2012	海外华裔新生代文化认同研究	社会学
4	2012	网络化时代的社会认同研究	社会学
5	2012	群体事件中的社会认同研究	社会学
6	2013	我国民族自治区主体民族的国家认同研究	政治学
7	2013	当代中国知识分子的政治认同研究	政治学
8	2013	新生代农民工社会认同问题研究	社会学
9	2013	区隔化福利体制下的群体认同与对立研究	社会学
10	2013	文化认同视域下的网络社区研究	社会学
11	2013	网络化时代的社会认同整合机制研究	社会学
12	2013	中国历史上"国家"认同和"中华文化"认同的文献考察研究	社会学
13	2014	我国公民政治认同的伦理基础研究	政治学
14	2014	网络背景下公民的国家认同研究	政治学
15	2014	国家认同与民族认同研究	政治学
16	2014	新生代农民工的身份认同问题研究	政治学
17	2014	慈善事业的社会认同研究	政治学
18	2014	社会工作的社会认同研究	政治学
19	2014	中国古代国家认同与社会治理研究	中国历史
20	2014	国外文学教育与国家认同研究	外国教育

附录二

调查问卷

尊敬的先生/女士：

您好！这是一份关于德育/思想政治教育情况的调查问卷，我们试图通过这份问卷，了解当前公民德育/思想政治教育工作现状，并通过这份问卷了解您的希望和建议，形成相关研究成果，以便更好地开展教育工作。这份问卷不记名，答题结果不用于他途，不影响个人，希望您能如实作答。如所有选项都不完全符合您的实际，请选择离您的想法最近的那个选项。谢谢您的参与和支持！

1. 您的性别是：①男　②女　　（　　）
2. 您的学历是：①小学　②初中　③高中　④本科　⑤研究生（　　）
3. 您现在的年龄是：①11~20岁　②21~30岁　③31~40岁　④41~50　⑤51岁及以上　　（　　）
4. 您的身份是：①工人　②农民　③班主任/辅导员　④德育/思想政治教育教师　⑤其他专业课程老师　⑥行政人员　⑦商人　⑧学生　⑨其他　　（　　）
5. 您所在学校领导是否重视德育/思想政治教育工作？①重视　②不重视　③不清楚　　（　　）

6. 您认为德育/思想政治教育工作在学校的工作中应处在什么地位？①非常重要　②重要　③一般　④不重要　（　　）

7. 您是否了解所在学校的德育/思想政治教育特色？①了解　②知道一点　③不清楚　（　　）

8. 您对当前学校德育/思想政治教育工作的实效性怎样看：①很强　②一般　③较差　④不清楚　（　　）

9. 您了解"公民教育"吗？①不清楚　②了解不多　③比较了解　（　　）

10. 您所在学校学科教学与德育/思想政治教育工作有机结合方面的工作开展得怎样？①很好　②一般　③比较差　④不清楚　（　　）

11. 您所在学校开展德育/思想政治教育的内容有哪些（可多选）？

①思想政治　②历史知识　③行为规范教育　④身心健康教育（如心理辅导）　⑤法律法规教育　⑥世界观、人生观、价值观的教育　⑦其他（请填）　（　　）

12. 您认为学校德育/思想政治教育内容应有（可多选）：①政治经济　②民主与法治　③传统与道德　④社会主义核心价值观　⑤生存与发展技能　⑥其他（请填）　（　　）

13. "我具有准确把握德育/思想政治教育内容的能力"。您认为这种情况对自己来说：①很符合　②基本符合　③不符合　④说不清　（　　）

14. 您认为学校德育/思想政治教育内容中关于公民教育内容的数量如何？①很多　②合适　③很少　④说不清　（　　）

15. 您认为学校德育/思想政治教育内容结构是否合理？①合理　②不合理　③基本合理　④说不清　（　　）

16. 您认为学校德育/思想政治教育内容还有哪些不足（可多选）？①主题不突出　②结构不合理　③数量太多　④数量太

少　⑤公民教育思想不够　⑥目标与内容不配　⑦其他（请填）　（　）

17. 您认为学生是否认同德育/思想政治教育课程所教的内容？①很认同　②基本认同　③不认同　④说不清　（　）

18. 根据您所在学校情况，您认为下列德育/思想政治教育内容哪些是当前最需要解决的（可多选）：①就业能力教育　②爱国主义教育　③心理健康教育　④公民基本道德教育和行为习惯教育　⑤集体主义教育　⑥理想信念教育　⑦环境保护教育　⑧公民权利和义务教育　⑨自我保护教育　⑩人际交往教育　⑪其他（请填）　（　）

19. 您所在学校最经常开展的德育/思想政治教育内容是（可多选）：①思想政治　②历史知识　③道德　④身心健康（如心理辅导）　⑤法律法规　⑥世界观、人生观、价值观　⑦就业技能　⑧公民权利和义务　⑨其他（请填）　（　）

20. 您认为学校德育/思想政治教育最需要加强哪方面的工作（可多选）？①教育内容改进　②学科渗透　③社会实践　④说不清　（　）

21. 您所在学校是否开展公民权利和义务方面的法律知识教育？①是　②很少　③从不　④说不清　（　）

22. 您所在学校是否开展生存技能教育？①经常　②很少　③从不　④说不清　（　）

23. 您所在的学校有专职心理辅导教师吗？①有　②没有　③不清楚　（　）

24. 您所在的学校是否有心理辅导室？①有　②没有　③不清楚　（　）

25. 您所在的学校对所有学生开设有心理辅导课程吗？①有　②没有　③不清楚　（　）

26. 您所在学校是否对学生进行就业基本知识和技能训练？

①经常 ②没有 ③很少 ④说不清 （　　）
　　27. 您或您的老师是否在学科教学中重视学生的品德教育？
①是 ②很少 ③不重视 ④说不清 （　　）

后记

公民作为现代国家的主体,是国家稳定发展的关键,是促进社会发展的动力。公民是社会发展的历史产物,具有独立主体性、权责统一、平等主体、自由张力与限制相统一等特征。马克思主义告诉我们,公民身份的获得,不仅意味着一个身份,还意味着积极的参与和更多的责任等。在新时代中国,正确认识公民与国家的关系中,探求公民应该学习什么内容,具备什么人格等,是公民教育内容需要研究的重大问题。

公民教育是现行德育、思想政治教育的补充,并逐步走向转型的一种教育活动。它的思想来源于古希腊,是现代教育的产物,在西方经历过传统自由主义、共和主义、社群主义、多元文化主义等现代思潮,这些思想共同彰显了公民认同的思想内涵。公民认同是国家现代化的基石,只有实现了公民的认同,才能实现国家现代化。培养合格的公民是公民认同的根本目标,而实现社会和谐发展是最终目标。公民教育是公民认同实现的一个重要途径和手段,公民认同是公民教育的重要目标。我们可以适度借鉴外国公民教育和教育内容的优秀理论与特点,更要根植于中国的历史传统和现实国情,构建符合国情的公民教育内容。

本书从核心概念和内涵着手,以公民教育的概念、形成、发展、基本内容与当代价值为主线,以公民认同的概念、范畴、目标和体系为载体,以分析我国公民教育内容问题为中心,借鉴国外先进的公民教育内容及实施途径,通过对中国公民内容问题主客观情况的调查分析，结合公民认同的理论视角提出了中国公民教育内容构建的思路。这种尝试，为我国公民教育内容体系构建提供了新的视角、框架和实证分析，意图完善公民教育体系研究，为我国公民教育的深入研究、开展和公民认同的实现奠定更为坚实的基础。

本书是笔者在博士论文的基础上，根据现实情况，进行了适度的修改和补充，得到2022年"广西高等学校千名中青年骨干教师培育计划"人文社会科学类立项课题（编号：2022QGRW003）的资助。在修改期间，笔者正好在中国人民大学学习，经导师王轶教授的指导，并认真向各位老师请教，让本书价值得到较大的提升。在完成的过程中，笔者试图尽最大的可能将"公民认同"和"公民教育内容"的基本理论、关系、相互促进的机制阐释得更为清楚和深入，但终因客观上的时间、资料和主观上的精力、能力等因素，对一些问题可能还没有更为精准的阐述，甚至有些问题是初步的探索与尝试。本书吸收借鉴了较多学者的研究成果，最终促成一本完整的论著，在此深表谢意。如未能注明之处，恳请见谅。知识产权出版社龚卫、王禹萱两位编辑和其他审稿老师，对本书的出版给予大力支持和细心的编审，她们认真负责、不辞辛苦地以卓越的专业知识给予悉心指导，不仅让本书更加规范和高远，还生花增色不少，实乃有幸，借此也一并感谢并表达崇高的敬意。

万事终想完美，却难以完美。由于水平有限，和一些客观原因，本书的内容难免疏漏，也注定离完美存在实质的差距，不当以及错误，也诚请专家、读者包容和指正。